21世纪高职高专规划教材
财经类专业基础课系列

经济数学

主　编　刘洪宇
副主编　阳永生　盛光进　李占光

JINGJI SHUXUE

中国人民大学出版社
·北京·

编委会

序

高等职业教育是在我国高等教育不断发展的过程中崛起的一种新型教育，它具有高等教育和职业教育双重属性，以培养生产、建设、服务和管理第一线的高端技能型专门人才为主要任务. 在高职人才培养过程中，高等教育属性明确了高职数学课程开设的必要性，而职业教育属性说明高职数学教育必须面向工作实际、解决实际问题，使之真正做到有针对性和实用性.

高职数学教材建设是高职数学教育的一项基本内容. 然而，纵观现有教材，普遍存在以下缺点：内容通常是三大板块，即简明微积分、线性代数初步、概率论与数理统计，针对性不强；展开讲述的方式比较单一；过多强调思维训练，案例与专业实际问题脱节，方法与专业实际需求不符.

摆在读者面前的这本《经济数学》教材，是一本理念很新、想法很好的教材. 其特色主要包括以下几点：

第一，真正把数学概念和专业实际联系起来，学生不再是机械地学习抽象的数学知识，而是能把这些知识和专业实际中遇到的典型问题结合起来.

第二，涉及的内容相当广泛，除了上述三大基本的数学内容外，还包括线性规划、投入产出、博弈论、决策论和层次分析法等实用的数学知识，内容更丰富，更贴近经管类学生的专业需求.

第三，有效地将 Excel 软件和微软数学融入课程教材，优化了教学过程，增强了学生运用数学软件分析、解决问题的能力，使其不再受困于枯燥、难懂的数学推理，而是将注意力聚焦在数学思想和数学应用上.

第四，对经济数学体系作了很大的改动，不再纯粹地以知识的逻辑体系作为行文的准则，而是将核心知识通过丰富的案例展开阐述，使学生在轻松的学习中掌握经济数学的基本概念、基本理论，掌握用所学知识解决经济问题的基本方法.

笔者认为，这些变化和特点是积极的、有益的.

数学教育有三个层面的功能：一是培养理论思维能力，二是提高技术应用水平，三是提升科学文化修养. 这三个层面的功能，任何一本数学教材都应具备，只是侧重点有所不同. 高职院校学生更需要通过学习来提高技术应用水平，这与高职人才培养目标是密不可分的，而在本教材里，这一点也得到了充分的体现. 同时，本教材也不乏关于数学理论思维和科学文化修养方面的介绍.

本教材的作者都是长期在高职数学教学第一线工作的优秀教师，笔者看到他们教学改革的不易和写作的艰辛，很想和他们一起为高职数学的改革呐喊.

因作者之嘱，遂有此序.

王键

2012 年 3 月 16 日

前 言

本教材是湖南省教育科学“十二五”规划课题“基于互联网教学平台和数学软件辅助教学的高职高等数学课程改革的研究与实践”的研究成果之一.

经济数学作为高职院校经济和管理类专业的一门公共基础课，是学习经济、管理类课程的先导课程，也是解决专业实际问题的有效工具. 然而，由于技能型专门人才的培养要求和培养对象的特殊性，如何让课程内容贴近学生的学习实际、满足学生将来学习和工作的实际需要成为我们亟待解决的问题. 为此，我们根据高等职业教育的培养目标，依照面向工作实际、解决实际问题的原则，以掌握概念、强化应用和培养能力为重点，编写了这本教材.

本教材编写的宗旨是以应用为目的，紧密结合经济、管理类专业常见的实际问题，系统介绍相关的数学思想和数学工具，结合数学计算软件的使用方法，培养学生正确运用微积分、线性代数、概率论和数理统计的相关知识解决经济领域工作中常见问题的能力，使学生能在财务会计、金融证券、经济统计、市场营销等相关工作中进行简单的经济建模和经济分析. 教材设计的基本逻辑是：提出问题—解决思想与解决方案—软件求解—拓展应用—进一步学习的数学知识. 除此之外，本教材还有以下几方面的特色：

问题驱动. 问题贯穿本书的始终，每一章均以问题引入开头，通过问题引出我们要学习的数学概念，激发数学讨论和加强学生对内容的兴趣；通过经济领域的典型案例解决方案，把数学中的不同部分联系起来，从而使问题解决成为每章的完整组成部分.

侧重说理. 尽量采用口语式的方法介绍概念，然后用清晰简明的例子加以解释；强调数学思想的理解和学习方法的使用，打破传统高职教材的内容秩序.

使用软件. 在聚焦内容的同时，鼓励学生充分利用数学软件进行问题的求解. 每一章（除第十章、第十三章）的第二节为 Excel 软件和微软数学的使用方法介绍，将重复性、机械性的数学劳动交给计算机去完成，优化教学过程，强化学生应用能力的培养.

拓展应用. 每一章都包含与主题密切相关的若干典型综合案例，通过对这些案例的学习，帮助学生理解他们所学的知识，让学生形成数学的应用意识，体会数学的应用价值.

知识深化. 为进一步学习数学知识，每一章的最后一节主要从知识的逻辑性角度出发，简单介绍高等数学体系的一些重要概念、重要公式和结论，其目的是帮助学生构建完整的高等数学知识体系. 教师可根据授课对象的具体情况灵活掌握是否讲授这部分内容.

本书教学时数大约为 64 学时，如果对数学理论知识要求不高，则可以只讲授每一章的第一节和第二节，注重培养数学思想和应用数学知识、数学软件解决实际问题的能力.

本书编写分工情况如下：刘洪宇任主编，提出整个课程改革的思路和教材编写框架，与全体编者商定后拟订编写方案，对全书进行统稿；阳永生、盛光进和李占光任副主编，其中阳永生协助主编承担了全书的统稿工作. 具体编写分工为：第一章由刘福保编写，第二章由刘洪宇编写，第三章由廖仲春编写，第四章、第五章由李占光编写，第六章由王涛编写，第七章由罗幼芝编写，第八章、第十四章由阳永生编写，第九章、第十章由戴新建编写，第十一章、第十二章由刘立华编写，第十三章由盛光进编写，第十五章由汤燕编写.

感谢湖南省教育厅王键副厅长一直以来对我们教学改革的指导和支持，并在百忙之中通读本书，为本书作序.

感谢中国人民大学出版社的领导和编辑所付出的辛勤劳动，特别是凌利编辑验证了本书的全部数据并对本书进行了细致的编辑加工. 正是因为他们的帮助，本书才得以顺利出版.

在本书的编写过程中，我们得到了长沙民政职业技术学院商学院老师们的帮助，他们为本书的编写提供了许多非常有意义的资料和例子，大大地丰富了教材内容，在此向他们表示衷心的感谢.

编写教材是一项影响深远的教育工作，我们深感责任重大. 但是由于编者的水平有限，虽然经过反复校对和仔细推敲，书中仍不免有错漏之处，敬请专家同行和广大读者批评指正，以便于我们不断修订完善.

刘洪宇

2012 年 3 月

目录
CONTENTS

第一章

数据分类统计与分析

名言：既会花钱，又会赚钱的人，是最幸福的人，因为他享受两种快乐.

——塞·约翰生

故事：有这样 3 个人，一个是乞丐，一个是理发师，一个是厨师．乞丐有 10 元，当然有可能是理发师或者厨师给的．这个乞丐拿这 10 元，到理发师那儿理了发，变漂亮了；理发师拿了 10 元到厨师那儿吃了一顿饭；厨师拿了 10 元，到理发师那儿也把自己变漂亮了．然后理发师把 10 元捐给了乞丐，乞丐到厨师那儿吃了一顿饭，厨师得到了 10 元．这样周而复始，简简单单的 10 元，改变了乞丐、理发师与厨师．金钱的魔力可见一斑，它能刺激人去劳动，去创造，去改变世界．虽然这只是个小寓言，但是给人的启发还是很多的．

第一节
职工工资分组核算问题及解决方案

一、问题引入

引例　假设职工小王本月的基本工资为 5 000 元，出勤 27 天，请假 3 天，请假扣款为 500 元，加班 16 小时，加班补助为 666.67 元，津贴为 200 元，应缴纳的所得税为 150 元. 那么小王本月能拿到多少元工资？

小王本月的工资是 5 000 元吗？是 5 366.67 元吗？都不是.

答案是：5 216.67 元.

问题分析　在这里，容易被人们忽视的是什么？通常人们所得到的工资，并不是按照劳动单价直接计算所得的基本工资，而是包括了加班补助、津贴等工资附加部分，以及扣除了养老保险等工资代扣部分和个人所得税，最后得到的实发工资.

那么，小王本月的工资具体是怎样算出来的呢？这正是我们所要学习的内容.

二、典型问题解决方案

概念 1.1　职工工资（wage）：是指用人单位依据国家有关规定和劳动关系双方的约定，以货币形式支付给职工的劳动报酬，如月薪酬、季度奖、半年奖、年终奖. 但依据法律、法规、规章的规定由用人单位承担或者支付给员工的下列费用不属于工资：(1) 社会保险费；(2) 劳动保护费；(3) 福利费；(4) 用人单位与员工解除劳动关系时支付的一次性补偿费；(5) 计划生育费；(6) 其他不属于工资的费用. 职工工资一般包括基本工资、工资附加部分、工资代扣部分，而人们通常所说的工资，实际上是指扣除了养老保险、个人所得税等工资代扣部分后所得的实发工资.

例如，引例中小王本月的工资，不是基本工资 5 000 元，也不是税前工资 5 366.67 元，而是基本工资加上工资附加部分，再减去工资代扣部分后所得到的 5 216.67 元.

问题 1　职工工资分组核算问题的解决方案

前提： 已知基本工资为 W_b、工资附加部分为 W_e、工资代扣部分为 W_s

目的： 求职工工资 W

方案： 职工工资 $W=W_b+W_e-W_s$

例 1.1　小李去年 3 月份的基本工资为 3 000 元，工资附加部分为 500 元，工资代扣部分为 700 元. 那么，小李去年 3 月份的实发工资为多少元?

解　$W=W_b+W_e-W_s=3\ 000+500-700=2\ 800$（元）.

答：小李去年 3 月份的实发工资为 2 800 元.

概念 1.2　基本工资（basic wage）：是根据劳动合同约定或国家及企业规章制度规定的工资标准计算的工资，也称标准工资. 具体来说，在企业中，基本工资是根据员工所在职位、能力、价值核定的薪资，是员工工作稳定性的基础，是员工安全感的保证.

问题 2　基本工资问题的解决方案

情况（1）： 基本工资按照时间计算

前提： 已知底薪为 W_0、工资单价为 P_t、工作时间为 T

目的： 求基本工资 W_b

方案： 基本工资 $W_b=W_0+P_t\cdot T$

例 1.2　某单位职工每月的基本工资按照 50 元/天计算. 底薪为 1 000 元，若工作时间按照 30 天计算，那么该单位职工每月的基本工资为多少元?

解　$W_b=W_0+P_t\cdot T=1\ 000+50\times 30=2\ 500$（元）.

答：该单位职工每月的基本工资为 2 500 元.

情况（2）： 基本工资按照数量计算

前提： 已知底薪为 W_0、工资单价为 P_n、数量为 N

目的： 求基本工资 W_b

方案： 基本工资 $W_b=W_0+P_n\cdot N$

例 1.3　某单位职工每月的基本工资按照 5 元/件计算. 底薪为 1 000 元，若完成件数为 500 件，那么该单位职工每月的基本工资为多少元?

解　$W_b=W_0+P_n\cdot N=1\ 000+5\times 500=3\ 500$（元）.

答：该单位职工每月的基本工资为 3 500 元.

例 1.4　某单位生产部门职工每月的基本工资按照 6 元/件计算，底薪为 1 200 元. 人事管理部门职工每月的基本工资按照 60 元/天计算，底薪为 1 500 元；如果被评为高级工程师，则底薪增加 300 元. 小张在该单位人事管理部门工作，并且已经被评为高级工程师，若工作时间按照 30 天计算，那么小张每月的基本工资为多少元?

解　$W_b=W_0+P_t\cdot T=(1\ 500+300)+60\times 30=3\ 600$（元）.

答：小张每月的基本工资为 3 600 元.

概念 1.3　工资附加部分（extra wage）：是工资的一种补充，指工资中除了基本工资外其余的增加补充部分，通常包括住房补贴、生活补贴等各种补贴，特岗津贴、地区津贴等各种津贴，以及值班补助、加班补助等各种补助等.

问题 3　工资附加部分问题的解决方案

前提：已知津贴为 W_a、补贴为 W_c、补助为 W_r

目的：求工资附加部分 W_e

方案：工资附加部分 $W_e=W_a+W_c+W_r$

例 1.5　某单位职工津贴为 100 元，补贴为 200 元，其他各种补助共 120 元，则该单位职工的工资附加部分为多少元?

解　$W_e=W_a+W_c+W_r=100+200+120=420$（元）.

答：该单位职工的工资附加部分为 420 元.

概念 1.4　工资代扣部分（deducted wage）：是按照工资的一定比例，随同工资从成本、费用中提取的各种基金或者经费．其通常包括住房公积金、医疗保险金、养老保险金、失业保险金和个人所得税.

问题 4　工资代扣部分问题的解决方案

前提：已知住房公积金为 W_1、医疗保险金为 W_2、养老保险金为 W_3、失业保险金为 W_4、个人所得税为 W_p

目的：求工资代扣部分 W_s

方案：工资代扣部分 $W_s=W_1+W_2+W_3+W_4+W_p$

例 1.6　小黄的住房公积金为 100 元，医疗保险金为 100 元，养老保险金为 100 元，失业保险金为 50 元，个人所得税为 200 元，则小黄的工资代扣部分为多少元?

解　$W_s=W_1+W_2+W_3+W_4+W_p=100+100+100+50+200=550$（元）.

答：小黄的工资代扣部分为 550 元.

概念 1.5　个人所得税（individual income tax）：是调整征税机关与自然人（居民、非居民人）之间在个人所得税的征纳与管理过程中所发生的社会关系的法律规范的总称，是以个人（即自然人）取得的各项应税所得为征税对象所征收的一种税种．2011 年 6 月底，第十一届全国人民代表大会常务委员会通过了修改《中华人民共和国个人所得税法》的决定，2011 年 9 月 1 日开始，个人所得税免征额调至 3 500 元.

问题 5　个人所得税问题的解决方案

前提： 已知基本工资为 W_b、工资附加部分为 W_a、工资代扣部分为 W_s、免征额为 W_v、速扣数为 W_m、税率为 r

目的： 求个人所得税 W_i

方案： 个人所得税 $W_i=(W_b+W_a-W_s-W_v)\cdot r-W_m$

例 1.7　假设小陈的基本工资为 3 000 元，工资附加部分为 1 200 元，工资代扣部分为 800 元，免征额为 2 000 元，税率为 20%，速扣数为 100 元，则小陈应缴纳的个人所得税为多少元?

解　$W_i=(W_b+W_a-W_s-W_v)\cdot r-W_m$

$=(3\,000+1\,200-800-2\,000)\times 20\%-100=180$ (元).

答：小陈应缴纳的个人所得税为 180 元.

表 1—1 为 2011 年 9 月 1 日起调整后的 7 级超额累进税率.

表 1—1　　2011 年 9 月 1 日起调整后的 7 级超额累进税率

全月应纳税所得额	税率	速算扣除数（元）
全月应纳税所得额≤1 500 元	3%	0
1 500 元<全月应纳税所得额≤4 500 元	10%	105
4 500 元<全月应纳税所得额≤9 000 元	20%	555
9 000 元<全月应纳税所得额≤35 000 元	25%	1 005
35 000 元<全月应纳税所得额≤55 000 元	30%	2 755
55 000 元<全月应纳税所得额≤80 000 元	35%	5 505
全月应纳税所得额>80 000 元	45%	13 505

第二节
使用 Excel 进行职工工资分组核算

一、典型案例

某学校员工的基本工资情况如下：基本工资由岗位工资和薪级工资构成，其中每位员工的岗位工资相同，均为 4 500 元；教授、副教授和讲师的薪级工资分别为 800 元、500 元、300 元，其他职称或无职称的薪级工资为 200 元. 工资附加部分情况如下：保留物价副补为 30 元，住房补贴为 50 元，岗位津贴为 100 元，地区津贴为 20 元，特岗津贴为 100 元，生活补贴为 200 元，独生子女费如果享有则为 50 元，中层人员岗位补贴为 20 元，加班补助如果享有则为 50 元/天，值班补助如果享有则为 20 元/天，其他补助和津贴为 0 元. 工资代扣部分情况如下：住房公积金抽取应发工资的 5%，失业保险金抽取 3%，养老保险金抽取 10%，医疗保险金抽取 2%，个人所得税按照国家 2011 年 9 月实施的办法（参照表 1—1），免征额为 3 500 元. 小王为教授，享受独生子女费，某月加班 1 天，值班 2 天；小李是副教授，享受独生子女费，加班 1 天，没有值班；小张是讲师，不享受独生子女费，加班 3 天，值班 1 天；小陈没有职称，享受独生子女费，没有加班，值班 3 天. 请利用 Excel 软件的制表及计算工具分别算出这个月小王、小李、小张和小陈的实发工资.

二、解决方案

根据所提供数据，按照职工工资分组核算的解决方案，分别算出每位员工的基本工资、工资附加部分和工资代扣部分，最后得到每位员工的实发工资.

可利用 Excel 软件自带的计算工具，直接进行计算.

三、Excel 演算步骤

第一步：在 Excel 表中列出职工工资表中需要的项目，如图 1—1 所示.

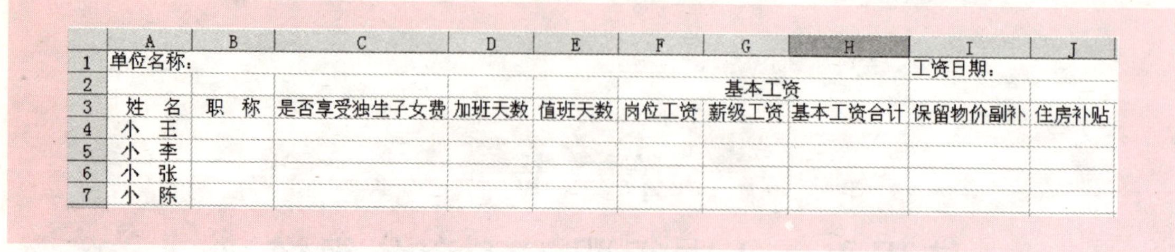

	A	B	C	D	E	F	G	H	I	J
1	单位名称:								工资日期:	
2							基本工资			
3	姓　名	职　称	是否享受独生子女费	加班天数	值班天数	岗位工资	薪级工资	基本工资合计	保留物价副补	住房补贴
4	小　王									
5	小　李									
6	小　张									
7	小　陈									

图 1—1　列出所需的项目

第二步：处理基本工资部分.

首先，在 F4 栏中输入 4 500，然后将鼠标置于 F4 栏右下角，按住“+”型符号往下拖（即使用 Excel 的句柄填充功能），直至 F7 栏；

其次，在 G4 栏中输入命令“=IF(B4="教授",800,IF(B4="副教授",500,IF(B4="讲师",300,200)))”，按住“+”型符号往下拖，直至 G7 栏；

再次，在 H4 栏中输入命令“=F4+G4”，按住“+”型符号往下拖，直至 H7 栏；

最后，得到基本工资部分的结果，如图 1—2 所示.

	A	B	C	D	E	F	G	H
1	单位名称:							
2							基本工资	
3	姓　名	职　称	是否享受独生子女费	加班天数	值班天数	岗位工资	薪级工资	基本工资合计
4	小　王	教授	是	1	2	4500	800	5300
5	小　李	副教授	是	1	0	4500	500	5000
6	小　张	讲师	否	3	1	4500	300	4800
7	小　陈	无	是	0	3	4500	200	4700

图 1—2　基本工资部分的计算

第三步：处理工资附加部分和应发工资部分.

在 I4、J4、K4、L4、M4、N4 栏中分别输入 30、50、100、20、100、200，然后将鼠标放在各个栏目右下角，分别按住“+”型符号拖至 I7、J7、K7、L7、M7、N7 栏；

在 O4 栏中输入命令“=IF(C4="是",50,0)”，按住“+”型符号往下拖，直至 O7 栏；

在 P4 栏中输入 20，按住“+”型符号往下拖，直至 P7 栏；

在 Q4 栏中输入命令“=D4*50”，按住“+”型符号往下拖，直至 Q7 栏；

在 R4 栏中输入命令“=E4*20”，按住“+”型符号往下拖，直至 R7 栏；

在 S4 栏中输入 0，按住“+”型符号往下拖，直至 S7 栏；

在 T4 栏中输入命令“=I4+J4+K4+L4+M4+N4+O4+P4+Q4+R4+S4”，按住“+”型符号往下拖，直至 T7 栏，完成工资附加部分，如图 1—3 所示；

在 U4 栏中输入命令“=H4+T4”，按住“+”型符号往下拖，直至 U7 栏，完成应发工资部分，如图 1—3 所示.

	I	J	K	L	M	N	O	P	Q	R	S	T	U
1	工资日期：												单位：　元
2		工资附加部分											
3	保留物价副补	住房补贴	岗位津贴	地区津贴	特岗津贴	生活补贴	独生子女费	中层人员岗位补贴	加班补助	值班补助	其他补助和津贴	工资附加部分合计	应发工资合计
4	30	50	100	20	100	200	50	20	50	40	0	660	5960
5	30	50	100	20	100	200	50	20	50	0	0	620	5620
6	30	50	100	20	100	200	0	20	150	20	0	690	5490
7	30	50	100	20	100	200	50	20	0	60	0	630	5330

图 1—3　工资附加部分和应发工资部分的计算

第四步：处理工资代扣部分，最后得到实发工资.

在 V4 栏中输入命令"＝U4＊5％"，按住"＋"型符号往下拖，直至 V7 栏；

在 W4 栏中输入命令"＝U4＊3％"，按住"＋"型符号往下拖，直至 W7 栏；

在 X4 栏中输入命令"＝U4＊10％"，按住"＋"型符号往下拖，直至 X7 栏；

在 Y4 栏中输入命令"＝U4＊2％"，按住"＋"型符号往下拖，直至 Y7 栏；

在 Z4 栏中输入命令"＝U4－V4－W4－X4－Y4"，按住"＋"型符号往下拖，直至 Z7 栏；

在 AA4 栏中输入个人所得税的计算程序"＝IF(Z4－3 500＜＝0, 0, IF(Z4－3 500＜＝1 500, (Z4－3 500)＊0.03, IF(Z4－3 500＜＝4 500, (Z4－3 500)＊0.1－105, IF(Z4－3 500＜＝9 000, (Z4－3 500)＊0.2－555, IF(Z4－3 500＜＝35 000, (Z4－3 500)＊0.25－1 005, IF(Z4－3 500＜＝55 000, (Z4－3 500)＊0.3－2 755, IF(Z4－3 500＜＝80 000, (Z4－3 500)＊0.35－5 505, IF(Z4－3 500＞80 000, (Z4－3 500)＊0.45－13 505, 0))))))))"，按住"＋"型符号往下拖，直至 AA7 栏；

在 AB4 栏中输入命令"＝Z4－AA4"，按住"＋"型符号往下拖，直至 AB7 栏，最后得到的结果如图 1—4 所示.

U	V	W	X	Y	Z	AA	AB
单位：　元							
	工资代扣部分						
应发工资合计	住房公积金	失业保险	养老保险	医疗保险	税前工资	个人所得税	实发工资
5960	298	178.8	596	119.2	4768	38.04	4729.96
5620	281	168.6	562	112.4	4496	29.88	4466.12
5490	274.5	164.7	549	109.8	4392	26.76	4365.24
5330	266.5	159.9	533	106.6	4264	22.92	4241.08

图 1—4　工资代扣部分和实发工资部分的计算

第三节
成本分类核算典型案例

案例　产品成本分类核算

某企业所生产的 A、B、C 三种产品，使用的原材料和工艺过程相似，合并为一类产品进行生产成本计算. 试根据表 1—2、表 1—3、表 1—4 中的数据确定该企业 11 月份 A、B、C 三种产品的生产成本.

表 1—2　　类内产品期初在产品成本和 11 月生产费用　　单位：元

项　　目	直接材料	直接人工	制造费用	合　　计
期初在产品成本（定额成本）	41 910	13 530	44 550	99 990
本月生产费用	53 340	18 500	60 090	131 930
生产费用合计	95 250	32 030	104 640	231 920

表 1—3　　类内产品 11 月产量和定额数据

产品品种	完工产品产量（件）	在产品产量（件）	工时定额（小时）	材料消耗定额（元）
A	120	100	16	212.80
B	90	100	10	266.00
C	150	50	11	345.80

表 1—4　　类内各种产品在产品 11 月单位定额成本　　单位：元

产品品种	直接材料	直接人工	制造费用	合　　计
A	120	50	165	335
B	110	60	158	328
C	149.60	34.20	191	374.80

对上述案例的解决方案如下：

1. 基本假设

（1）该类产品的原材料费用随生产进度逐步投入，按照各种产品的原材料费用系数进行分配；加工费用按照各种产品的工时系数进行分配.

（2）类内各种产品的原材料费用按照原材料费用定额确定系数.

（3）类内各种产品之间的直接人工费用和制造费用均按各种产品的定额工时计算确定系数.

2. 类内完工产品生产成本计算

根据上述成本资料，首先，计算期末在产品成本，方法为在产品产量与在产品单位定额成本对应相乘再相加. 其中：（1）直接材料＝100×120＋100×110＋50×149.60＝30 480（元）；（2）直接人工＝100×50＋100×60 ＋50×34.20＝12 710（元）；（3）制造费用＝100×165＋100×158＋50×191＝41 850（元）.

然后，将本月总生产费用分别减去期末在产品成本，得到类内完工产品成本，见表1—5.

表1—5　　**成本计算单**　　单位：元

摘要	直接材料	直接人工	制造费用	合计
生产费用合计	95 250	32 030	104 640	231 920
期末在产品成本	30 480	12 710	41 850	85 040
本月完工产品成本	64 770	19 320	62 790	146 880

3. 类内A、B、C产品的生产成本计算

（1）根据假设，不妨选定B产品作为标准产品，根据各产品所耗各种原材料的消耗定额和工时定额编制系数计算表，见表1—6.

表1—6　　**各种产品系数计算表**

产品名称	加工费用系数		直接材料系数	
	单位产品工时定额（小时）	人工和制造费用系数	单位产品材料定额（元）	原材料费用系数
A产品	16	16÷10＝1.6	212.80	212.80÷266.00＝0.8
B产品	10	1	266.00	1
C产品	11	11÷10＝1.1	345.80	345.80÷266.00＝1.3

（2）根据各种产品的产量、人工和制造费用系数、原材料费用系数计算总系数（即转化成标准产量），见表1—7.

表1—7　　**产品总系数计算表**

品名	产品产量（件）	人工和制造费用分配总系数		原材料费用分配总系数	
		系数	总系数	系数	总系数
A产品	120	1.6	120×1.6＝192	0.8	120×0.8＝96
B产品	90	1	90×1＝90	1	90×1＝90
C产品	150	1.1	150×1.1＝165	1.3	150×1.3＝195
合　计			447		381

(3) 计算各种产品成本.

首先，计算项目费用分配率. 项目费用分配率=项目成本总额÷各产品总系数之和，其中：(1) 直接材料费用分配率=64 770÷381=170；(2) 直接人工费用分配率=19 320÷447=43.22；(3) 制造费用分配率=62 790÷447=140.47.

然后，计算各种产品分配的项目费用. 各种产品分配的项目费用=项目总系数×项目费用分配率，如A产品分配的项目费用=96×170.

最后，计算各种产品的单位成本. 单位成本=产品分配的各项目费用之和÷产品产量.

计算得到各种产品成本，如表1—8所示.

表1—8　　各种产品成本计算表

项　目	产量(件)	原材料费用分配总系数	直接材料费用分配额(元)	人工和制造费用分配总系数	直接人工费用分配额(元)	制造费用分配额(元)	各种产品总成本(元)	单位成本(元)
产品成本			64 770		19 320	62 790	146 880	
分配率			170		43.22	140.47		
A产品	120	96	16 320	192	8 298.24	26 970.24	51 588.48	429.90
B产品	90	90	15 300	90	3 889.80	12 642.30	31 832.10	353.69
C产品	150	195	33 150	165	7 131.30	23 177.55	63 458.85	423.06

根据表1—8，11月份完工的A、B、C三种产品总成本分别为51 588.48元、31 832.10元和63 458.85元，单位生产成本分别为429.90元、353.69元和423.06元.

第四节
进一步学习的数学知识：集合

一、集合的基本概念

“集合”这一概念是原始概念，类似于欧几里得几何学的“点”、“线”、“面”诸概念．它首先是由集合论的创始人康托（G. Cantor）提出的．凡是在人们的感知或思维中可以明确区分的对象物，我们把它看作一个整体，这个整体就称作集合．如“我校篮球队的队员”组成一个集合，“太平洋、大西洋、印度洋、北冰洋”也组成一个集合．

集合中的“对象物”称为该集合中的“元素”．一般用小写字母 a，b，c 表示，集合一般用大写字母 A，B，C 表示．

元素 a 在集合 A 中表示为 $a\in A$，元素 a 不在集合 A 中表示为 $a\notin A$，其中符号 $\in$ 表示属于关系．

集合具有下列性质：(1) 元素的确定性；(2) 元素的无序性；(3) 元素的互异性．

常用的数集及其记法如下：

(1) 全体非负整数的集合通常简称**非负整数集**（或**自然数集**），记作 $\mathbf{N}$，非负整数集内排除 0 的集合，称为**正整数集**，表示成 $\mathbf{N}^*$ 或 $\mathbf{N}_+$；

(2) 全体整数的集合通常简称**整数集**，记作 $\mathbf{Z}$；

(3) 全体有理数的集合通常简称**有理数集**，记作 $\mathbf{Q}$；

(4) 全体实数的集合通常简称**实数集**，记作 $\mathbf{R}$．

二、集合的表示法

1. 列举法

列举法是把集合中的元素一一列举出来的方法．如方程 $x^2-1=0$ 的解集，可以表示为

$$\{1,\ -1\} \tag{1.1}$$

2. 描述法

描述法是用确定的条件表示某些对象是否属于这个集合的方法．如：

函数 $y=\sqrt{x-1}$ 的定义域的集合可以表示为

$$\{x \mid y=\sqrt{x-1}\} \tag{1.2}$$

函数 $y=\sqrt{x-1}$ 的值域的集合可以表示为

$$\{y \mid y=\sqrt{x-1}\} \tag{1.3}$$

而函数 $y=\sqrt{x-1}$ 图像上所有点的集合可以表示为

$$\{(x,y) \mid y=\sqrt{x-1}\} \tag{1.4}$$

元素有限的集合叫做**有限集**，如（1.1）；元素无限的集合叫做**无限集**，如（1.2）、（1.3）、（1.4）；我们把不含任何元素的集合叫做**空集**，记作 $\varnothing$. 为了形象地表示集合，我们常常画一条封闭的曲线，用它的内部表示一个集合，如图 1—5（即韦恩图）所示.

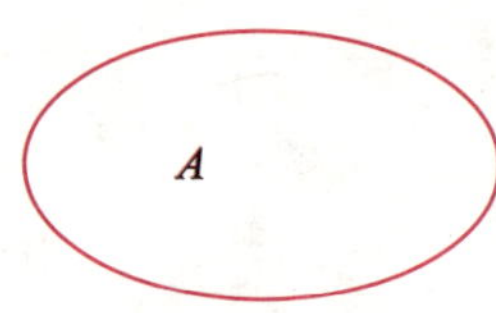

图 1—5　韦恩图

三、集合与集合的关系

1. 子集

对于集合 A 与 B，如果集合 A 中任何一个元素都是集合 B 的元素，那么称集合 A 包含于集合 B，或集合 B 包含集合 A. 记为 $A\subseteq B$（或 $B\supseteq A$），这时我们也称集合 A 是集合 B 的**子集**.

如：集合 $A=\{1,2,3\}$，集合 $B=\{1,2,3,4,5\}$，显然 A 是 B 的子集. 当集合 A 不包含于集合 B，或集合 B 不包含集合 A 时，记作 $A\not\subseteq B$. 我们规定空集是任何集合的子集.

2. 真子集

对于两个集合 A 与 B，如果 $A\subseteq B$ 且 $A\neq B$，则称 A 是 B 的**真子集**，记为 $A\subsetneqq B$，用图形表示为图 1—6. 显然，空集是任何非空集合的真子集.

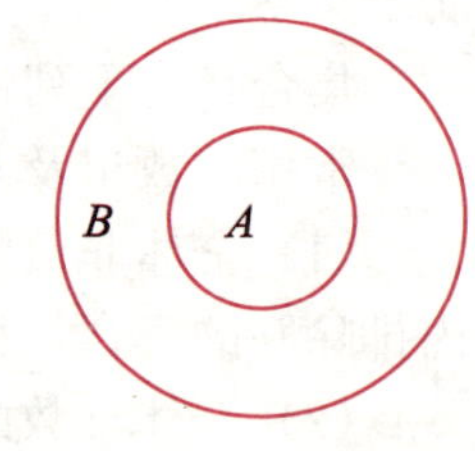

图 1—6　真子集

3. 集合相等

集合 A 的任何一个元素都是集合 B 的元素，同时集合 B 的任何一个元素都是集合 A 的元素，我们就说集合 A 与集合 B **相等**，记作 $A=B$. 即对于集合 A、B，如果有 $A\subseteq B$ 且 $B\subseteq A$，那么 $A=B$.

四、集合的运算

1. 并集

设 A、B 是两个集合，则所有属于 A 或属于 B 的元素所组成的集合，叫做 A 与 B 的**并集**，记作 $A\cup B$，即 $A\cup B=\{x \mid x\in A$ 或 $x\in B\}$，如图 1—7 所示的阴影部分.

2. 交集

设 A、B 是两个集合，由所有属于 A 且属于 B 的元素所组成的集合，叫做 A 与 B 的交集，记作 $A\cap B$，即 $A\cap B=\{x \mid x\in A$ 且 $x\in B\}$，如图 1—8 所示的阴影部分.

3. 全集与补集

（1）全集：如果集合 S 含有我们要研究的各个集合的全部元素，这个集合就可以看作一个**全集**. 全集通常用 U 表示. 例如，我们在实数范围内讨论问题时，可以把实数集 R 看作全集 U.

（2）补集：假设集合 A 是 U 的子集，我们把 U 中不属于 A 的元素所组成的集合，叫做 U 中子集 A 的**补集**（或**余集**）. 记作 C_UA，即 $C_UA=\{x \mid x\in U$，且 $x\notin A\}$，如图 1—9 所示的阴影部分.

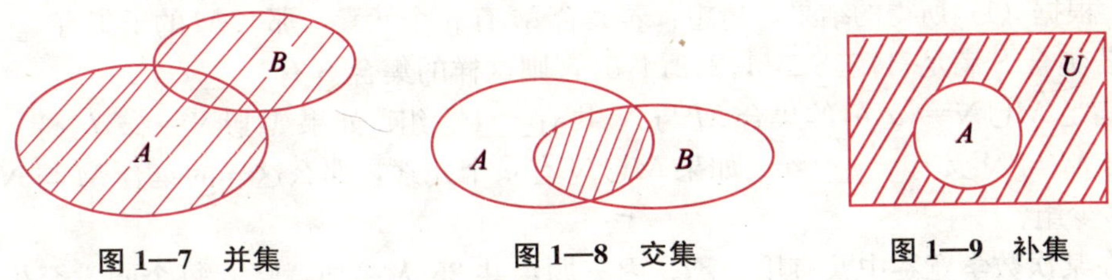

图 1—7　并集　　图 1—8　交集　　图 1—9　补集

五、集合的元素个数

研究集合时，经常遇到有关集合中的元素个数问题. 我们把有限集合 A 中元素的个数记作 $card$（A）. 例如，$A=\{a,b,c\}$，则 $card$（A）$=3$. 有限集合中的元素个数，我们通常可以数出来. 一般地，对于任意两个有限集合 A、B，有

$$card(A\cup B)=card(A)+card(B)-card(A\cap B)$$

例 1.8　学校先举办了一次田径运动会，某班有 8 名同学参赛，又举办了一次球类运动会，这个班有 12 名同学参赛，两次运动会都参赛的有 3 人. 请问：在两次运动会中，这个班共有多少名同学参赛？

解　设 $A=$｛田径运动会参赛的学生｝，$B=$｛球类运动会参赛的学生｝，则

$A\cap B=$｛两次运动会都参赛的学生｝

$A\cup B=$｛所有参赛的学生｝

所以 $card(A\cup B)=card(A)+card(B)-card(A\cap B)=8+12-3=17$.

答：在两次运动会中，这个班共有 17 名同学参赛.

这个问题我们也可以用韦恩图来解. 这种图解法对于比较复杂的问题，例如涉及 3 个以上集合的并、交的问题，更能显示它的优越性. 根据本节所学知识，思考下述问题：

（1）对于有限集合 A、B、C，你能发现 $card(A\cup B\cup C)$，$card(A)$，$card(B)$，$card(C)$，$card(A\cap B)$，$card(B\cap C)$，$card(A\cap C)$，$card(A\cap B\cap C)$之间的关系吗？

（2）有限集合中元素的个数，我们可以一一数出来，而对于无限集合，由于集合中元素的个数是无限的，因此我们不能采用一一数出来的方法. 那么如何确定无限集合的元素个数呢？比如：$A=\{1, 2, 3, \cdots, n, \cdots\}$，$B=\{2, 4, 6, \cdots, 2n, \cdots\}$，集合 A、B 中元素的个数有什么关系？这两个集合的元素个数能进行比较吗？你采用什么方法？

习题一

1. 假设小王的基本工资为 6 000 元，工资附加部分为 1 300 元，工资代扣部分为 700 元，免征额为 1 000 元，按照 2011 年 9 月 1 日起调整后的 7 级超额累进税率，小王应缴纳的个人所得税为多少元?

2. 在第二节所述的典型案例中，假设老黄是教授，享受独生子女费，加班 3 天，没有值班，使用第二节所述的 Excel 制表的方法，求老黄的实发工资.

3. (1) 写出 $N=$ {人民日报，中国青年报，潇湘晨报} 的所有子集.

(2) 根据 (1) 所得的结果，猜想：若集合 M 有 n 个元素，那么 M 的子集有______个.

4. 若集合 S 满足 $\{1\}\subseteq S\subset\{1,2,3,4,5\}$，则这样的集合 S 有______个.

5. 满足 $M\cup N=\{a,b\}$ 的集合 M 与 N 共有______组. 如果 $M\cup N=\{a,b,c\}$，那么这样的集合 M 与 N 又有______组. 如果 $M\cup N$ 有 n 个元素，那么这样的集合 M 与 N，你能猜想有多少组?

6. 在某次数学竞赛中共有甲、乙、丙三题，共 25 人参加竞赛，每个同学至少选做一题. 在所有没解出甲题的同学中，解出乙题的人数是解出丙题的人数的 2 倍；在解出甲题的同学中，只解出甲题的人数比余下的人数多 1 人；在只解出一题的同学中，有一半没解出甲题. 请问：共有多少个同学解出乙题?

第二章

增长率的计算与比较

名言：宇宙间最大的能量是复利，世界的第八大奇迹是复利.

——爱因斯坦

故事：苏丹对一个大臣心存感激，因为这个大臣伟大的行为拯救了苏丹的帝国．苏丹希望好好地奖励这位大臣，大臣谦逊地回答说，只愿意接受在西洋棋盘第一格放一粒小麦，第二格放两粒小麦，第三格放四粒小麦，第四格放八粒小麦……以此类推，把 64 个格子放满就行．苏丹以为这是一个简单的要求，立刻就同意了．悲惨的是，苏丹赔进去了自己一个帝国，因为他没有认识到复利可怕的力量．任何东西连续加倍 64 次，都会变为天文数字，少数几粒小麦经过复利计算，总价值比整个帝国所有的财富加起来还多．

第一节
增长率和平均增长率问题及解决方案

一、问题引入

引例 1　假如一名学生毕业时刚满 20 岁，买一份 2 万元的养老保险，如果每年的利率是 15%，40 年到期后取出本息，他将会获得多少收益？

是 80 万元吗？不是. 是 92（$=2\times(1+0.15)\times40$）万元吗？也不是.

答案是：535.73 万元.

不是本金的 40 倍，也不是本金的 46 倍，而是本金的 267 倍以上.

引例 2　假如你的父母在你刚刚出生的时候，就用 3 000 元为你购买了 100 股某公司的股票，如果该公司年均增长率为 15%，60 年后，你的这 100 股股票的市值将会增加到什么水平？

是 18 万元吗？不是. 是 20.7 万元吗？也不是.

答案是：1 315 万元.

不是原始股的 60 倍，也不是原始股的 69 倍，而是原始股的 4 384 倍.

问题分析　在这里，容易被人们忽视的是什么？一是利率，通俗地讲就是增长率，即末期相对基期数量的增长比例；二是复利，这是一种算法，是指在每经过一个计息期后，都要将所生利息加入本金，以计算下期的利息. 在这里，增长率是什么？增长率又是怎样算出来的？增长率与前后数量是什么关系？这些正是我们所需要学习的内容.

二、典型问题解决方案

概念 2.1　增长率（rate of increase）：是指事物增长的数量与原来的数量的百分比值.

例如：人口自然增长率就是一年内人口自然增长数（出生人数减死亡人数）与该年内平均人口数之比，通常用千分比来表示；经济增长率就是末期国内生产总值（GDP）与基

期国内生产总值的比较，以末期现行价格计算末期 GDP 得出的增长率是名义经济增长率，以不变价格（即基期价格）计算末期 GDP 得出的增长率是实际经济增长率；利率就是相对本金（前期金额）而言的增长率.

问题 1　增长率计算的解决方案

前提： 已知基期的数量（v_0）和末期的数量（v_n）

目的： 求增长率 r_n

方案： 增长数量 $\Delta v = v_n - v_0$，

$$\text{增长率 } r_n = \frac{\Delta v}{v_0} \cdot 100\% = \frac{v_n - v_0}{v_0} \cdot 100\% = \left(\frac{v_n}{v_0} - 1\right) \cdot 100\%$$

例 2.1　父母在孩子刚刚出生的时候，就用 3 000 元购买了 100 股某公司的股票，60 年后这 100 股的市值已达到 13 151 996 元，试问这个公司 60 年的经济增长率为多少？

解

$$\begin{aligned} r_{60} &= \frac{\Delta v}{v_0} \cdot 100\% = \frac{v_{60} - v_0}{v_0} \cdot 100\% \\ &= \frac{13\,151\,996 - 3\,000}{3\,000} \cdot 100\% \\ &= \frac{13\,148\,996}{3\,000} \cdot 100\% = 438\,300\% \end{aligned}$$

答：这个公司 60 年的经济增长率为 438 300%.

概念 2.2　年均增长率： 是反映事物从某一年的数量开始，按照某个固定指数（下年数量/上年数量）经过若干年增长后达到预期数量的百分比值.

问题 2　年均增长率计算的解决方案

前提： 已知基期的数量（v_0）和末期的数量（v_n）

目的： 求年均增长率 r

方案： 第一年增长数量 $v_1 = (1+r) \cdot v_0$，

第二年增长数量 $v_2 = (1+r) \cdot v_1 = (1+r) \cdot [(1+r) \cdot v_0] = (1+r)^2 \cdot v_0$，

……

第 n 年增长数量 $v_n = (1+r) \cdot v_{n-1} = (1+r) \cdot [(1+r)^{n-1} \cdot v_0] = (1+r)^n \cdot v_0$.

对第 n 年增长数量 v_n 两边同时取自然对数，得

$$\ln v_n = \ln[(1+r)^n \cdot v_0] = n\ln(1+r) + \ln v_0$$

$$\ln(1+r) = \frac{\ln v_n - \ln v_0}{n}$$

$$r = e^{\frac{\ln v_n - \ln v_0}{n}} - 1$$

例 2.2　父母在孩子刚刚出生的时候，就用 3 000 元购买了 100 股某公司的股票，60 年后这 100 股的市值已达到 13 151 996 元，试问这个公司市值的年均增长率为多少？

解 $\ln(1+r)=\frac{\ln v_n-\ln v_0}{n}=\frac{\ln 13\ 151\ 996-\ln 3\ 000}{60}$

$$=\frac{16.392\ 1-8.006\ 4}{60}=\frac{8.385\ 7}{60}=0.139\ 8$$

$r=e^{0.139\ 8}-1=0.150\ 0=15.00\%$

答：这个公司市值的年增长率为 15.00%.

第二节
使用 Excel 计算增长率

一、典型案例

根据国际货币基金组织 WEO 数据库（见表 2—1），试比较中国与美国、日本、俄罗斯、英国、法国、德国、印度、韩国 2008 年相对于 1990 年、2000 年经济的增长率和年均增长率，以及 2005—2008 年之间的年度增长率和年均增长率.

表 2—1　　中、美、日、俄、英、法、德、印、韩 GDP 数据一览表　　单位：亿本币

国　家	1990 年	2000 年	2005 年	2006 年	2007 年	2008 年
中　国	18 668	99 215	183 218	211 924	257 306	300 670
美　国	58 031	99 515	126 384	133 989	140 777	144 414
日　本	4 370 228	5 029 899	5 017 345	5 073 647	5 158 067	5 075 666
俄罗斯		73 056	216 254	269 035	331 114	416 680
英　国	5 703	9 765	12 541	13 258	13 989	14 461
法　国	10 337	14 430	17 241	18 081	18 953	19 480
德　国	12 749	20 625	22 422	23 251	24 282	24 958
印　度	54 914	207 591	345 855	396 628	455 380	525 253
韩　国	1 866 909	6 032 360	8 652 409	9 087 438	9 750 130	10 239 377

说明：表中数据均为 2008 年流通货币.

资料来源：国际货币基金组织 WEO 数据库，http：//www.stats.gov.cn/tjsj/qtsj/gjsj/2009/t20100407_402632600.htm.

二、解决方案

根据所提供的数据，按照增长率公式和年均增长率计算方法可以计算出 9 国 18 年、8 年的增长率与年均增长率以及 2005—2008 年之间的年度增长率和年均增长率，通过制作 9 国年度增长率曲线图，就能比较其经济增长的情况.

利用 Excel 软件自带的计算和制图工具，直接算出年度增长率、年均增长率并进行比较.

三、Excel 演算步骤

1. 9 国 18 年、8 年的 GDP 增长率计算与比较

第一步：在 H5 栏输入公式“=(G5/B5−1)＊100%”，得出中国 2008 年相对于 1990 年的 GDP 增长率为 1 510.6%，如图 2—1 所示.

H5　　fx　=(G5/B5-1)*100%

	A	B	G	H
1	有关国家国内生产总值（现价本币）			
2	资料来源：国际货币基金组织WEO数据库			
3	单位：亿本币（均为2008年流通货币）			
4	国　家	1990年	2008年	18年增长率
5	中　　国	18668	300670	15.10617099
6	美　　国	58031	144414	
7	日　　本	4370228	5075666	
8	俄　罗　斯		416680	
9	英　　国	5703	14461	
10	法　　国	10337	19480	
11	德　　国	12749	24958	
12	印　　度	54914	525253	
13	韩　　国	1866909	10239377	

图 2—1　完成中国 18 年 GDP 增长率计算

第二步：将鼠标置于 H5 栏右下角，按住“+”型符号往下拖（即使用 Excel 的句柄填充功能），直至 H13 栏，出现美国、日本、俄罗斯、英国、法国、德国、印度、韩国 2008 年相对于 1990 年的经济增长率，如图 2—2 所示.

	A	B	G	H
1	有关国家国内生产总值（现价本币）			
2	资料来源：国际货币基金组织WEO数据库			
3	单位：亿本币（均为2008年流通货币）			
4	国　家	1990年	2008年	18年增长率
5	中　　国	18668	300670	15.10617099
6	美　　国	58031	144414	1.488566456
7	日　　本	4370228	5075666	0.161419038
8	俄　罗　斯		416680	#DIV/0!
9	英　　国	5703	14461	1.535682974
10	法　　国	10337	19480	0.884492599
11	德　　国	12749	24958	0.957643737
12	印　　度	54914	525253	8.565010744
13	韩　　国	1866909	10239377	4.484668508

图 2—2　完成各国 18 年 GDP 增长率计算

第三步：类似于 18 年 GDP 增长率计算方法，可求各国 2008 年相对于 2000 年的 GDP 增长率，如图 2—3 所示.

	A		C	G	I
1	有关国家国内生产总值（现价本币）				
2	资料来源：国际货币基金组织WEO数据库				
3	单位：亿本币（均为2008年流通货币）				
4	国　家		2000年	2008年	8年增长率
5	中　国		99215	300670	2.030489341
6	美　国		99515	144414	0.451178214
7	日　本		5029899	5075666	0.00909899
8	俄罗斯		73056	416680	4.703569864
9	英　国		9765	14461	0.480901178
10	法　国		14430	19480	0.34996535
11	德　国		20625	24958	0.210084848
12	印　度		207591	525253	1.530230116
13	韩　国		6032360	10239377	0.697408145

图 2—3　完成各国 8 年 GDP 增长率计算

第四步：选定各国 8 年和 18 年 GDP 增长率（包括 9 国国名），双击图表窗口出现图表导向，选择柱形图，顺序点击至“完成”，做适当修饰后（使图更清晰），即完成 9 国 8 年和 18 年 GDP 增长率的比较柱形图，如图 2—4 所示．可以看出，中国 18 年 GDP 增长率最高，俄罗斯 8 年 GDP 增长率最高，印度和韩国排在中、俄之后和西方发达国家之前．

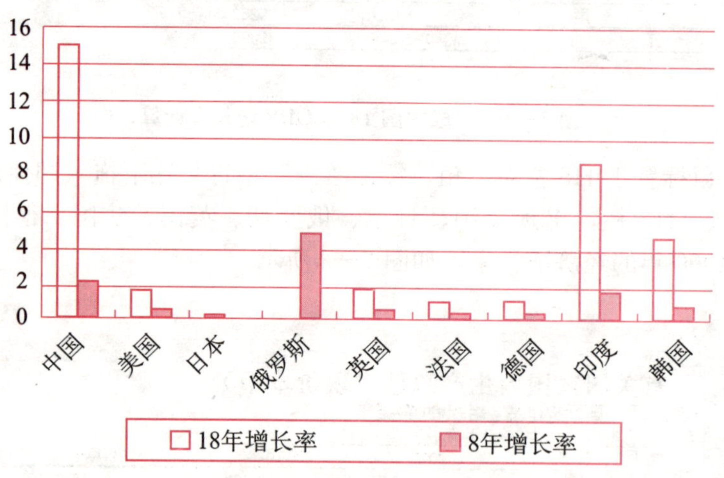

图 2—4　各国 GDP 增长率比较图

2. 2005—2008 年的 GDP 年度增长率计算与比较

第一步：在 E15 栏输入公式“=(E5/D5−1)＊100%”，选定 E15 栏，按住“+”型符号，然后利用 Excel 的句柄填充功能，先从 E15 拖至 G15，然后选定 E15 至 G15 栏，按住“+”型符号再拖至 G23，得到各国 2006—2008 年每年相对于上一年的 GDP 增长率结果，如图 2—5 所示．

第二步：选定中国、美国、日本、俄罗斯、英国、法国、德国、印度、韩国 9 国 2006—2008 年每年 GDP 增长率（包括 9 国国名），双击图表窗口出现图表导向，选择柱形图，顺序点击至“完成”，即完成 9 国 2006—2008 年每年 GDP 增长率的比较柱形图，如

	A	D	E	F	G
14			年度增长率		
15	中　国		0.1566767	0.2141428	0.168530854
16	美　国		0.0601738	0.0506609	0.025835186
17	日　本		0.0112215	0.0166389	-0.015975171
18	俄 罗 斯		0.2440695	0.2307469	0.258418551
19	英　国		0.0571725	0.0551365	0.033740796
20	法　国		0.0487211	0.0482274	0.027805624
21	德　国		0.0369726	0.0443422	0.027839552
22	印　度		0.1468043	0.1481287	0.153438886
23	韩　国		0.0502784	0.072924	0.05017851

图 2—5　完成各国 GDP 年度增长率计算

图 2—6 所示．可以看出，这三年俄罗斯每年 GDP 增长率最高，中国第二，印度第三．

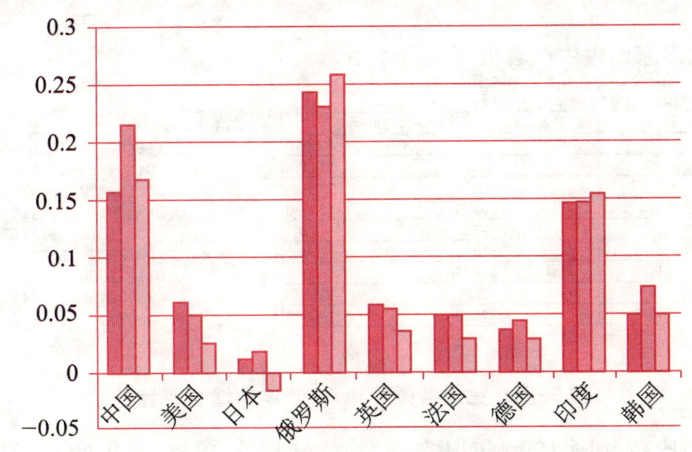

图 2—6　各国 GDP 年度增长率比较图

3. 各国 18 年、8 年的 GDP 年均增长率计算与比较

第一步：建立计算公式

$r_{18年}=\exp\left(\left(\ln v_{2008}-\ln v_{1990}\right)/18\right)-1$，

$r_{8年}=\exp\left(\left(\ln v_{2008}-\ln v_{2000}\right)/8\right)-1$

第二步：在 L5 栏输入公式"＝LN(B5)"，选定 L5 栏拖至 L13 栏，得到各国 1990 年 GDP 自然对数；同理，在 M5 栏输入公式"＝LN(G5)"，选定 M5 栏拖至 M13 栏，得到各国 2008 年 GDP 自然对数，如图 2—7 所示．

第三步：计算各国 18 年 GDP 年均增长率．在 J5 栏输入公式"＝EXP((M5－L5)/18)－1"，算出中国 2008 年相对于 1990 年 18 年的 GDP 年均增长率为 16.70％，选定 J5 栏拖至 J13 栏，得到美国、日本、俄罗斯、英国、法国、德国、印度、韩国的 1990—2008 年的 GDP 年均增长率，如图 2—7 所示．

第四步：仿第二步至第三步，计算 8 年 GDP 年均增长率，结果如图 2—8 所示．

J5 fx =EXP((M5-L5)/18)-1

	A	B	G	J	L	M
1	有关国家国内生产总值（现价本币）					
2	资料来源：国际货币基金组织WEO数据库					
3	单位：亿本币（均为2008年流通货币）					
4	国　家	1990年	2008年	18年年均增长率	ln(1990)	ln(2008)
5	中　　国	18668	300670	0.166957738	9.83457	12.6138
6	美　　国	58031	144414	0.051955044	10.9687	11.8804
7	日　　本	4370228	5075666	0.008348129	15.2903	15.44
8	俄 罗 斯		416680	#NUM!	#NUM!	12.9401
9	英　　国	5703	14461	0.053051763	8.64875	9.57921
10	法　　国	10337	19480	0.035830226	9.24348	9.87714
11	德　　国	12749	24958	0.038024073	9.45321	10.1249
12	印　　度	54914	525253	0.133659223	10.9135	13.1716
13	韩　　国	1866909	10239377	0.09916758	14.4398	16.1418

图 2—7　完成各国 18 年 GDP 年均增长率计算

	A	C	G	K	N	O
1	有关国家国内生产总值（现价本币）					
2	资料来源：国际货币基金组织WEO数据库					
3	单位：亿本币（均为2008年流通货币）					
4	国　家	2000年	2008年	8年年均增长率	ln(2000)	ln(2008)
5	中　　国	99215	300670	0.148653645	11.50504	12.613769
6	美　　国	99515	144414	0.04764729	11.50806	11.880439
7	日　　本	5029899	5075666	0.001132872	15.43091	15.439968
8	俄 罗 斯	73056	416680	0.243135148	11.19898	12.940074
9	英　　国	9765	14461	0.05030579	9.18656	9.5792106
10	法　　国	14430	19480	0.03822224	9.577065	9.8771436
11	德　　国	20625	24958	0.024122666	9.934259	10.12495
12	印　　度	207591	525253	0.123039425	12.24333	13.171635
13	韩　　国	6032360	10239377	0.068373938	15.61265	16.141751

图 2—8　完成各国 8 年 GDP 年均增长率计算

第五步：作图比较 9 国 1990 年以来和 2000 年以来至 2008 年的 GDP 年均增长率. 如图 2—9 所示，从图上比较可以看出，1990 年以来，中国经济增长最快，印度紧追其后；2000 年以来，俄罗斯经济增长最快，中国紧追其后. 但 2000 年以来，除法国、俄罗斯 GDP 增长加快之外，其他国家均有所放慢.

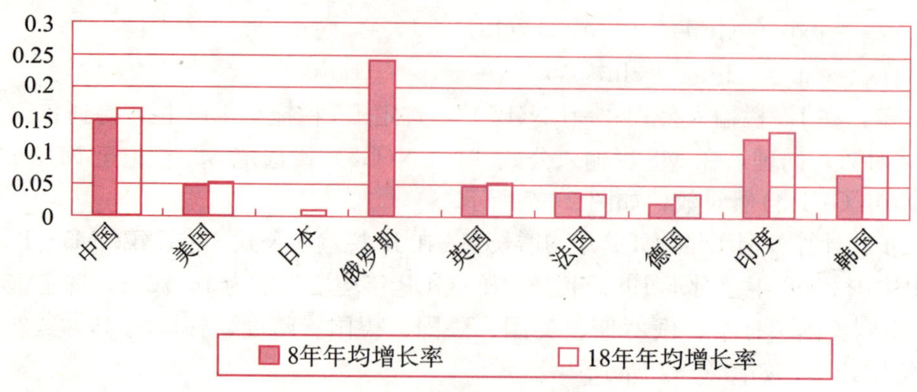

图 2—9　各国 8 年、18 年 GDP 年均增长率比较图

第三节 与增长率相关的典型案例

案例 1 高技术产业销售收入增长分析

表 2—2 给出了我国高技术产业 2002—2006 年的销售收入数据，试通过年度增长率和年均增长率分析比较各产业的增长情况.

表 2—2　我国高技术产业 2002—2006 年的销售收入数据　单位：亿元

产　业	2002 年	2003 年	2004 年	2005 年	2006 年
医药制造业	2 279.98	2 750.73	3 033	4 019.83	4 718.82
航空航天器制造业	499.9	547.2	498.4	781.37	798.88
电子及通信设备制造业	7 658.67	9 927.14	13 819.1	16 646.25	21 068.86
电子计算机及办公设备制造业	3 441.67	6 305.97	9 192.7	10 722.15	12 634.18
医疗设备及仪器仪表制造业	734.04	880.48	1 303	1 752.18	2 363.82
合　计	14 614.26	20 411.52	27 846.2	33 921.78	41 584.56

解决方案：

(1) 借助 Excel 软件，求得年度增长率和年均增长率，如表 2—3 所示.

表 2—3　我国高技术产业 2003—2006 年年度增长率和年均增长率

产　业	年度增长率				年均增长率
	2003 年	2004 年	2005 年	2006 年	
医药制造业	0.206 5	0.102 6	0.325 4	0.173 9	0.199 4
航空航天器制造业	0.094 6	−0.089 2	0.567 8	0.022 4	0.124 3
电子及通信设备制造业	0.296 2	0.392 1	0.204 6	0.265 7	0.287 9
电子计算机及办公设备制造业	0.832 2	0.457 8	0.166 4	0.178 3	0.384 2
医疗设备及仪器仪表制造业	0.199 5	0.479 9	0.344 7	0.349 1	0.339 6

(2) 进一步作出增长率趋势比较图，如图 2—10 所示.

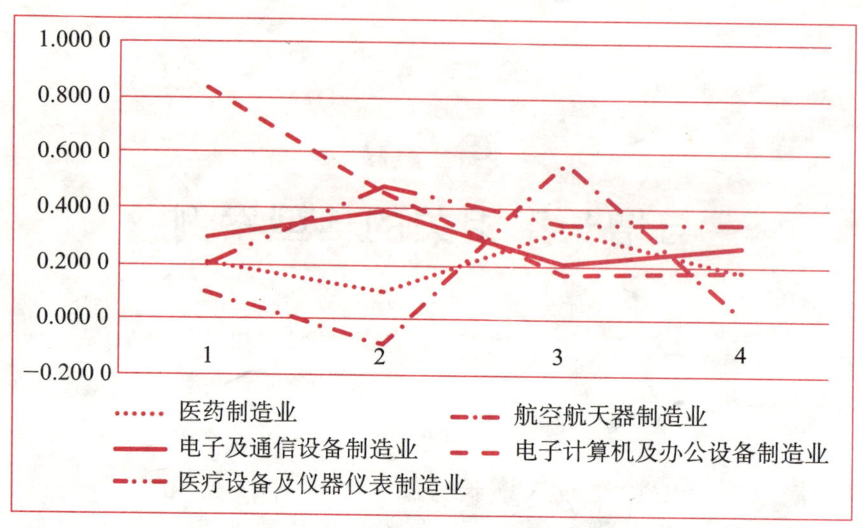

图 2—10 我国高技术产业 2002—2006 年年度增长率趋势比较

案例 2 中美两国 GDP 差距发展趋势分析

根据表 2—4 提供的中国和美国 1978—2010 年 GDP 数据，分析两国之间 GDP 差距的发展趋势，并采用 2010 年相对 1978 年的年均增长率讨论未来差距的发展趋势.

表 2—4 **中国和美国 1978—2010 年 GDP 数据** 单位：亿美元

年份	美国	中国	年份	美国	中国
1978 年	22 947	2 164.608 047	1995 年	73 977	7 279.810 708
1979 年	25 633	2 612.604 564	1996 年	78 169	8 561.053 832
1980 年	27 895	3 034.445 993	1997 年	83 043	9 525.147 751
1981 年	31 284	2 868.973 664	1998 年	87 470	10 194.745 37
1982 年	32 550	2 812.149 975	1999 年	92 680	10 833.184 53
1983 年	35 367	3 017.560 828	2000 年	98 170	11 983.887 13
1984 年	39 332	3 105.601 076	2001 年	101 280	13 248.182 09
1985 年	42 203	3 069.799 115	2002 年	104 700	14 538.202 63
1986 年	44 628	2 975.731 305	2003 年	109 610	16 409.664 96
1987 年	47 395	3 239.817 198	2004 年	116 860	19 315.971 59
1988 年	51 038	4 041.59 049	2005 年	124 220	22 343.531 02
1989 年	54 844	4 513.227 299	2006 年	133 989.3	26 801.438 02
1990 年	58 031	3 902.948 104	2007 年	140 618	34 021.542 62
1991 年	59 959	4 091.959 421	2008 年	143 690.8	43 025.812 61
1992 年	63 377	4 880.982 596	2009 年	141 190.5	49 963.812 66
1993 年	66 574	6 132.228 122	2010 年	146 241.8	59 847.067 67
1994 年	70 722	5 592.052 261			

解决方案：

（1）借助 Excel 软件，求得中国和美国 1978—2010 年 GDP 及其差距走势，如表 2—5 所示，对应的趋势图如图 2—11 所示.

表 2—5　　中国和美国 1978—2010 年 GDP 及其差距数据

年份	美国	中国	差距	年份	美国	中国	差距
1978 年	22 947	2 164.61	20 782.39	1995 年	73 977	7 279.81	66 697.19
1979 年	25 633	2 612.60	23 020.40	1996 年	78 169	8 561.05	69 607.95
1980 年	27 895	3 034.45	24 860.55	1997 年	83 043	9 525.15	73 517.85
1981 年	31 284	2 868.97	28 415.03	1998 年	87 470	10 194.75	77 275.25
1982 年	32 550	2 812.15	29 737.85	1999 年	92 680	10 833.18	81 846.82
1983 年	35 367	3 017.56	32 349.44	2000 年	98 170	11 983.89	86 186.11
1984 年	39 332	3 105.60	36 226.40	2001 年	101 280	13 248.18	88 031.82
1985 年	42 203	3 069.80	39 133.20	2002 年	104 700	14 538.20	90 161.80
1986 年	44 628	2 975.73	41 652.27	2003 年	109 610	16 409.66	93 200.34
1987 年	47 395	3 239.82	44 155.18	2004 年	116 860	19 315.97	97 544.03
1988 年	51 038	4 041.59	46 996.41	2005 年	124 220	22 343.53	101 876.47
1989 年	54 844	4 513.23	50 330.77	2006 年	133 989.3	26 801.44	107 187.86
1990 年	58 031	3 902.95	54 128.05	2007 年	140 618	34 021.54	106 596.46
1991 年	59 959	4 091.96	55 867.04	2008 年	143 690.8	43 025.81	100 664.99
1992 年	63 377	4 880.98	58 496.02	2009 年	141 190.5	49 963.81	91 226.69
1993 年	66 574	6 132.23	60 441.77	2010 年	146 241.8	59 847.07	86 394.73
1994 年	70 722	5 592.05	65 129.95				

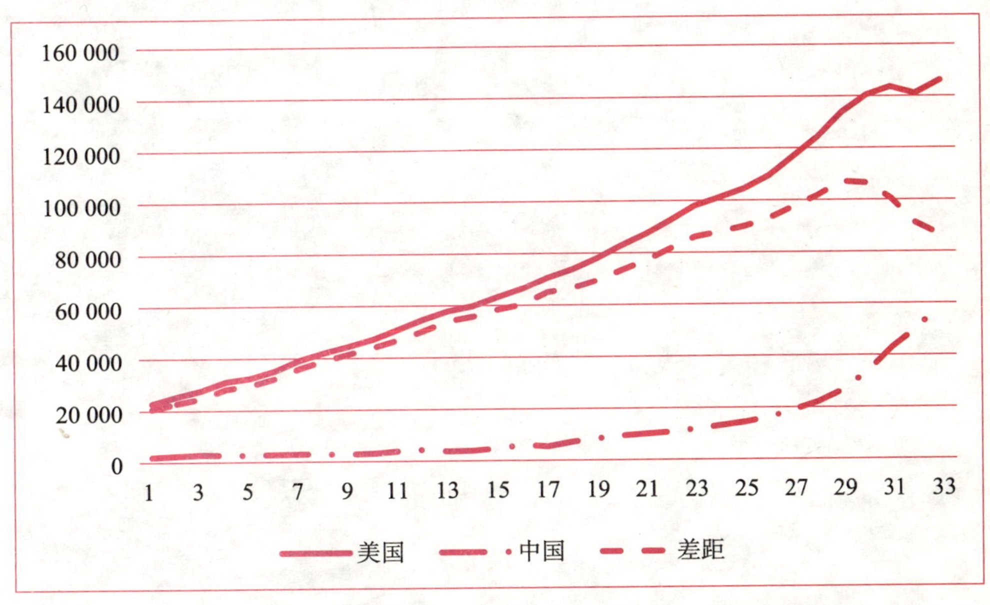

图 2—11　中国和美国 1978—2010 年 GDP 及其差距走势

(2) 根据 Excel 提供的趋势分析工具（具体方法请参见第十二章），可得中国和美国 2010 年以后 GDP 及其差距走势预测趋势图，如图 2—12 所示.

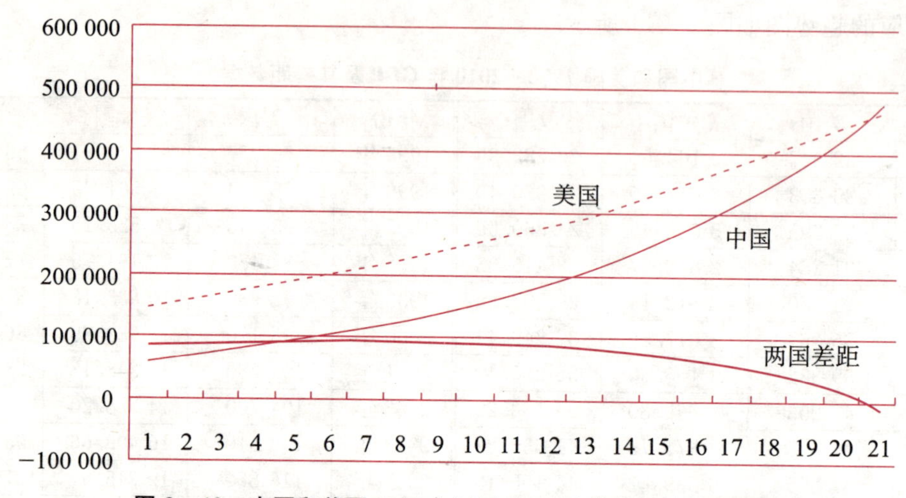

图 2—12　中国和美国 2010 年以后 GDP 及其差距趋势预测图

从图 2—12 可以看出，大约到 2030 年，中国的 GDP 会赶超美国.

第四节
进一步学习的数学知识：函数

一、函数及表达方式

1. 函数的定义

X 和 Y 是两个集合，如果对于每一个 $x\in X$，都有唯一一个 $y\in Y$ 与之对应，则称 X 和 Y 之间存在一个函数关系 f，一般记为 $y=f(x)$.

2. 公式表达

用公式表达函数关系举例如下：

(1) $y=\sin x, x\in(-\infty,+\infty), y\in[-1,1]$;

(2) $y=\frac{1}{|x|}, x\in(-\infty,0)\cup(0,+\infty), y\in(0,+\infty)$.

3. 表格表达

用表格表达函数关系如表 2—6 所示.

表 2—6　　中国 2004—2010 年 GDP 与年份的关系　　单位：亿美元

含义	函数关系 $y=f(x)$							集合
年份	2004 年	2005 年	2006 年	2007 年	2008 年	2009 年	2010 年	X
GDP	19 316	22 344	26 801	34 022	43 026	49 964	59 847	Y

4. 图像表达

用图像表达函数关系如图 2—13 所示.

二、函数关系的建立

1. 推演公式法

例 2.3　某企业组装某产品每日最多 100 套，其中组装场地、组织设备所占用的费用为 11 300 元，每套产品组装人员计件工资为 10 元、半成品成本为 1 000 元、材料费用为

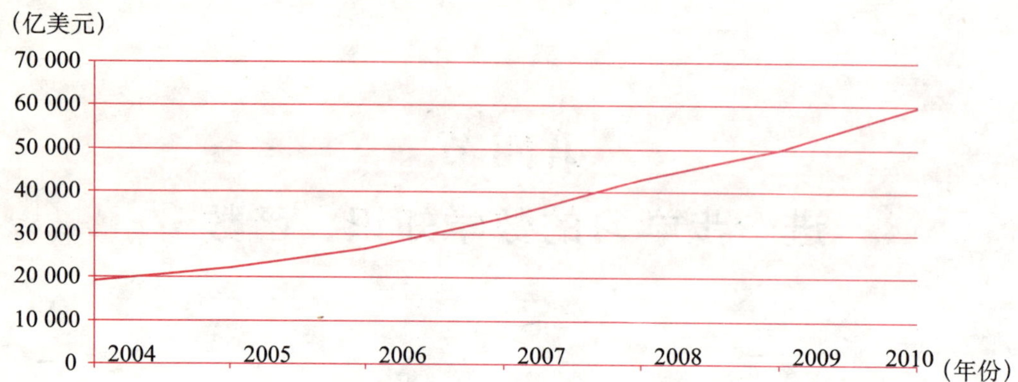

图 2—13　中国 2004—2010 年 GDP 与年份的关系

10 元、电费为 2 元，试建立该企业日生产产品的成本函数 $C(x)$.

解　固定成本为组装场地、组织设备所占用的费用，为 11 300 元，每套产品增加成本为 10+1 000+10+2=1 022 元. 如果每日生产的产品为 x 套，则日生产产品的总成本为

$$C=C(x)=11\ 300+1\ 022x$$

式中，$x\in\{1,2,\cdots,100\}$，$0\leqslant C\leqslant 113\ 500$.

例 2.4　试建立投资收益与年结算次数的函数关系.

解　设本金为 A_0，年利率为 r，投资年限为 t，到期本利之和为

$$A=A_0\,(1+r)^t$$

如果每年结算 m 次，则 t 年到期的本息之和将是

$$A(m)=A_0\left(1+\frac{r}{m}\right)^{mt}$$

式中，$m\in(0,+\infty)\cap\mathbf{N}$，$\mathbf{N}$ 为自然数集.

分析：可以看出，括号内的$\frac{r}{m}$随着结算期的细分将逐渐消失，而指数 mt 随着结算期的细分将逐渐扩大至无穷大. 这个函数反映了自然界和经济生活中的一个事实，即在事物的发展中，某些因素将消失，而另一些因素将成长.

2. 数据对应法

例 2.5　建立函数 $E(n)=(1+\frac{1}{n})^n$，$n\in\mathbf{N}$ 的数值关系.

解　随着 n 不断增加，它将趋向一个常数 e，成为自然对数的底，见表 2—7.

表 2—7　**自然对数底 e 的推演**

n	1	2	3	4	5	10	100	1 000	10 000	…
$E(n)$	2	2.250	2.370	2.441	2.488	2.594	2.705	2.717	2.718	…

3. 趋势模拟法

例 2.6　某学校 10 年间在校学生数和教学经费如表 2—8 所示，试根据表中数据画出在校学生数与教学经费的函数关系图像，并作出简单解释.

表 2—8　**在校学生数和教学经费数据表**

年份	1999 年	2000 年	2001 年	2002 年	2003 年	2004 年	2005 年	2006 年	2007 年
在校学生数（人）	5 000	6 000	7 000	8 000	9 000	10 000	11 000	12 000	13 000
教学经费（万元）	1 000	1 100	1 200	1 400	2 000	2 600	2 700	2 800	2 850

解　用描点法作图，如图 2—14 所示.

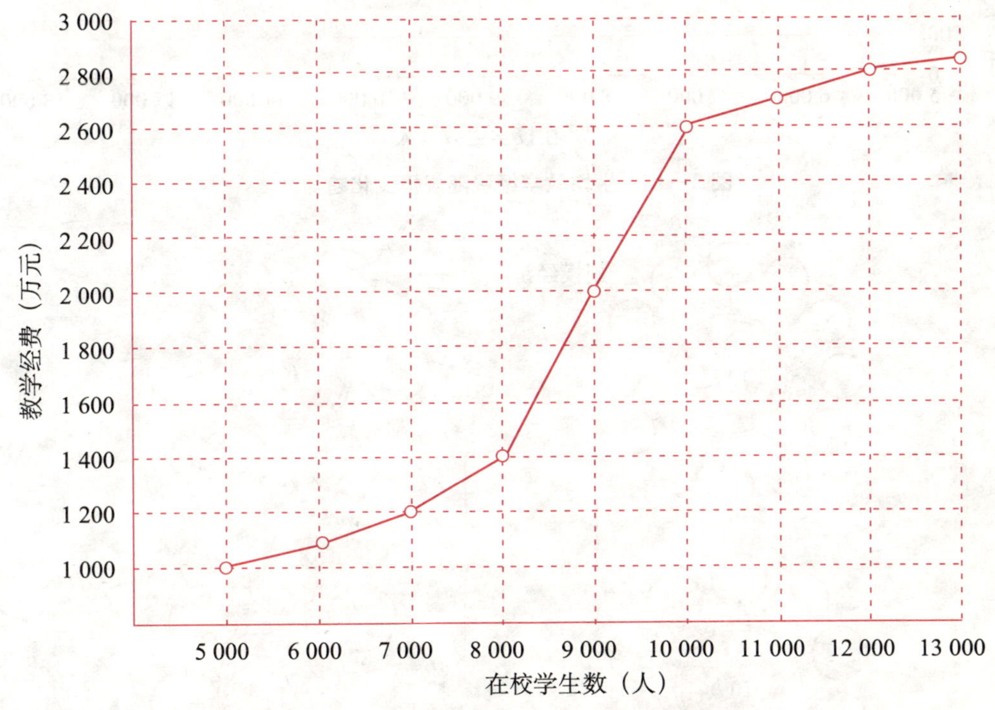

图 2—14　在校学生数与教学经费的函数关系

讨论：从图 2—14 中可以看出，随着学生规模的扩大，学校的教学经费从缓慢增加到快速增加再到缓慢增加. 通过观察在校学生数与生均教学经费数据表（见表 2—9）和生均教学经费随规模变化趋势图（如图 2—15 所示），可以发现，随着规模的扩大，生均教学经费是由下降走向上升又走向下降的，8 000 人左右是比较好的规模，可以预计，13 000 之后还会出现一个相对好的规模. 这就好比 10 人坐一桌吃饭，再增加两个人时只是增加两双碗筷和凳子，成本增加很少，但继续增加到一个桌子无法挤下的人数时，比如 13 个人，就得分开两桌了，那时，不仅要增加碗筷、凳子，还要增加桌子和一桌饭菜，成本将大幅增加. 那种不需要增加桌子的规模就是最佳规模，产生的效益叫规模经济，如图 2—16 所示.

表 2—9　　在校学生数与生均教学经费数据表

年份	1999 年	2000 年	2001 年	2002 年	2003 年	2004 年	2005 年	2006 年	2007 年
在校学生数(人)	5 000	6 000	7 000	8 000	9 000	10 000	11 000	12 000	13 000
生均教学经费(元/人)	2 000	1 833	1 714	1 750	2 222	2 600	2 455	2 333	2 192

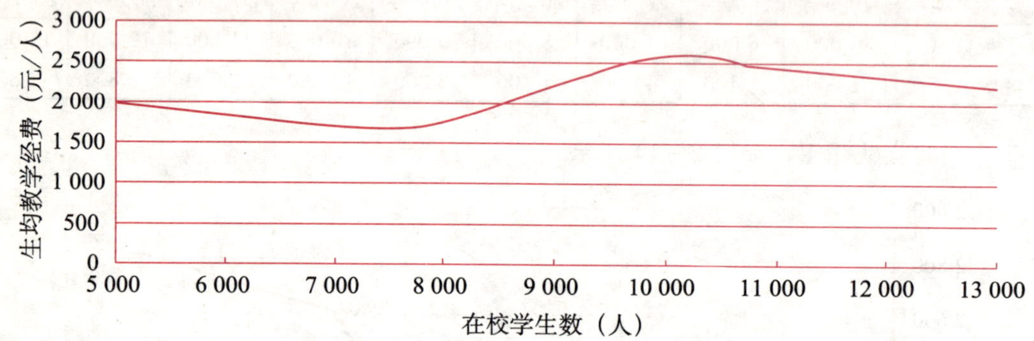

图 2—15　生均教学经费随规模变化趋势图

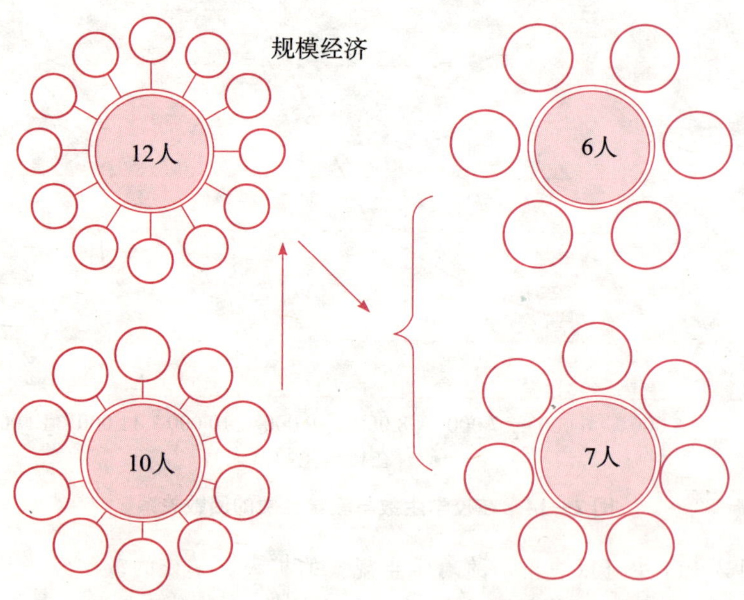

图 2—16　规模经济与生活中的聚餐分桌

三、重要的经济函数

1. 线性函数

线性函数的表达式为 $y=ax+c$，其中，a，c 为实数. 这类函数的特点是可以用一条直线表示，也就是说，只要知道两组函数的值（x，y），就可以知道这个函数. 在经济活动中，很多现象都可以用线性函数描述，如成本、收入等. 线性函数的图像如图 2—17 所示.

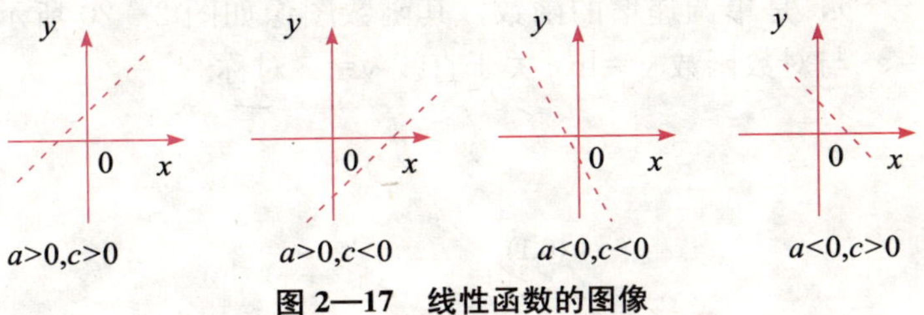

图 2—17　线性函数的图像

2. 周期函数

三角函数是典型的周期函数，可以借此模拟和推演经济中具有周期性规律的现实，如每年的气象规律对农业生产的影响等.

三角函数中的正弦函数 $y=\sin x$ 与余弦函数 $y=\cos x$ 的定义域均为（$-\infty$，$+\infty$），周期均为 2π，图像如图 2—18 所示.

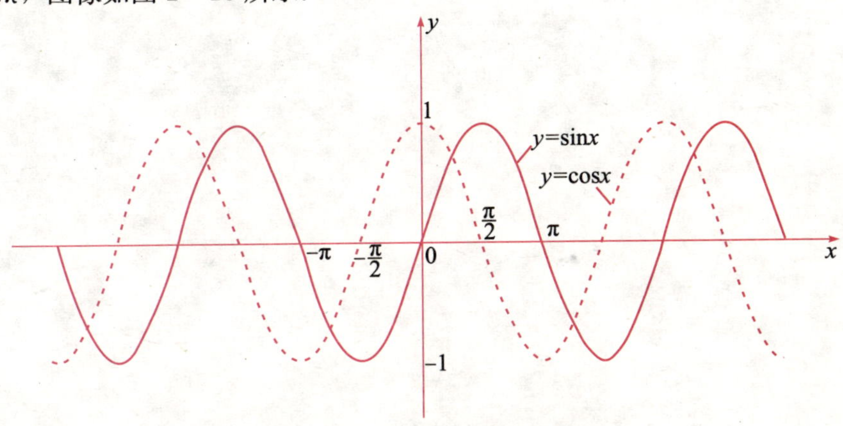

图 2—18　正弦、余弦函数图像

3. 对数函数

经济分析中常用的对数函数是以 e 为底的对数函数，函数关系式为 $y=\ln x$，其中 $x\in(0, +\infty)$，是单调递增的函数，其函数图像如图 2—19 所示.

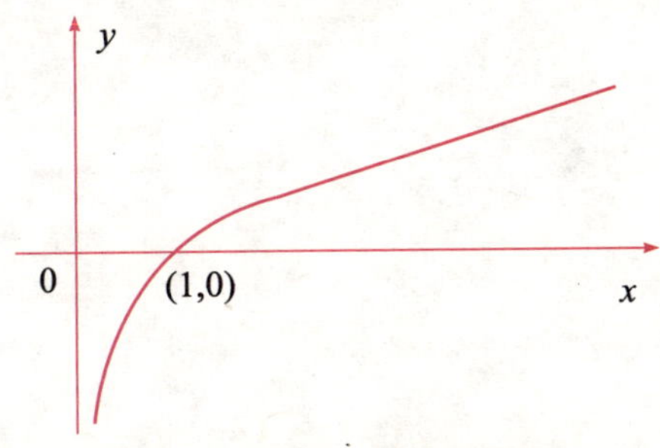

图 2—19　自然对数函数图像

4. 指数函数

经济分析中常用的指数函数是以 e 为底的指数函数，函数关系式为 $y=e^x$ 或 $y=\exp(x)$，其中 $x\in(-\infty,+\infty)$，是单调递增的函数，其函数图像如图 2—20 所示. 从图中可以看出，指数函数 $y=e^x$ 与对数函数 $y=\ln x$ 关于直线 $y=x$ 对称.

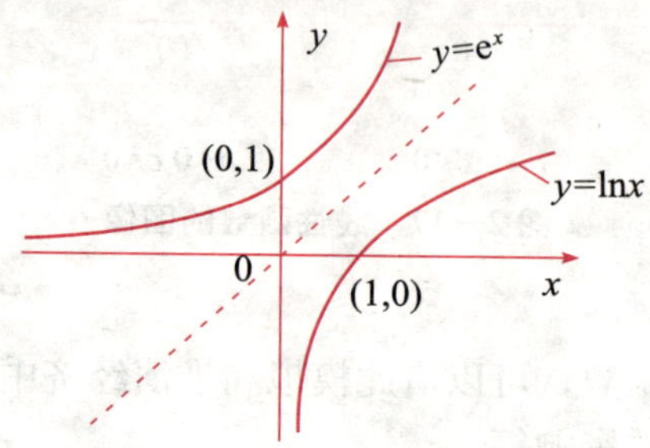

图 2—20　以 e 为底的指数函数图像

习题二

1. 假设银行存款年利率为 2.25%，每年结息一次，若 3 年后要得到本利和 600 元，则当年应存入银行多少元?

2. 人类按照 4‰的年增长率，由 1 000 人繁衍到 1 亿人大约需要多少年?

3. 设有一套住房价值 100 000 元，王某自筹了 40 000 元，要购房还需要贷款 60 000 元，贷款月利率为 1%，条件是每月还一些，25 年内还清，如果还不起，房子归债权人. 那么，王某具有什么能力才能贷款购房呢?

4. 某厂试制新产品，投产后每年可增加收益 10 万元. 为生产此项产品须增加一些设备：若购置这些设备，必须一次付款 25 万元；若租赁这些设备，每年年初付租金 3.3 万元. 若厂方用贷款筹措资金，复利年利率为 9.8%，试用现值的观点讨论哪种方案收益更大（假设设备寿命为 10 年），并计算收益的现值.

5. 根据表 2—10 提供的中国、美国、日本 30 年 GDP 数据（本币），试计算各国经济年度增长率、年均增长率，并通过图表进行比较分析.

表 2—10　　中国、美国、日本 30 年 GDP 数据（本币）

美国	中国	日本	美国（亿美元）	中国（亿元人民币）	日本（亿日元）
1976 年	1978 年	1956 年	1 825.3	3 645.22	9 422.2
1977 年	1979 年	1957 年	2 030.9	4 062.58	10 868.3
1978 年	1980 年	1958 年	2 294.7	4 545.62	11 538.3
1979 年	1981 年	1959 年	2 563.3	4 891.56	13 190.3
1980 年	1982 年	1960 年	2 789.5	5 323.35	16 009.7
1981 年	1983 年	1961 年	3 128.4	5 962.65	19 336.5
1982 年	1984 年	1962 年	3 255.0	7 208.05	21 942.7
1983 年	1985 年	1963 年	3 536.7	9 016.04	25 113.2
1984 年	1986 年	1964 年	3 933.2	10 275.18	29 541.3
1985 年	1987 年	1965 年	4 220.3	12 058.62	32 866.0
1986 年	1988 年	1966 年	4 462.8	15 042.82	38 170.0
1987 年	1989 年	1967 年	4 739.5	16 992.32	44 730.5
1988 年	1990 年	1968 年	5 103.8	18 667.82	52 974.9
1989 年	1991 年	1969 年	5 484.4	21 781.50	62 228.9
1990 年	1992 年	1970 年	5 803.1	26 923.48	73 344.9
1991 年	1993 年	1971 年	5 995.9	35 333.92	80 701.3
1992 年	1994 年	1972 年	6 337.7	48 197.86	92 394.4
1993 年	1995 年	1973 年	6 657.4	60 793.73	112 498.1
1994 年	1996 年	1974 年	7 072.2	71 176.59	134 243.8
1995 年	1997 年	1975 年	7 397.7	78 973.03	148 327.1
1996 年	1998 年	1976 年	7 816.9	84 402.28	166 573.3
1997 年	1999 年	1977 年	8 304.3	89 677.05	185 622.0

续前表

美国	中国	日本	美国（亿美元）	中国（亿元人民币）	日本（亿日元）
1998 年	2000 年	1978 年	8 747.0	99 214.55	204 404.1
1999 年	2001 年	1979 年	9 268.4	109 655.17	221 546.6
2000 年	2002 年	1980 年	9 817.0	120 332.69	240 175.9
2001 年	2003 年	1981 年	10 128.0	135 822.76	257 962.9
2002 年	2004 年	1982 年	10 469.6	159 878.34	270 660.7
2003 年	2005 年	1983 年	10 960.8	183 217.40	281 767.1
2004 年	2006 年	1984 年	11 712.5	211 923.50	300 543.0
2005 年	2007 年	1985 年	12 455.8	257 305.60	320 481.7
2006 年	2008 年	1986 年	13 246.6	300 670.00	335 457.2

第三章

边际成本和收益的计算

名言：在一切理论成就中，未必再有什么像17世纪下半叶微积分的发明那样被看作人类精神的最高胜利了.

——恩格斯

故事：有一个人，他的名字叫杰米扬，他特别会做汤，也以此为荣，所以每当客人到他家做客的时候，杰米扬必然要给客人做汤. 这一天，他的一个朋友来他家做客，他给朋友调制了一盆味道非常好的汤. 朋友很快就喝完了盛上来的第一碗汤，还没等朋友说话，杰米扬马上大声说，真是美味的汤，再来一碗，说着立刻为朋友盛上了第二碗汤. 朋友和杰米扬一边聊天一边喝汤，一会儿这碗汤也被喝了下去. 杰米扬马上为朋友盛了第三碗汤，朋友说喝不下去了，杰米扬却说，我的汤很好喝，喝吧！朋友勉强又喝下了第三碗汤. 杰米扬没等朋友说话，就说再喝一碗吧，多么好喝的汤啊！结果朋友连饭也没吃，酒也没喝，被杰米扬的汤吓得落荒而逃……

这个故事虽然是笑谈，但是它揭示了经济学的一个道理，而且是现代经济学最重要的一个规律，那就是边际效益递减规律. 简单地说，同样数量的资本投入，随着投入的不断增加，总收益虽然是增加的，但是每一单位数量的资本所获得的收益却呈现出不断减少的趋势. 就像杰米扬的汤一样，同样的一碗汤，第一碗的感觉是味道美极了，第二碗的感觉是还喝得下去，第三碗的感觉是喝不下去了，第四碗汤上来的时候，人已经被吓跑了. 同样是一碗汤，所产生的效用却是这么地不同.

第一节
边际成本问题及解决方案

一、问题引入

引例　从杭州开往南京的长途车即将出发，无论是哪个公司的车，票价均为 50 元. 一名匆匆赶来的乘客见一家国营公司的车上尚有空位，要求以 30 元上车，被拒绝了. 他又找到一家也有空位的私人公司的车，售票员二话没说，收了 30 元允许他上车了. 哪家公司的行为更理性呢?

问题分析　乍一看，私人公司允许这名乘客用 30 元享受 50 元的运输服务，当然亏了. 但如果用边际分析法分析，私人公司的确比国营公司精明. 当我们考虑是否让这名乘客以 30 元的票价上车时，实际上我们应该考虑的是边际成本和边际收益这两个概念. 简单地说，边际分析就是把追加的成本（即边际成本）和追加成本后增加的收入（即边际收入或边际收益）相比较，来分析选择的得与失.

边际成本是增加一名乘客（自变量）所增加的成本（因变量）. 在这个例子中，增加这一名乘客，所需的汽车磨损费、汽油费、工作人员工资和过路费等都无需增加，对汽车来说多拉一个人与少拉一个人都一样，所增加的成本仅仅是发给这名乘客的食物和饮料，假设这些东西值 10 元，边际成本也就是 10 元. 边际收益是增加一名乘客（自变量）所增加的收益（因变量）. 在这个例子中，增加这一名乘客增加收益 30 元，边际收益就是 30 元.

那么，边际成本和边际收益是什么? 边际成本和边际收益与变化率又有什么关系? 这些正是我们所要学习的内容.

二、典型问题解决方案

概念 3.1　成本函数（cost function）：是指生产一定数量的产品所需要的全部经济资源投入（包括劳动力、原材料、设备等）的价格或费用的总额. 它由固定成本和可变成本组成. 一般情况下，成本用 C 表示，产品产量用 Q 表示，成本是产量的函数，用 $C(Q)$ 表示.

例 3.1 我们以成本函数 $C(Q)=10+\frac{1}{100}Q^2$ 为例，考查产量

(1) 在 $Q_0=10$ 处的变化率；

(2) 在 $Q_0=20$ 处的变化率.

解 (1) 为了描述产量在 $Q_0=10$ 时的成本函数 $C(Q)$ 的变化情况，我们设计如下方案：在 $Q_0=10$ 时，稍微增加一些产量 ΔQ，此时产量变为 $10+\Delta Q$，而成本函数变为 $C(10+\Delta Q)$，这样，成本函数 $C(Q)$ 的增加量应当是

$$\Delta C=C(10+\Delta Q)-C(10)$$

我们注意到成本在 ΔQ 上的平均增加量，即成本增加量与产量增加量之比为

$$\frac{\Delta C}{\Delta Q}=\frac{C(10+\Delta Q)-C(10)}{10+\Delta Q-10}=\frac{C(10+\Delta Q)-C(10)}{\Delta Q}$$

它被称为成本函数 $C(Q)$ 关于产量 Q 的平均变化率. 如果产量的增加量特别小 ($\Delta Q\to 0$)，那么 $\frac{\Delta C}{\Delta Q}$ 就变为成本函数 $C(Q)=10+\frac{1}{100}Q^2$ 在 $Q_0=10$ 处的变化率了.

由此，我们就可以求出成本函数 $C(Q)=10+\frac{1}{100}Q^2$ 在 $Q_0=10$ 处的成本关于产量 Q 的变化率. 这个过程分为三步：

第一步：求 ΔC

$$\begin{aligned}\Delta C&=C(10+\Delta Q)-C(10)\\&=10+\frac{(10+\Delta Q)^2}{100}-\left(10+\frac{10^2}{100}\right)\\&=\frac{1}{100}[100+20\Delta Q+(\Delta Q)^2-100]\\&=\frac{\Delta Q}{5}+\frac{(\Delta Q)^2}{100}\end{aligned}$$

第二步：求平均变化率 $\frac{\Delta C}{\Delta Q}$

$$\begin{aligned}\frac{\Delta C}{\Delta Q}&=\frac{C(10+\Delta Q)-C(10)}{\Delta Q}\\&=\frac{\frac{\Delta Q}{5}+\frac{(\Delta Q)^2}{100}}{\Delta Q}\\&=\frac{1}{5}+\frac{\Delta Q}{100}\end{aligned}$$

第三步：求极限，当 ΔQ 无限趋于 0 时，函数 $\frac{1}{5}+\frac{\Delta Q}{100}$ 的值无限趋于 $\frac{1}{5}$，即

$$\lim_{\Delta Q\to 0}\frac{\Delta C}{\Delta Q}=\lim_{\Delta Q\to 0}\left(\frac{1}{5}+\frac{\Delta Q}{100}\right)=\frac{1}{5}$$

所以，成本函数 $C(Q)=10+\frac{1}{100}Q^2$ 在 $Q_0=10$ 处的变化率为 $\frac{1}{5}$.

(2) 同理，成本函数 $C(Q)=10+\frac{1}{100}Q^2$ 在 $Q_0=20$ 处的变化率为 $\frac{2}{5}$.

类似于这样的实际问题很多，都可归结为考察当自变量 Δx 趋于 0 时，相应函数的改变量 Δy 与自变量的改变量 Δx 之比的极限. 抽去它们的具体含义，抓住它们在数量关系上的共性，从而得出导数的概念.

定义 3.1 设函数 $y=f(x)$ 在点 x_0 的某个邻域内有定义，且

$$\lim_{\Delta x\to 0}\frac{\Delta y}{\Delta x}=\lim_{\Delta x\to 0}\frac{f(x_0+\Delta x)-f(x_0)}{\Delta x}$$

存在，则称此极限值为函数 $f(x)$ 在点 x_0 处的**导数**，记作

$$f'(x_0),y'\big|_{x=x_0},\frac{\mathrm{d}y}{\mathrm{d}x}\bigg|_{x=x_0}\text{ 或 }\frac{\mathrm{d}f(x)}{\mathrm{d}x}\bigg|_{x=x_0}$$

并称函数 $f(x)$ 在点 x_0 处可导.

由导数的定义，成本函数 $C(Q)=10+\frac{1}{100}Q^2$ 在 $Q_0=10$ 和 $Q_0=20$ 处的变化率分别可以表示为 $C'(10)=\frac{1}{5}$ 和 $C'(20)=\frac{2}{5}$.

在这里，成本函数的导数 $C'(Q_0)$ 随着 Q_0 的变化而变化，因此产生了导函数的概念.

定义 3.2 如果函数 $y=f(x)$ 在区间 (a,b) 内的每一点都可导，则称函数 $f(x)$ 在区间 (a,b) 内可导. 这时对于区间 (a,b) 内的每一个 x 值，都有唯一确定的导数值 $f'(x)$ 与之对应，这样就构成了一个新的函数，称为函数 $y=f(x)$ 对 x 的**导函数**，记作

$$y',f'(x),\frac{\mathrm{d}y}{\mathrm{d}x}\text{ 或 }\frac{\mathrm{d}f(x)}{\mathrm{d}x}$$

即 $y'=\lim\limits_{\Delta x\to 0}\frac{f(x+\Delta x)-f(x)}{\Delta x},\ x\in(a,b)$.

在不至于引起混淆的情况下，导函数也简称为导数.

例 3.1 中求成本函数 $C(Q)$ 对于产量 Q_0 的变化率，实际上是导数问题，经济学对其有专用名词——边际. 如果成本函数对自变量 Q 处处可求边际，就构成了边际函数.

概念 3.2 **边际函数** (marginal function)：设函数 $y=f(x)$ 在 x 处存在导数，则称导数 $f'(x)$ 为函数 $f(x)$ 的边际函数，称 $f'(x)$ 在 x_0 处的值 $f'(x_0)$ 为边际函数值.

用边际函数来分析经济量的变化，就称为边际分析.

概念 3.3　边际成本（marginal cost）：设生产某种产品的总成本函数为 $C(Q)$，当总成本函数可导时，其导数 $C'(Q)$ 叫做产量为 Q 时的边际成本.

现在我们来分析边际成本的经济意义. 由于

$$C'(Q)=\lim_{\Delta Q\to 0}\frac{\Delta C}{\Delta Q}$$

其中，ΔC 是当产量为 Q 时，再增加 ΔQ 个单位，总成本的相应改变量. 因而当 ΔQ 很小时，有

$$\Delta C\approx C'(Q)\Delta Q$$

当 $\Delta Q=1$，即在产量为 Q 时若再生产“一个单位”产品，且“一个单位”与 Q 值相比来说很小时，则有

$$\Delta C\approx C'(Q)\Delta Q=C'(Q)$$

于是，边际成本 $C'(Q)$ 的经济意义为：在产量为 Q 时再生产一个单位产品，总成本 $C(Q)$ 的“近似”改变量为 $C'(Q)$. 在实际应用中，通常略去“近似”二字.

第二节
微软数学使用初步

一、微软数学软件简介

微软数学（Microsoft Mathematics）是一款适合学生和教师的计算软件，从微软公司官方网站可以免费下载该软件. 它的强大功能主要体现在 7 个方面：(1) 强大的多种解方程、不等式或方程组的功能；(2) 常用数学与科学公式和方程库；(3) 向导式解答及提供相关计算；(4) 直观形象的图形计算器；(5) 三角形计算器；(6) 单位转换器；(7) 手写输入.

微软数学产品界面友好，非常符合人们的使用习惯，易于操作，如图 3—1 所示. 界面左侧为计算器键盘，如同一部手机的图形，在这里可以直接选择输入数学公式，也可以通过下面的按键快速输入数字；右侧是主要的输入输出区域，显示输入内容、计算结果与计算的详细步骤，同时提供相关计算功能，还可以以图形的方式显示出题目的结果.

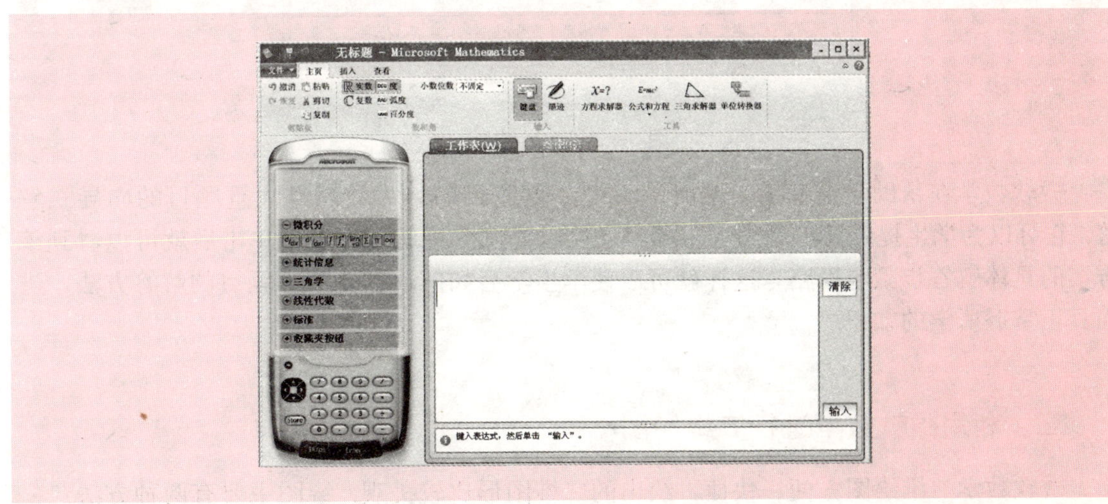

图 3—1　Microsoft Mathematics 的主界面

二、利用微软数学求导数

例 3.2 求 $y=x^2$ 的导数.

解 第一步：在主界面左侧的计算器键盘中依次点击【微积分】→【d/dx】.

第二步：在右侧工作表输入窗口的括号“( )”中输入函数 x^2，如图 3—2 所示.

图 3—2 输入函数

第三步：单击工作表右下角的【输入】，显示求导结果为 $2x$，如图 3—3 所示.

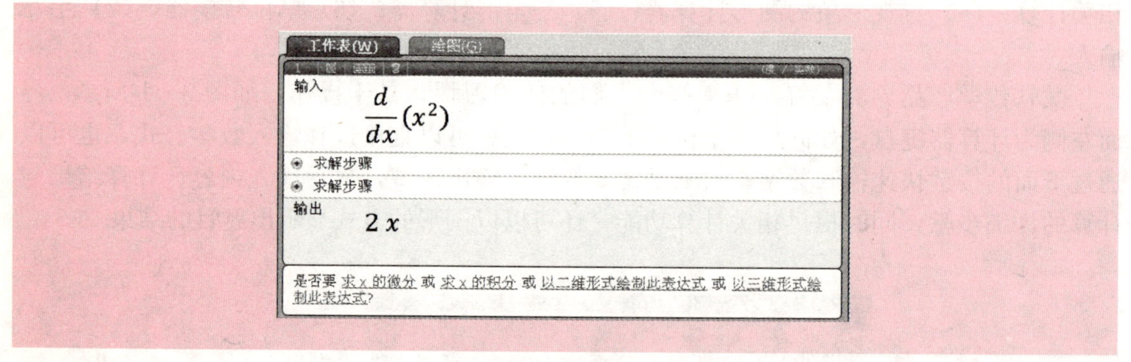

图 3—3 输出结果

微软数学在帮助学生解答问题时，不仅注重题目的结果，而且注重题目的向导式解答. 它可以为学生提供详细的解答步骤，还可以提供多种解答方案，单击后就可以看到该方案的具体解答步骤与思路，这样就可以使学生学会如何解题，掌握题目的解答方法，进而真正掌握所学的知识.

三、利用微软数学进行二维绘图

微软数学二维绘图方便、快捷，绘出的二维图形比较美观. 绘图主要有两种方法：一是通过“绘图”窗口直接输入表示图形的函数、方程、点集及不等式等表达式，输入的函数、方程、点集及不等式可以是一个或多个；二是通过“工作表”窗口直接输入绘图函数命令来绘图. 需要注意的是，以第一种绘图方法绘图完成后，在工作表输出窗口中会出现与之等效的第二种绘图方法的绘图函数命令，也就是说，可以直接在“工作表”输入窗口中输入该等效语句来完成通过第一种方法绘图的一系列操作.

例 3.3　作一次函数 $y=kx+b$ 的图像.

解　第一步：单击主界面的【绘图】按钮.

第二步：在展开的【方程和函数】下拉菜单中选择“二维”及“笛卡尔坐标”.

第三步：单击第一个输入框.

第四步：输入框以放大的形式出现，在这个放大的输入框内输入函数表达式 $y=kx+b$，单击【输入】，如图 3—4 所示. 第一个输入框的函数输入完成.

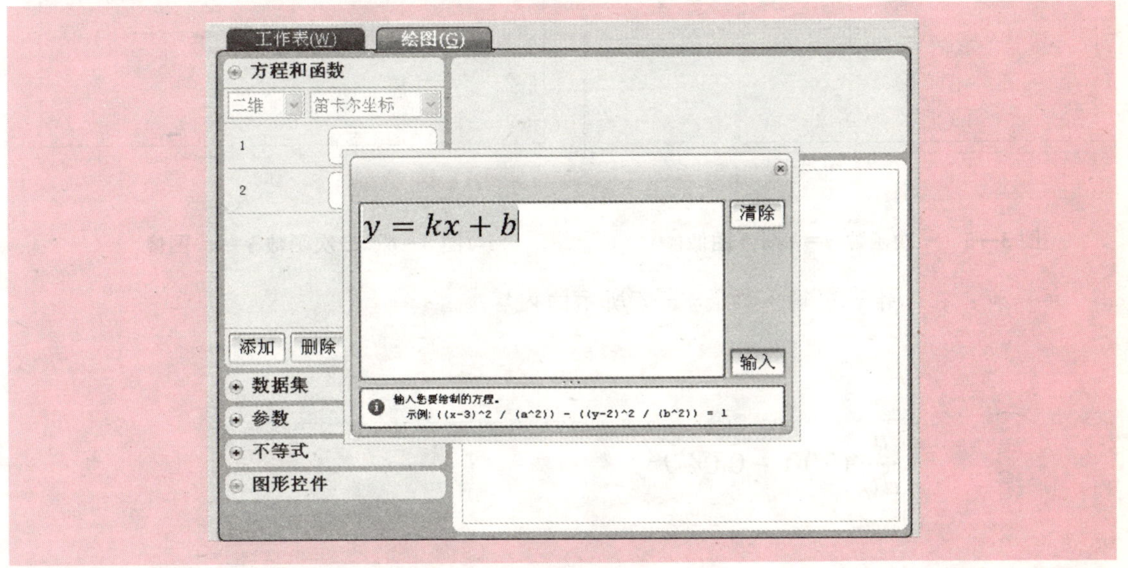

图 3—4　输入函数 $y=kx+b$

第五步：单击【图形】按钮，出现如图 3—5 所示的函数图像.

例 3.4　作二次函数 $y=x^2$ 的图像.

解　步骤同例 3.3，结果如图 3—6 所示.

四、综合应用案例

例 3.5　生产某产品 Q 件时的总成本函数为

$$C(Q)=500+0.04Q^2\ (\text{百元})$$

求产量为 100 件时的边际成本.

解　求边际成本，需要求函数 $C(Q)=500+0.04Q^2$ 的导数.

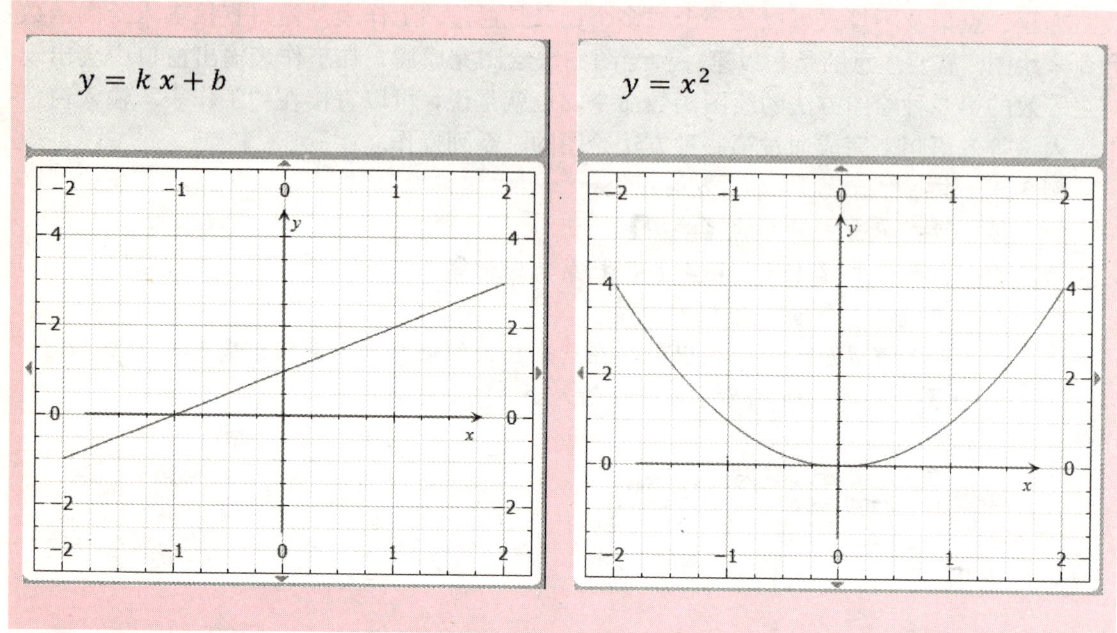

图 3—5　一次函数 $y=kx+b$ 图像　　　　图 3—6　二次函数 $y=x^2$ 图像

第一步：在工作表中输入如图 3—7 所示的内容.

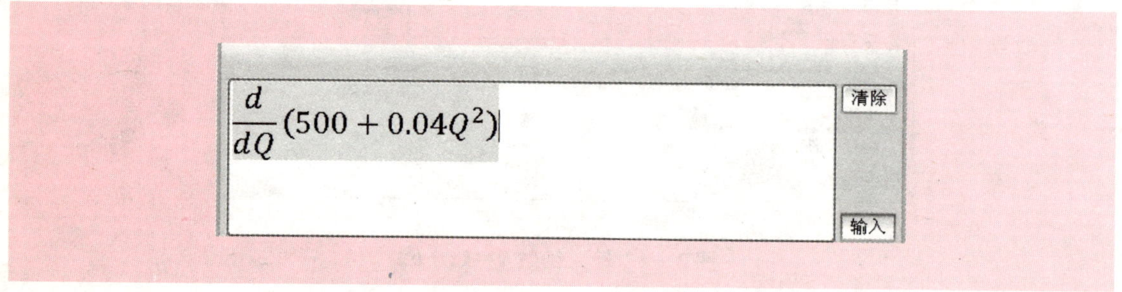

图 3—7　输入求导表达式

第二步：点击【输入】按钮，输出结果如图 3—8 所示.

可得

$$C'(Q)=\frac{2}{25}Q=0.08Q$$

所以，产量为 100 件时的边际成本为

$$C'(100)=\frac{2}{25}\times 100=8(\text{百元}/\text{件})=800(\text{元}/\text{件})$$

由边际成本可知，生产第 101 件产品所花费的成本为 800 元，这与实际成本 804 元已很接近.

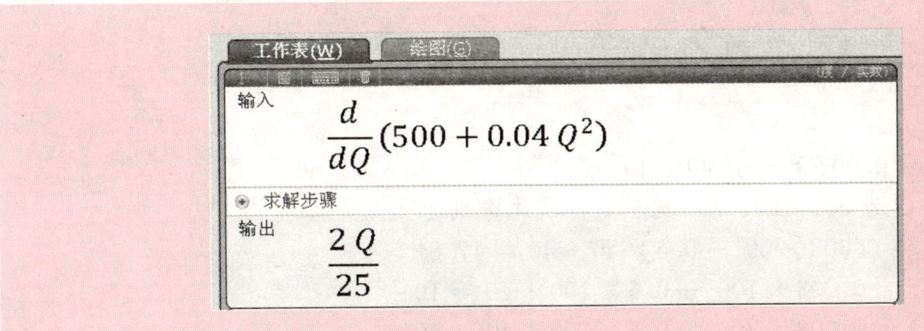

图 3—8　输出结果

例 3.6　求成本函数为

$$C(Q)=0.001Q^3-0.3Q^2+40Q+2\ 000$$

的边际成本函数，以及产量 Q 分别为 50、100、200 时的边际成本，并指出它们的经济意义.

解　求成本函数的边际成本函数的步骤如下：

第一步：在工作表中输入如图 3—9 所示的内容.

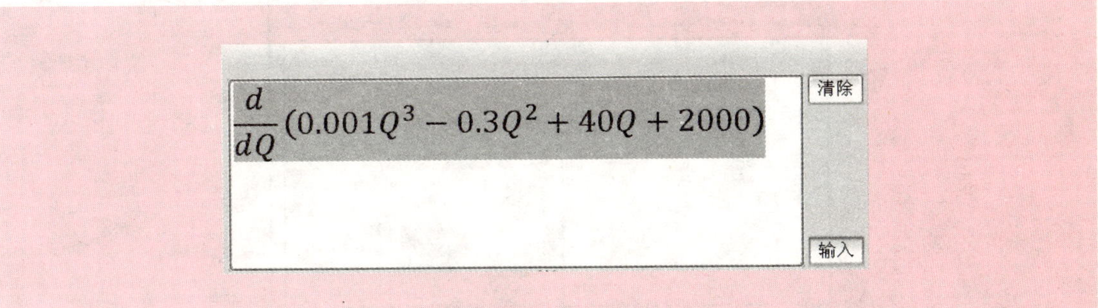

图 3—9　输入求导表达式

第二步：点击【输入】按钮，输出结果如图 3—10 所示.

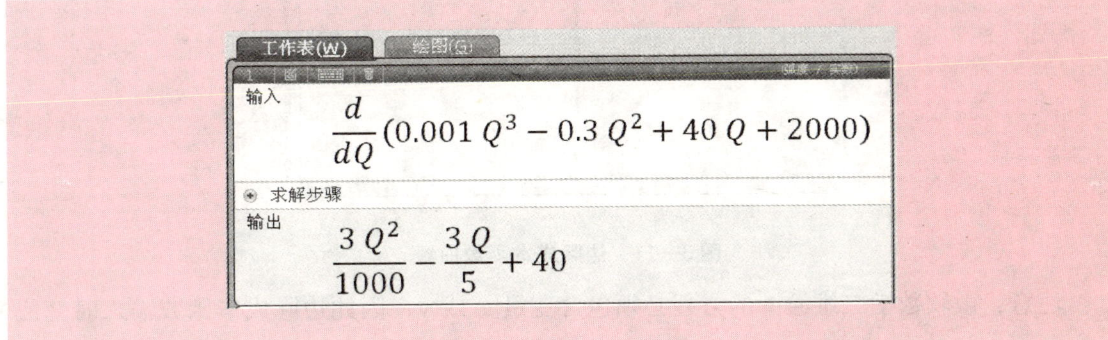

图 3—10　输出结果

可得

$$C'(Q)=\frac{3}{1\,000}Q^2-\frac{3}{5}Q+40$$

即

$$C'(Q)=0.003Q^2-0.6Q+40$$

于是，产量 Q 为 50、100、200 时的边际成本分别为

$$C'(50)=0.003\times 50^2-0.6\times 50+40=17.5$$

$$C'(100)=0.003\times 100^2-0.6\times 100+40=10$$

$$C'(200)=0.003\times 200^2-0.6\times 200+40=40$$

它们的经济意义是：在产量 Q 分别为 50、100、200 的基础上再生产一个单位产品，总成本的增加分别为 17.5、10、40.

在例 3.6 中，边际成本函数是二次函数，图形为开口向上的抛物线，如图 3—11 所示.

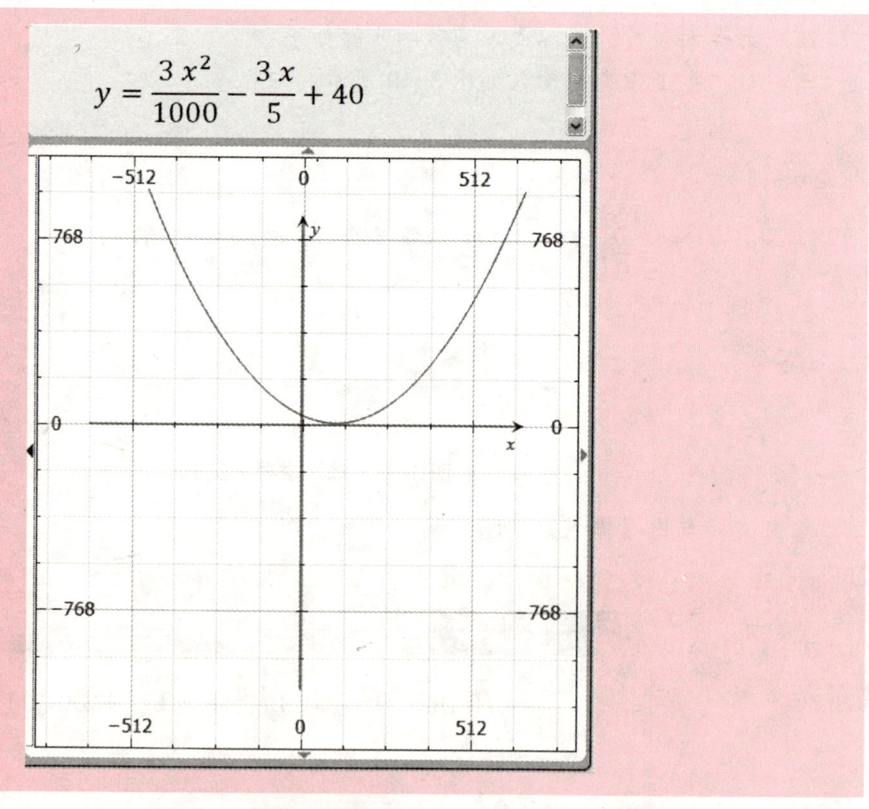

图 3—11　边际成本函数曲线

注意：微软数学二维绘图的方程必须包含变量 x 或 y，因此边际成本函数输入时变成 $y=\frac{3x^2}{1\,000}-\frac{3x}{5}+40$.

该边际成本函数在区间（0，100）内是单调下降的，在（100，$+\infty$）内是单调上升的．由此说明，一方面，当产量小于100时，增加产量，边际成本下降，这是因为增加产量时可使生产能力得到充分利用，因而在（0，100）内，应尽量扩大生产；另一方面，当产量大于100时，再增加产量，边际成本升高，这是因为在生产能力得以充分利用后，再增加产量时需要投资新的设备或增加工人的工作时间等，造成成本的升高．因而，在生产管理中，边际成本的分析是一个不可忽视的问题．

第三节 边际分析典型案例

一、问题引入

有一个房地产老板投资 5 000 万元建一栋 30 层的房子，预期投资回报率为 25%，但建到第 29 层的时候就没钱了，于是他就到民间放贷人那里借了 500 万元，月息为 5%（如果折算成年息就是 60%，这样的利率绝不是危言耸听，而是现实存在的）. 这样的利率看起来很高，但实际上是没有关系的.

为什么投资回报率只有 25%的房地产投资项目可以承担起年息为 60%的高利贷呢? 运用边际分析法，计算边际收益，你就会理解投资者即使经营投资回报率很低的项目，有时也可以承担起高利息.

因为房地产老板有了这 500 万元就能把房子盖好，盖好了就可以出售了. 而如果不去借这 500 万元，他就血本无归了. 如果用边际分析法来分析，大家就会一目了然. 因为他借了这 500 万元把房子建好后，产生的边际收益就是这整个楼盘的收益，即 5 000 万元×25%＝1 250 万元. 而借了这 500 万元之后：如果借 1 个月，边际成本就是 500 万元×5%＝25 万元，这时他的边际利润＝1 250 万元－25 万元＝1 225 万元；如果借 2 个月，边际成本就是 500 万元×5%×2＝50 万元，他的边际利润＝1 250 万元－50 万元＝1 200 万元；如果借 3 个月，边际成本就是 500 万元×5%×3＝75 万元，他的边际利润＝1 250 万元－75 万元＝1 175 万元. 因此，哪怕他借 6 个月，边际成本也只有 150 万元，但他的边际利润却有 1 100 万元. 也就是说，那个房地产老板借这 500 万元的边际成本仅仅是付给放贷人的利息，而他的边际收益却是整个楼盘的收益. 所以，这样算出来，还是很划算的.

二、典型案例

概念 3.4　边际收益（marginal benefit）：设销售某种产品 Q 个单位时的总收益函数为 $R(Q)$，当总收益函数可导时，其导数 $R'(Q)$ 叫做销量为 Q 时的边际收益.

类似于边际成本的分析，边际收益 $R'(Q)$ 的经济意义为：当销量为 Q 个单位产品时，再销售一个单位产品，总收益的增量为 $R'(Q)$.

例 3.7　销售某商品 Q 台的收益函数为

$$R(Q)=800Q-\frac{Q^2}{4}(\text{元})$$

试求：(1) 边际收益函数；

(2) 销量为 200 台时的边际收益.

解　(1) 边际收益函数为

$$R'(Q)=800-\frac{Q}{2}(\text{元 / 台})$$

(2) 销量为 200 台时的边际收益为

$$R'(200)=800-\frac{200}{2}=700(\text{元 / 台})$$

例 3.8　设某产品的收益函数为

$$R(Q)=200Q-0.01Q^2(\text{元})$$

试求：(1) 边际收益函数；

(2) 产量分别为 9 000 台、10 000 台、11 000 台时的边际收益，并说明其经济意义.

解　(1) 边际收益函数 $R'(Q)=200-0.02Q$.

(2) $R'(9\,000)=200-0.02\times 9\,000=20(\text{元})$,

$R'(10\,000)=200-0.02\times 10\,000=0(\text{元})$,

$R'(11\,000)=200-0.02\times 11\,000=-20(\text{元})$.

其经济意义为：

当产量为 9 000 台时，若再增加 1 台产品，收益增加 20 元；

当产量为 10 000 台时，若再增加 1 台产品，收益没有增加；

当产量为 11 000 台时，若再增加 1 台产品，收益减少 20 元.

这说明，由于产品的收益受到多种因素的制约，收益并不是简单地与产品数量成正比，而是随着数量的增加，收益越来越大，大到一定程度，或者说大到一个极值点，收益将开始随着产品数量的增加而减少. 英明的企业决策者，要善于找到这个极值点，以达到产品收益的最大化.

概念 3.5　边际利润 (marginal profit)：设销售某种商品 Q 个单位时的利润函数为 $L(Q)$，当 $L(Q)$ 可导时，称 $L'(Q)$ 为销售量为 Q 个单位时的边际利润. 因为

$$L(Q)=R(Q)-C(Q)$$

于是可得

$$L'(Q)=R'(Q)-C'(Q)$$

即边际利润等于边际收益与边际成本之差.

边际利润 $L'(Q)$ 的经济意义为：当销量为 Q 个单位产品时，再销售一个单位产品，总利润的增量为 $L'(Q)$.

例 3.9 某工厂生产一种产品，每天的总利润 $L(Q)$（元）与产量 Q（吨）之间的关系为

$$L(Q)=250Q-5Q^2$$

试求：$Q=10$ 吨、25 吨、30 吨时的边际利润，并解释所得结果的经济意义.

解 边际利润函数 $L'(Q)=250-10Q$.

当 $Q=10$ 吨时，$L'(10)=150$ 元. 它表示在每天生产 10 吨的基础上，再多生产 1 吨，总利润将增加 150 元.

当 $Q=25$ 吨时，$L'(25)=0$ 元. 它表示在每天生产 25 吨的基础上，再多生产 1 吨，总利润没有变化，这 1 吨产量并没有产生利润.

当 $Q=30$ 吨时，$L'(30)=-50$ 元. 它表示在每天生产 30 吨的基础上，再多生产 1 吨，总利润就要减少 50 元.

从例 3.9 可以看出，生产决策者不能只盲目地追求产量，还需要根据利润的变化情况，确定适当的产量指标.

以上介绍了成本、收益和利润函数的边际分析. 在经济问题中，涉及“边际”的量非常多，如边际需求、边际产量、边际税率等. 对其他经济函数的边际分析，均可仿照上述方法进行.

第四节
进一步学习的数学知识：导数

通过第一节的学习，我们认识了导数的概念，了解了求函数导数的方法和步骤. 然而，对于一般的函数，我们仍然需要探索简化求导过程的一般方法，即导数的基本公式和运算法则.

一、导数的基本公式

由导函数的定义（第一节的定义 3.2），可以求出常数及基本初等函数的导数，下面通过两个简单的例子加以说明.

例 3.10 求常数函数 $y=C$ 的导数（C 为常数）.

解 (1) 求增量 Δy：因为函数 $y=C$ 不论 x 取何值，其值总为 C，故 $\Delta y=0$.

(2) 算比值：$\dfrac{\Delta y}{\Delta x}=\dfrac{0}{\Delta x}=0$.

(3) 取极限：$y'=\lim\limits_{\Delta x\to 0}\dfrac{\Delta y}{\Delta x}=0$.

即常数函数的导数为零.

例 3.11 求函数 $y=x^2$ 的导数 y' 及在点 $x=2$ 处的导数 $y'|_{x=2}$.

解 (1) 求增量 Δy：在 x 处给自变量一个增量 Δx，相应的函数增量为

$$\begin{aligned}\Delta y &= f(x+\Delta x)-f(x)=(x+\Delta x)^2-x^2\\ &=2x\Delta x+(\Delta x)^2\end{aligned}$$

(2) 算比值：$\dfrac{\Delta y}{\Delta x}=2x+\Delta x$.

(3) 取极限：$\dfrac{\mathrm{d}y}{\mathrm{d}x}=\lim\limits_{\Delta x\to 0}\dfrac{\Delta y}{\Delta x}=\lim\limits_{\Delta x\to 0}(2x+\Delta x)=2x$，即

$$(x^2)'=2x$$

从而得到 $y'|_{x=2}=2\times 2=4$.

更一般地，对于幂函数 $y=x^{\mu}$（μ 为实常数），有如下公式（证明从略）：

$$(x^{\mu})'=\mu x^{\mu-1}$$

例如：$(x^3)'=3x^2$；$(x^{\frac{1}{2}})'=\frac{1}{2}x^{-\frac{1}{2}}=\frac{1}{2\sqrt{x}}$；$\left(\frac{1}{x}\right)'=-x^{-2}$ 等.

类似地，可得下列导数公式：

$(C)'=0$（C 为常数）； $(x^{\mu})'=\mu x^{\mu-1}$；

$(\log_a x)'=\frac{1}{x\ln a}$； $(\ln x)'=\frac{1}{x}$；

$(a^x)'=a^x\ln a$； $(e^x)'=e^x$；

$(\sin x)'=\cos x$； $(\cos x)'=-\sin x$；

$(\tan x)'=\sec^2 x$； $(\cot x)'=-\csc^2 x$；

$(\sec x)'=\sec x\tan x$； $(\csc x)'=-\csc x\cot x$.

二、导数的四则运算法则

定理 3.1 设函数 $u(x)$，$v(x)$ 在点 x 处可导，则函数 $u(x)\pm v(x)$，$u(x)\cdot v(x)$，$\frac{v(x)}{u(x)}(u(x)\neq 0)$在点 x 处也可导，且

$$[u(x)\pm v(x)]'=u'(x)\pm v'(x)$$

$$[u(x)v(x)]'=u'(x)v(x)+u(x)v'(x)$$

$$\left[\frac{v(x)}{u(x)}\right]'=\frac{v'(x)u(x)-v(x)u'(x)}{u^2(x)}$$

由定理3.1可得到如下推论：

推论 3.1 若 $v(x)=C$（常数），则 $[C\cdot u(x)]'=C\cdot u'(x)$.

推论 3.2 $\left(\frac{1}{u(x)}\right)'=-\frac{u'(x)}{[u(x)]^2}$.

例 3.12 设 $y=x^4+3$，求 y'.

解 $y'=(x^4+3)'=(x^4)'+3'=4x^3+0=4x^3$.

例 3.13 设 $y=\sqrt{x}-\log_3 x+5\cos x-\ln 2$，求 y'.

解

$$\begin{aligned} y'&=(\sqrt{x}-\log_3 x+5\cos x-\ln 2)' \\ &=(\sqrt{x})'-(\log_3 x)'+(5\cos x)'-(\ln 2)' \\ &=\frac{1}{2\sqrt{x}}-\frac{1}{x\ln 3}-5\sin x. \end{aligned}$$

例 3.14　设 $y=x^3\ln x$，求 y'.

解　$$\begin{aligned}y' &= (x^3\ln x)' = (x^3)'\ln x + x^3(\ln x)' \\ &= 3x^2\ln x + x^3 \cdot \frac{1}{x} = 3x^2\ln x + x^2.\end{aligned}$$

例 3.15　设 $y=\dfrac{\tan x}{1+\sec x}$，求 y'.

解　$$\begin{aligned}y' &= \frac{(1+\sec x)(\tan x)' - (1+\sec x)'\tan x}{(1+\sec x)^2} \\ &= \frac{(1+\sec x)\sec^2 x - \sec x\tan^2 x}{(1+\sec x)^2} \\ &= \frac{\sec^2 x + \sec x(\sec^2 x - \tan^2 x)}{(1+\sec x)^2} \\ &= \frac{1}{1+\cos x}.\end{aligned}$$

三、复合函数的求导法则

定理 3.2　如果函数 $u=\varphi(x)$ 在点 x 处可导，而函数 $y=f(u)$ 在对应点 $u=\varphi(x)$ 处也可导，则复合函数 $y=f[\varphi(x)]$在点 x 处可导，且

$$\frac{\mathrm{d}y}{\mathrm{d}x} = \frac{\mathrm{d}y}{\mathrm{d}u} \cdot \frac{\mathrm{d}u}{\mathrm{d}x} \text{ 或 } y'_x = f'(u) \cdot \varphi'(x)$$

该定理说明，复合函数的导数等于复合函数对中间变量的导数，乘以中间变量对自变量的导数.

该定理还可以推广到含有有限多个中间变量的复合函数的情况：

推论 3.3　设 $y=f(u)$，$u=\varphi(v)$，$v=\varphi(x)$ 都可导，则复合函数 $y=f\{u[\varphi(x)]\}$ 也可导，且

$$\frac{\mathrm{d}y}{\mathrm{d}x} = \frac{\mathrm{d}y}{\mathrm{d}u} \cdot \frac{\mathrm{d}u}{\mathrm{d}v} \cdot \frac{\mathrm{d}v}{\mathrm{d}x}$$

例 3.16　设 $y=(3x+1)^5$，求 $\dfrac{\mathrm{d}y}{\mathrm{d}x}$.

解　函数由 $y=u^5$，$u=3x+1$ 复合而成，则

$$\frac{\mathrm{d}y}{\mathrm{d}x} = \frac{\mathrm{d}y}{\mathrm{d}u} \cdot \frac{\mathrm{d}u}{\mathrm{d}x} = 5u^4 \cdot 3 = 15\,(3x+1)^4$$

例 3.17　设 $y=\cos^2 x$，求 $\dfrac{\mathrm{d}y}{\mathrm{d}x}$.

解 函数由 $y=u^2$，$u=\cos x$ 复合而成，则

$$\frac{dy}{dx}=\frac{dy}{du}\cdot\frac{du}{dx}=2u\cdot(-\sin x)=-2\sin x\cos x=-\sin 2x$$

例 3.18 设 $y=\ln\sin e^x$，求$\frac{dy}{dx}$.

解 函数由 $y=\ln u$，$u=\sin v$，$v=e^x$ 复合而成，则

$$\frac{dy}{dx}=\frac{dy}{du}\cdot\frac{du}{dv}\cdot\frac{dv}{dx}=\frac{1}{u}\cdot\cos v\cdot e^x=e^x\cot e^x$$

从以上几例可看出，求复合函数的导数关键在于能够把复合函数分解为若干简单函数的复合.

在熟练以后，中间变量可以不必写出来，直接写出函数对中间变量求导的结果即可.

例 3.19 设 $y=\sqrt[3]{2x^2+1}$，求 y'.

解 $y'=(\sqrt[3]{2x^2+1})'=\frac{1}{3}(2x^2+1)^{-\frac{2}{3}}\cdot(2x^2+1)'=\frac{4}{3}x(2x^2+1)^{-\frac{2}{3}}$.

例 3.20 设 $y=\sin^2 x\cos 2x$，求 y'.

解 先用积的求导法则，得

$$y'=(\sin^2 x)'\cdot\cos 2x+\sin^2 x\cdot(\cos 2x)'$$

在计算 $(\sin^2 x)'$，$(\cos 2x)'$时，运用复合函数求导法则，于是有

$$\begin{aligned}y'&=2\sin x\cdot(\sin x)'\cdot\cos 2x+\sin^2 x\cdot(-\sin 2x)\cdot(2x)'\\&=\frac{1}{2}\sin 4x-2\sin^2 x\sin 2x\end{aligned}$$

例 3.21 设 $y=\frac{\sin x^2+1}{\cos x}$，求 y'.

解 先用商的求导法则，得

$$y'=\frac{(\sin x^2+1)'\cos x-(\sin x^2+1)(\cos x)'}{\cos^2 x}$$

在计算 $(\sin x^2)'$时，运用复合函数求导法则，于是有

$$y'=\frac{2x\cos x^2\cos x+\sin x(\sin x^2+1)}{\cos^2 x}$$

例 3.22 设 $y=\ln(x+\sqrt{x^2+1})$，求 y'.

解 先用复合函数的求导法则，在用加法的求导法则后，又遇到复合函数求导，得

$$\begin{aligned}y'&=\frac{1}{x+\sqrt{x^2+1}}(x+\sqrt{x^2+1})'=\frac{1}{x+\sqrt{x^2+1}}[1+(\sqrt{x^2+1})']\\&=\frac{1}{x+\sqrt{x^2+1}}[1+\frac{1}{2\sqrt{x^2+1}}(x^2+1)']\\&=\frac{1}{x+\sqrt{x^2+1}}[1+\frac{2x}{2\sqrt{x^2+1}}]\\&=\frac{1}{\sqrt{x^2+1}}\end{aligned}$$

习题三

1. 求下列函数的导数：

(1) $y=3x^2-\tan x+2$；　(2) $y=2^x+x^2$；

(3) $y=(1+\sqrt{x})x^3$；　(4) $y=x(x-1)(2x-1)$；

(5) $y=x\cot x+\sec x$；　(6) $y=e^x(\ln x+\ln 5)$；

(7) $y=\dfrac{x-1}{x+1}$；　(8) $y=\dfrac{\sin x}{1-\cos x}$；

(9) $y=\dfrac{1+\tan x}{1-\tan x}$；　(10) $y=\dfrac{1}{\sqrt{x}}\cdot\dfrac{1}{x^3+4}$.

2. 求下列函数的导数：

(1) $y=(x^2-1)^7$；　(2) $y=(\sqrt{x}+3)^2$；

(3) $y=5e^{-2x}-1$；　(4) $y=\sec^2 x$；

(5) $y=\cos^2 x\cos x^2$；　(6) $y=e^{-2x}(\cos 3x+\sin 3x)$

(7) $y=\ln\ln\ln x$；　(8) $y=\ln(x\sin^3 x)$；

(9) $y=(\dfrac{x}{2x+1})^3$；　(10) $y=\dfrac{1}{\sqrt{2-x^2}}+\sqrt{2-x^2}$.

3. 设某产品的总成本函数为 $C(Q)=1\,000+7Q+50\sqrt{Q}$（单位：元），求：

（1）产量为 100 t 时的总成本及平均成本；

（2）产量为 100 t 时的边际成本.

4. 已知某种产品的成本函数为 $C(Q)=100+\dfrac{1}{4}Q^2$，其中 Q 为这种产品的产量. 求产量 $Q_0=10$ 时的总成本和边际成本，并解释边际成本的经济意义.

5. 设某产品的总成本函数和总收入函数分别为 $C(Q)=3+2\sqrt{Q}$，$R(Q)=\dfrac{5Q}{Q+1}$，其中 Q 为该产品销售量，求该产品的边际成本、边际收入、边际利润.

第四章

最优方案的分析与选择

名言：管理就是用一定的资源创造尽量多的价值，在创造一定价值的时候使用尽量少的资源．换言之，就是要追求成本最小化与价值最大化之间的协调．

——汪应洛

故事：2004 年 10 月，三元牛奶在大本营北京退居第三，而在巅峰时期，三元曾占据了北京市场的八成. 中国奶业的市场规模在近几年增幅明显减小，而在面对蒙牛、伊利等主要的竞争对手时，三元牛奶的品牌力不如对手，价格缺乏竞争力，成本控制乏力，因此 2004 年三元牛奶在大本营的失利是必然的.

最近，面临窘境的三元不得不走一步险棋——产品涨价，原本卖 0.95 元的三元加钙奶现在卖到了 1 元，原本卖 1 元的三元纯鲜奶卖到了 1.15 元. 很明显，三元希望通过涨价摆脱亏损的困境，但这只是企业的一厢情愿. 据报道，涨价后，北京一些社区的牛奶批发点减少了三元牛奶的进货数量，北京之外部分省市的终端，三元的产品也已经没了踪影.

涨价是否会成为三元新一轮市场份额下滑的开端？这是三元的最优方案吗？

第一节
最大利润问题及解决方案

一、问题引入

引例　某超市购进一批单价为 16 元的日用品，销售一段时间后，为了获取更多利润，商店决定提高销售价格．经试验发现，若按每件 20 元的价格销售，每月能卖 360 件；若按每件 25 元的价格销售，每月能卖 210 件；但最高价格不能超过每件 32 元．假定每月销售件数 y（件）是价格 x（元/件）的一次函数．

（1）试求 y 与 x 之间的函数关系式；

（2）在商品不积压，且不考虑其他因素的条件下，销售价格为多少时，才能使每月获得最大利润？每月的最大利润是多少？

问题分析　（1）设 $y=kx+b$，则由题意得，当 $x=20$ 时，$y=360$；当 $x=25$ 时，$y=210$．故

$$\begin{cases}360=20k+b\\210=25k+b\end{cases}，解得\begin{cases}k=-30\\b=960\end{cases}$$

则 $y=-30x+960$（$16\leqslant x\leqslant 32$）．

（2）设每月所得总利润为 L 元，因为总利润＝总收益－总成本，则

$$L=(x-16)y=(x-16)(-30x+960)=1\,920-30(x-24)^2$$

显然，当 $x=24$ 时，L 有最大值．即销售价格为 24 元/件时，可使每月所获利润最大，每月的最大利润为 1 920 元．

在这个问题中，我们注意到，$x=24$ 时的边际利润为 0．那么边际利润等于 0 的时候，是不是保证一定可达到最大利润呢？我们先把这个问题留到后面讨论．

二、典型问题解决方案

概念 4.1　最大利润或最小成本问题：设某产品的总成本函数为 $C(Q)$，总收益函数为 $R(Q)$，则总利润函数 $L(Q)$ 可表示为 $L(Q)=R(Q)-C(Q)$．我们知道，如果 $L(Q)$

的导数存在，则要使利润最大，必须使产量 Q 满足条件 $L'(Q)=0$，即

$$R'(Q)=C'(Q) \tag{4.1}$$

(4.1) 式表明产出的边际收益等于边际成本，在经济学中称为"最大利润原则"或"亏损最小原则".

当然，满足 $L'(Q)=0$ 的产量 Q_0 并不能保证利润最大化，这时，我们的判断办法一般有两种：第一种，如果 $L'(Q)$ 在 Q_0 左侧附近的值大于 0，在 Q_0 右侧附近的值小于 0，那么可以判定 Q_0 为利润最大值点；第二种，如果使 $L'(Q)=0$ 的 Q_0 只有一个，而根据问题的实际意义，利润最大值点又肯定存在，那么，当产量为 Q_0 时，利润取得最大值.

按照经济学的解释，总成本由固定成本和可变成本两部分构成，且可变成本随产量的增加而增加，因此总成本一般来说没有最小值（除非不生产），在经济学上有意义的是单位成本（即平均成本）最小的问题. 假设某种产品的总成本为 $C(Q)$，则生产的平均成本为

$$\overline{C(Q)}=\frac{C(Q)}{Q}$$

如果平均成本函数 $\overline{C(Q)}$ 可导，则要使 $\overline{C(Q)}$ 最小，就必须使产量 Q 满足条件 $[\overline{C(Q)}]'=0$，即

$$C'(Q)=\overline{C(Q)} \tag{4.2}$$

(4.2) 式表明产出的边际成本等于平均成本，这是微观经济学中的一个重要结论.

例 4.1 设每日生产某产品的总成本函数为

$$C(Q)=1\,000+60Q-0.3Q^2+0.001Q^3$$

产品单价为 60 元，每日产量为多少时可获得最大利润？

解 总收益 $R(Q)=60Q$，总利润

$$L(Q)=R(Q)-C(Q)=-1\,000+0.3Q^2-0.001Q^3\,(Q>0)$$

$$L'(Q)=0.6Q-0.003Q^2$$

令 $L'(Q)=0$，得唯一驻点（导数等于 0 的点）$Q_0=200$. 根据问题的实际意义，总利润最大的点一定存在，所以，当日产量为 $Q_0=200$ 单位时可获最大利润，最大利润为

$$L(Q)=-1\,000+0.3\times200^2-0.001\times200^3=3\,000(\text{元})$$

例 4.2 设某产品的总成本函数为 $C(Q)=54+18Q+6Q^2$，试求平均成本最小时的产量.

解 因为 $C'(Q)=18+12Q,\overline{C(Q)}=\dfrac{54}{Q}+18+6Q$，令 $C'(Q)=\overline{C(Q)}$，得 $Q=3$($Q=-3$舍去)，所以当产量 $Q=3$ 时可使平均成本最小.

说明：由实践经验可得，在实际问题中，如果我们确定所讨论的可导函数 $f(x)$ 存在最大值或最小值，并且 $f(x)$ 在 x 的取值范围内只有一个导数为 0 的点，那么该点就是所求的最大值点或最小值点.

第二节
使用微软数学讨论极值问题

一、典型案例

让我们继续研究本章第一节的例 4.1，设每日生产某产品的总成本函数为

$$C(Q)=1\ 000+60Q-0.3Q^2+0.001Q^3$$

产品单价为 60 元，每日产量为多少时可获得最大利润？

二、解决方案

根据第一节对例 4.1 的求解过程，可归纳出例 4.1 的基本求解步骤如下：

第一步：求出总利润函数 $L(Q)$.

第二步：求出边际利润函数 $L'(Q)$.

第三步：求使边际利润等于 0 的产量 Q_0，也就是解方程 $L'(Q)=0$.

第四步：判断 Q_0 是否为利润最大值点.

第五步：如果是，将 Q_0 代入利润函数，求出最大利润.

其中，第二、第三和第五步都可以用微软数学来实现.

三、微软数学求解演算步骤

第一步：在主界面左侧的计算器键盘中依次点击【微积分】→【d/dx】.

第二步：在右侧工作表输入窗口的括号“( )”中输入利润函数，并把 x 改为 Q，如图 4—1 所示.

第三步：单击工作表右下角的【输入】，将计算出 $L'(Q)=0.6Q-0.003Q^2$，如图 4—2 所示.

第四步：在右侧工作表输入窗口中输入如图 4—3 所示内容（可通过双击图 4—2 的输出结果简化等号左边内容的输入）.

第五步：单击【输入】，得到 $Q_0=200$($Q_0=0$ 舍去)，如图 4—4 所示.

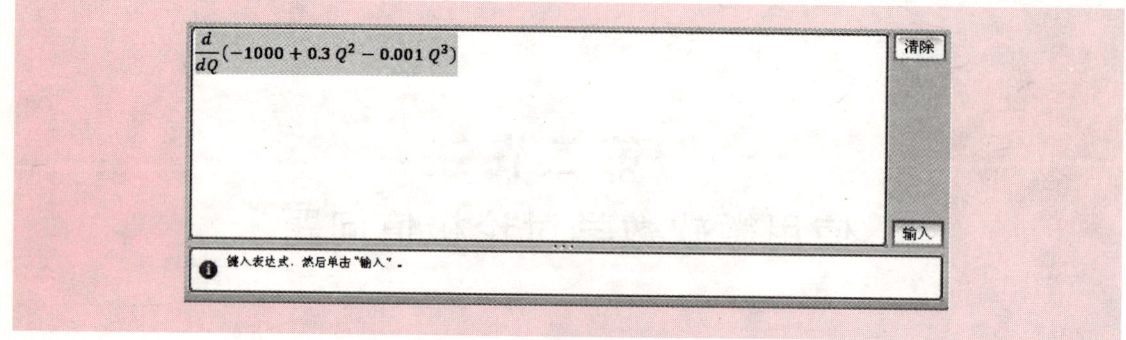

$\frac{d}{dQ}(-1000+0.3Q^2-0.001Q^3)$
清除
输入
键入表达式，然后单击"输入"。

图 4—1 输入利润函数

弧度 / 实数
输入
$\frac{d}{dQ}(-1000+0.3Q^2-0.001Q^3)$
求解步骤
输出
$-\frac{3Q^2}{1000}+\frac{3Q}{5}$
是否要 求 Q 的微分 或 求 Q 的积分？

图 4—2 计算利润函数的导数

$-\frac{3Q^2}{1000}+\frac{3Q}{5}=0$
清除
输入

图 4—3 输入方程 $L'(Q)=0$

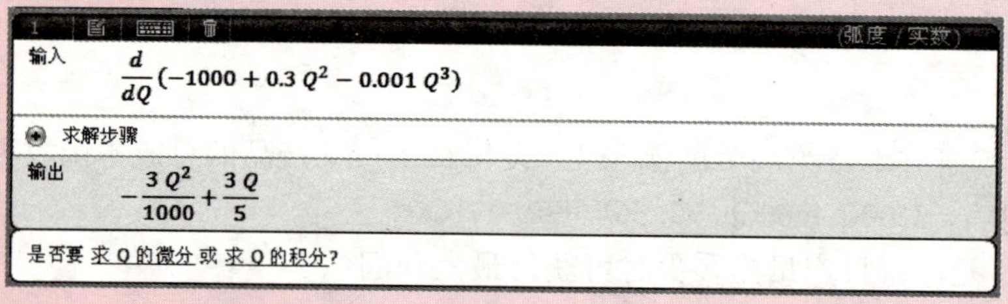

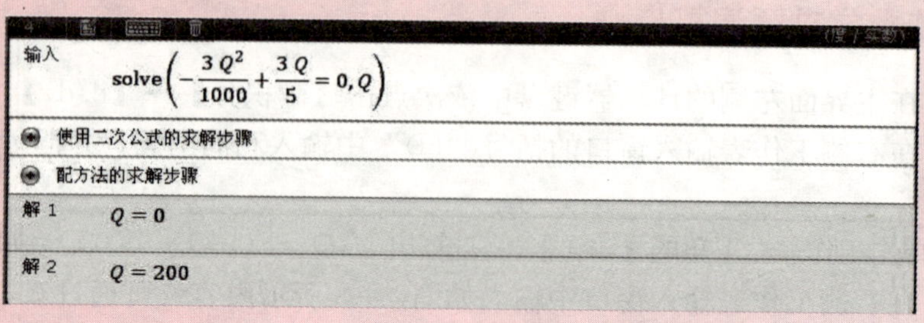

输入
$\text{solve}\left(-\frac{3Q^2}{1000}+\frac{3Q}{5}=0,Q\right)$
使用二次公式的求解步骤
配方法的求解步骤
解 1 $Q=0$
解 2 $Q=200$

图 4—4 计算 $L'(Q)=0$ 的产量 Q_0

第六步：在工作表中输入如下内容，如图 4—5 所示，得产量为 $Q_0=200$ 时的利润为 3 000 元，这是最大利润.

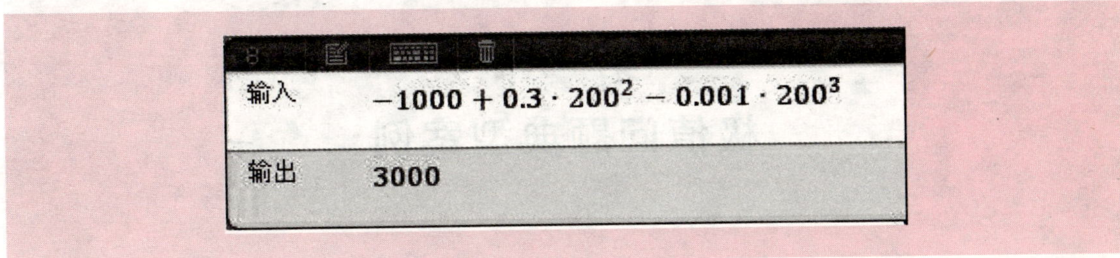

图 4—5　计算最大利润

第三节
极值问题典型案例

案例 1　以价格优势抢占市场份额，平均成本最低

天虹彩电为了在市场竞争中以价格优势抢占市场份额，在集团内实施“以平均成本最低为目标”的经营策略，根据以往的统计资料，生产总成本 C（单位：百万元）是月产量 Q（单位：万台）的函数

$$C=C(Q)=0.4Q^2+3.8Q+38.4$$

问：月产量应为多少台，才能实现平均成本最低的目标？每台彩电的平均成本为多少元？

解决方案：

本例以平均成本函数为目标函数，由总成本函数得平均成本函数为

$$\overline{C(Q)}=\frac{C(Q)}{Q}=0.4Q+3.8+\frac{38.4}{Q}$$

令 $\frac{\mathrm{d}(\overline{C(Q)})}{\mathrm{d}Q}=0.4-\frac{38.4}{Q^2}=0$，得 $Q=9.798$（只取正值），且当 $0<Q<9.798$ 时，$\frac{\mathrm{d}(\overline{C(Q)})}{\mathrm{d}Q}<0$，当 $Q>9.798$ 时，$\frac{\mathrm{d}(\overline{C(Q)})}{\mathrm{d}Q}>0$. 故当产量 $Q=9.798$（万台）时，平均成本函数有极小值，其值为

$$\overline{C(Q)}=\left(0.4Q+3.8+\frac{38.4}{Q}\right)\bigg|_{Q=9.798}=11.64(\text{百万元 / 万台})=1\ 164(\text{元 / 台})$$

案例 2　薄利多销以使收益最大化

爱心牌衬衣，若定价为每件 50 元，一周可售出 1 000 件，市场调查显示，每件售价每降低 2 元，一周的销售量可增加 100 件．问：每件售价定为多少元时，能使商家的销售额最大，最大销售额是多少？

解决方案：

销售额最大，就是收益最大，所以目标函数是总收益函数. 设因降价可多销售 Q 件衬

衣，则销售的总件数为 $1\ 000+Q$.

依题设，每件衬衣售价每降低 2 元，销售量可增加 100 件，现因降价多销售了 Q 件衬衣，故每件衬衣应降价 $2\times\frac{Q}{100}$元，从而，每件衬衣的售价 P 应为原售价减去每件衬衣应降低的价格，即

$$P=50-2\times\frac{Q}{100}=50-0.02Q$$

由上式，当 $P=0$ 时，$Q=2\ 500$，即因降价最多可多销售 2 500 件.

这时，总收益函数为售价与销售件数的乘积，即

$$\begin{aligned}R=R(Q)&=P\cdot(1\ 000+Q)\\&=(50-0.02Q)\cdot(1\ 000+Q)\\&=50\ 000+30Q-0.02Q^2\ (Q\in(0,2\ 500))\end{aligned}$$

令$\frac{\mathrm{d}R}{\mathrm{d}Q}=30-0.04Q=0$，得 $Q=750$，且 $Q<750$ 时，$\frac{\mathrm{d}R}{\mathrm{d}Q}>0$，$Q>750$ 时，$\frac{\mathrm{d}R}{\mathrm{d}Q}<0$，故 $Q=750$ 件时，销售额最大. 此时，每件衬衣的售价为

$$P=50-0.02\times750=35\ (元)$$

最大销售额为

$$R=35\times(1\ 000+750)=61\ 250\ (元)$$

案例 3　确定组团人数以使旅行社利润最大

某旅行社举办风景区旅行团，若每团人数不超过 30 人，飞机票每张收费 900 元；若每团人数多于 30 人，则给予优惠，每多 1 人，飞机票每张收费减少 10 元，直至每张飞机票收费降到 450 元为止. 每团乘飞机，旅行社需付给航空公司包机费 15 000 元. 问：每团人数为多少时，旅行社可获得最大利润？最大利润为多少？

解决方案：

这是求利润最大值问题，依题意，对旅行社而言，机票收入是收益，付给航空公司的包机费是成本.

设 x 表示每团人数，p 表示飞机票的价格，因$(900-450)\div10=45$，所以每团人数最多为 $30+45=75$(人)，飞机票的价格为

$$p=\begin{cases}900, & 1\leqslant x\leqslant30\\900-10(x-300), & 30<x\leqslant75\end{cases}$$

旅行社的利润函数为

$$\begin{aligned}L=L(x)&=xp-15\ 000\\&=\begin{cases}900x-15\ 000, & 1\leqslant x\leqslant30\\900x-10x(x-30)-15\ 000, & 30<x\leqslant75\end{cases}\end{aligned}$$

$$= \begin{cases} 900x - 15\,000, & 1 \leqslant x \leqslant 30 \\ 1\,200x - 10x^2 - 15\,000, & 30 < x \leqslant 75 \end{cases}$$

因为 $L'(x) = \begin{cases} 900, & 1 \leqslant x \leqslant 30 \\ 1\,200 - 20x, & 30 < x \leqslant 75 \end{cases}$

显然，当 $L'(x)=0$ 时，有 $x=60$，又 $30 < x < 60$ 时，$L'(x) > 0$，当 $60 < x \leqslant 75$ 时，$L'(x) < 0$. 所以，当 $x=60$ 人时，利润函数取最大值，即每团 60 人时，旅行社可获得最大利润，最大利润为

$$L(60) = (1\,200x - 10x^2 - 15\,000)\big|_{x=60} = 21\,000(\text{元})$$

第四节
进一步学习的数学知识：极值与最值

一、高阶导数

定义 4.1　如果函数 $y=f(x)$ 的导数 $y'=f'(x)$ 仍是 x 的可导函数，则称 $f'(x)$ 的导数为 $f(x)$ 的**二阶导数**，记作

$$y'' \text{ 或 } f''(x) \text{ 或 } \frac{\mathrm{d}^2 y}{\mathrm{d}x^2} \text{ 或 } \frac{\mathrm{d}^2 f(x)}{\mathrm{d}x^2}$$

即 $y''=(y')'=[f'(x)]'$.

类似地，二阶导数的导数称为**三阶导数**，记作 y''' 或 $\frac{\mathrm{d}^3 y}{\mathrm{d}x^3}$；四阶或四阶以上的导数记作 $y^{(4)}, y^{(5)}, \cdots, y^{(n)}$ 或 $\frac{\mathrm{d}^4 y}{\mathrm{d}x^4}, \frac{\mathrm{d}^5 y}{\mathrm{d}x^5}, \cdots, \frac{\mathrm{d}^n y}{\mathrm{d}x^n}$.

$y'=f'(x)$ 称为函数 $f(x)$ 的一阶导数，二阶或二阶以上的导数称为**高阶导数**.

函数 $f(x)$ 具有 n 阶导数，也常说成函数 $f(x)$ 为 ***n* 阶可导**.

例 4.3　设 $y=2x^2+3x+1$，求 y', y'', y'''.

解　$y'=4x+3$，$y''=4$，$y'''=0$.

例 4.4　设 $y=\mathrm{e}^x$，求 $y^{(n)}$.

解　$y'=\mathrm{e}^x$，$y''=\mathrm{e}^x$，$y'''=\mathrm{e}^x$，$\cdots$，$y^{(n)}=\mathrm{e}^x$.

二、函数的极值

定义 4.2　设函数 $f(x)$ 在 x_0 的某邻域内有定义，如果对于此邻域内的任意一点 $x(x\neq x_0)$，均有 $f(x)<f(x_0)$，则称 $f(x_0)$ 是函数 $f(x)$ 的一个**极大值**；同样，如果对于此邻域内的任意一点 $x(x\neq x_0)$，均有 $f(x)>f(x_0)$，则称 $f(x_0)$ 是函数 $f(x)$ 的一个**极小值**. 函数的极大值与极小值统称为函数的**极值**，使函数取得极值的点 x_0，称为函数的**极值点**.

注意：函数在一个区间内可能有几个极大值和几个极小值，其中有的极大值可能比极小值还小. 如图 4—6 所示，$f(x_1)$，$f(x_3)$，$f(x_5)$ 均是 $f(x)$ 的极小值；$f(x_0)$，$f(x_2)$，$f(x_4)$ 均是 $f(x)$ 的极大值. 显然，极小值 $f(x_5)$ 大于极大值 $f(x_2)$.

从图 4—6 可以看出，在函数取得极值处，曲线的切线是水平的，即在极值点 x_0 处，必有 $f'(x_0)=0$. 于是有下面的定理：

定理 4.1（极值的必要条件） 设 $f(x)$ 在点 x_0 处可导，且在点 x_0 处取得极值，那么 $f'(x_0)=0$.

定理 4.1 告诉我们，可导函数 $f(x)$ 的极值点必是它的驻点. 反过来，驻点却不一定是 $f(x)$ 的极值点. 比如 $x=0$ 是函数 $f(x)=x^3$ 的驻点，但不是它的极值点.

此外，函数 $f(x)$ 的极值点还可能是导数不存在的点. 例如，函数 $f(x)=|x|$ 在 $x=0$ 处不可导，但它在该点处取得极小值（如图 4—7 所示）.

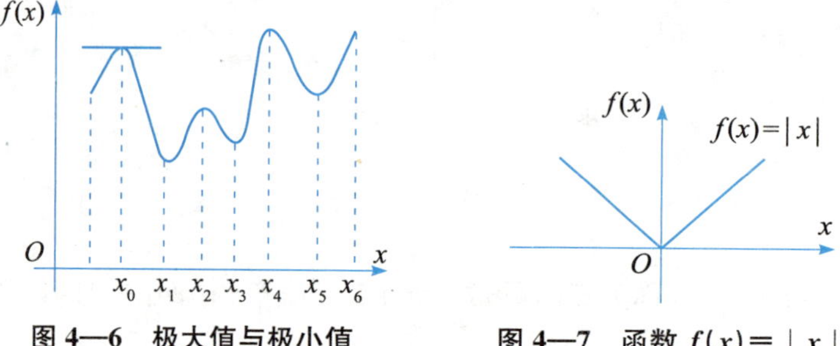

图 4—6　极大值与极小值

图 4—7　函数 $f(x)=|x|$

总之，连续函数 $f(x)$ 的可能极值点只能是其驻点或不可导点. 为了判断函数在可能极值点处是否取得极值，有如下定理：

定理 4.2（极值的第一充分条件） 设 $f(x)$ 在点 x_0 处连续，在点 x_0 处的某一空心邻域内可导. 当 x 由小增大经过 x_0 时，如果

(1) $f'(x)$ 由负变正，那么 $f(x)$ 在点 x_0 处取得极小值；

(2) $f'(x)$ 由正变负，那么 $f(x)$ 在点 x_0 处取得极大值；

(3) $f'(x)$ 不变号，那么 x_0 不是极值点.

定理 4.3（极值的第二充分条件） 设 $f(x)$ 在点 x_0 处有二阶导数且 $f'(x_0)=0$，$f''(x_0)\neq 0$.

(1) 如果 $f''(x_0)>0$，则 $f(x)$ 在点 x_0 处取得极小值；

(2) 如果 $f''(x_0)<0$，则 $f(x)$ 在点 x_0 处取得极大值.

例 4.5　求函数 $f(x)=x^3-6x^2+9x+3$ 的极值.

解法一　函数 $f(x)$ 的定义域为 $(-\infty, +\infty)$，且 $f'(x)=3x^2-12x+9=3(x-1)(x-3)$，令 $f'(x)=0$，得驻点 $x_1=1$，$x_2=3$. 在 $(-\infty,1)$ 内，$f'(x)>0$，在 $(1,3)$ 内，$f'(x)<0$，在 $(3,+\infty)$ 内，$f'(x)>0$. 由定理 4.2 可知，$f(1)=7$ 为函数 $f(x)$ 的极大值，$f(3)=3$ 为 $f(x)$ 的极小值. 整个解题过程可以以表格形式表示如下：

x	$(-\infty,1)$	1	$(1,3)$	3	$(3,+\infty)$
$f'(x)$	+	0	−	0	+
$f(x)$	↗	极大值 $f(1)=7$	↘	极小值 $f(3)=3$	↗

解法二　函数的定义域为 $(-\infty,+\infty)$，且 $f'(x)=3x^2-12x+9=3(x-1)(x-3)$，$f''(x)=6x-12$. 令 $f'(x)=0$，得驻点 $x_1=1$，$x_2=3$. 因为 $f''(1)=-6<0$，$f''(3)=6>0$，由定理 4.3 可知，$f(1)=7$ 为极大值，$f(3)=3$ 为极小值.

三、函数的最值

如果把易拉罐视为圆柱体，你是否注意到可口可乐、雪碧、健力宝等大饮料公司出售的易拉罐的半径与高之比是多少？请你不妨去测量一个，并思考这些公司为什么会选择这种比例.

企业常考虑用最低的成本获取最高的利润，在设计易拉罐时，大饮料公司除了考虑外包装的美观之外，还必须考虑在容积一定（一般为 365 mL）的情况下，所用材料最少（表面积最小），焊接或加工制作费最低等. 在实际问题中，常常遇到求“产量最大”、“用料最省”、“成本最低”和“效率最高”等问题，这类问题在数学上就是求函数的最大值和最小值问题，这是数学上一类常见的最优化问题.

对于区间 $[a,b]$ 上的连续函数 $f(x)$，其在区间 $[a,b]$ 上的最大值和最小值只能在区间 (a,b) 内的极值点或区间端点处达到. 因此，函数的最值可按如下方法求得：

(1) 找出三类点：驻点、函数 $f(x)$ 导数不存在的点和区间的端点.

(2) 计算这三类点的函数值并比较大小，其中最大者为最大值，最小者为最小值.

例 4.6　求函数 $f(x)=\dfrac{x}{1+x^2}$ 在区间 $[0,2]$ 上的最大值与最小值.

解　函数 $f(x)$ 在区间 $[0,2]$ 上连续，因为 $f'(x)=\dfrac{(1+x)(1-x)}{(1+x^2)^2}$，令 $f'(x)=0$，得区间 $(0,2)$ 内的驻点 $x=1$，且 $f(1)=\dfrac{1}{2}$，又 $f(0)=0$，$f(2)=\dfrac{2}{5}$.

比较各函数值得：函数 $f(x)$ 在 $[0,2]$ 上的最大值为 $\dfrac{1}{2}$，最小值为 0.

例 4.7　求函数 $f(x)=x^3-3x^2-9x+2$ 在 $[-2,6]$ 上的最大值和最小值.

解　函数 $f(x)$ 在区间 $[-2,6]$ 上连续，因为 $f'(x)=3x^2-6x-9=3(x+1)(x-3)$，令 $f'(x)=0$，得驻点 $x_1=-1$，$x_2=3$，且 $f(-1)=7$，$f(3)=-25$，又 $f(-2)=0$，$f(6)=56$.

比较各函数值得：函数 $f(x)$ 在 $[-2,6]$ 上的最大值为 $f(6)=56$，最小值为 $f(3)=-25$.

习题四

1. 某厂每周生产产量为 Q（单位：百件）的产品的总成本为 C（单位：千元），且 C 是产量 Q 的函数即 $C=C(Q)=100+12Q+Q^2$. 如果每百件产品销售价格为 4 万元，试写出利润函数及边际利润为零时的每周产量.

2. 假设某种商品的需求量 Q（单位：件）是单价 P（单位：元）的函数，即 $Q=12\,000-80P$，商品的总成本 C 是需求量 Q 的函数，即 $C=25\,000+50Q$，每单位商品需纳税 2 元. 试求使销售利润最大的商品价格和最大利润.

3. 设价格函数 $p=15\mathrm{e}^{-\frac{x}{3}}$（$x$ 为产量），求最大收益时的产量和收益.

4. 某工厂生产某种商品，其年销售量为 100 万件，分为 N 批生产，每批生产需要增加生产准备费 1 000 元，而每件商品的一年库存费为 0.05 元. 如果年销售率是均匀的，且上批售完后立即生产出下批（此时商品库存量的平均值为商品批量的一半），问：N 为何值时，才能使生产准备费与库存费两项之和最小？

5. 设某企业在生产一种商品 x 件时的总收益函数为 $R(x)=100x-x^2$，总成本函数为 $C(x)=200+50x+x^2$. 问：政府对每件商品征收的货物税为多少时，在企业获得最大利润的情况下，总税额最大？

6. 设生产某商品的总成本为 $C(x)=10\,000+50x+x^2$（x 为产量）. 问：产量为多少时，每件产品的平均成本最低？

第五章

总成本和总收入的计算

名言： 天才在于积累，聪明在于勤奋. 勤能补拙是良训，一分辛苦一分才.

——华罗庚

故事：天才在于积累．当今，有一位叫摩西的外国老奶奶被越来越多的世人所关注．说来有趣，摩西奶奶可谓大器晚成，干了一辈子农活，在 73 岁时扭伤了脚，不能再下地干活，75 岁开始学绘画，80 岁举办了个人的首次画展……于是，人们在赞叹摩西奶奶和她晚年取得的惊人艺术成就的同时，称这种现象为“摩西奶奶效应”．这则故事告诉我们，一个人的成才与事业成功并不完全取决于文凭与学历，关键在于持续不断地学习与积累，而这正是本章所要体现的数学思想．

第一节
总收入计算问题及解决方案

一、问题引入

引例　已知生产某产品 x 件的边际收入是

$$r(x)=-\frac{x}{50}+100\ (元/件)$$

且产品产量为 0 时，总收入为 0 元.

求生产此产品 1 000 件时的总收入、平均收入及生产 1 000 件到 2 000 件时所增加的收入和平均收入.

问题分析　我们假设总收入函数为 $R(x)$，那么总产量为 1 000 件时的总收入可以记为 $R(1\ 000)$. 从前面的相关概念得知，总收入的导数等于边际收入，也就是 $R'(x)=r(x)$.

从该引例来看，如果我们能够求出总收入函数 $R(x)$，那么生产 1 000 件产品时的总收入就是 $R(1\ 000)$，生产 1 000 件产品时的平均收入就是 $\frac{R(1\ 000)-R(0)}{1\ 000-0}$，生产 1 000 件到 2 000 件时所增加的收入就是 $R(2\ 000)-R(1\ 000)$，所增加的 1 000 件产品的平均收入就是 $\frac{R(2\ 000)-R(1\ 000)}{2\ 000-1\ 000}$.

这是一个已知边际收入，求总收入函数的问题，为此我们应该探寻求解 $R(x)$ 的方法. 也就是说，这是一个给出了函数的导数，要求解这个函数的问题，它是求导数的逆过程.

二、典型问题解决方案

概念 5.1　如果在区间 I 上，对任一点 $x\in I$，都有

$$F'(x)=f(x)$$

则称函数 $F(x)$ 为 $f(x)$ 在区间 I 上的一个**原函数**.

例如，由 $(\sin x)'=\cos x$，可知 $\sin x$ 是 $\cos x$ 在区间 $(-\infty,+\infty)$ 上的一个原函数.

又因为 $(\sin x+4)'=\cos x$，$(\sin x+C)'=\cos x$(C 为任意常数)，所以 $\sin x+4$、$\sin x+C$ 都是 $\cos x$ 在区间 $(-\infty,+\infty)$ 上的原函数.

关于原函数有两点结论：

(1) 如果函数 $f(x)$ 在区间 I 上有原函数 $F(x)$，那么 $f(x)$ 就有无限多个原函数，$F(x)+C$ 都是 $f(x)$ 的原函数，其中 C 是任意常数.

(2) $f(x)$ 的任意两个原函数之间只差一个常数，即如果 $\Phi(x)$ 和 $F(x)$ 都是 $f(x)$ 的原函数，则 $\Phi(x)-F(x)=C$(C 为某个常数). 也就是说，如果函数 $F(x)$ 是 $f(x)$ 的一个原函数，那么 $f(x)$ 的所有原函数都包含在 $F(x)+C$ 中.

概念 5.2 若 $F(x)$ 是 $f(x)$ 在区间 I 上的一个原函数，则把函数 $f(x)$ 的全体原函数 $F(x)+C$(C 为某个常数) 叫做 $f(x)$ 在该区间上的**不定积分**，记为 $\int f(x)\mathrm{d}x$，即

$$\int f(x)\mathrm{d}x = F(x)+C$$

其中记号 $\int$ 称为**积分号**，$f(x)$ 称为**被积函数**，$f(x)\mathrm{d}x$ 称为**被积表达式**，x 称为**积分变量**.

例如：因为 $\sin x$ 是 $\cos x$ 的原函数，所以 $\int \cos x\mathrm{d}x = \sin x+C$；因为 $\sqrt{x}$ 是 $\frac{1}{2\sqrt{x}}$ 的原函数，所以 $\int \frac{1}{2\sqrt{x}}\mathrm{d}x = \sqrt{x}+C$.

根据定义得知，求被积函数 $f(x)$ 的全体原函数就是求不定积分，即有

$$F'(x) = f(x) \Leftrightarrow \int f(x)\mathrm{d}x = F(x)+C$$

概念 5.3 设函数 $y=f(x)$ 在区间 $[a,b]$ 上连续，且 $F(x)$ 是 $f(x)$ 在区间 $[a,b]$ 上的任意一个原函数，则有

$$F(b)-F(a) = \int_a^b f(x)\mathrm{d}x$$

上述公式称为**牛顿—莱布尼茨公式**，也称为微积分的基本公式. 我们称 $\int_a^b f(x)\mathrm{d}x$ 为函数 $f(x)$ 在区间 $[a,b]$ 上的**定积分**. 该公式充分表达了定积分与原函数之间的内在联系，而定积分的计算可以由数学软件很轻松地进行，从而给这种同一函数增量的计算提供了一个简便而有效的方法.

例 5.1 已知生产某产品 q 单位时的边际收入为 $R'(q)=100-2q$（元/单位），并且假定在没有生产产品的时候，总收入为零.

求生产 40 个单位产品时的总收入及平均收入，并求再生产 20 个单位时所增加的总收入.

解　按照引例的分析思路，以及由边际收入和总收入函数之间的关系可知

$$(100q-q^2+C)'=100-2q=R'(q)$$

$$R(q)=\int R'(q)\mathrm{d}q=\int(100-2q)\mathrm{d}q=100q-q^2+C$$

又 $R(0)=0$，可以求得 $C=0$. 从而可以求得

$$R(q)=100q-q^2$$

所以，生产 40 个单位产品时的总收入为

$$R(40)-R(0)=\int_0^{40}(100-2q)\mathrm{d}q=2\,400(\text{元})$$

平均收入为

$$\frac{R(40)-R(0)}{40-0}=\frac{\int_0^{40}(100-2q)\mathrm{d}q}{40}=\frac{2400}{40}=60(\text{元 / 单位})$$

如果再增加生产 20 个单位，则总收入增加为

$$R(60)-R(40)=\int_{40}^{60}(100-2q)\mathrm{d}q=0$$

可见，增加生产量，收入不一定会增加. 如何安排生产，使得收入最大化，是值得重视的问题.

你能根据例 5.1 的求解过程完整地解答本节的引例问题吗?

第二节
使用微软数学求积分

一、典型案例

在本章第一节的例 5.1 中，我们已经利用数学方法和手算的方式很好地解决了问题. 现在我们用数学软件来解决该问题.

二、解决方案

解决该例的过程归结起来有四个关键步骤：
(1) 第一步，根据边际收入 $R'(q)$，求总收入函数 $R(q)$；
(2) 第二步，计算总收入 $R(40)-R(0)$；
(3) 第三步，计算平均收入 $\dfrac{R(40)-R(0)}{40-0}$；
(4) 第四步，计算 $R(60)-R(40)$.
这几个步骤都可以用微软数学来实现.

三、微软数学演算步骤

第一步：在主界面左侧的计算器键盘中依次点击【微积分】→【$\int$】.

第二步：在右侧工作表输入窗口的光标闪动处输入边际收入函数，并把 x 改为 q，如图 5—1 所示.

图 5—1　输入积分表达式

第三步：单击【输入】按钮，将计算出 $R(q)=-q^2+100q+C$，如图 5—2 所示.

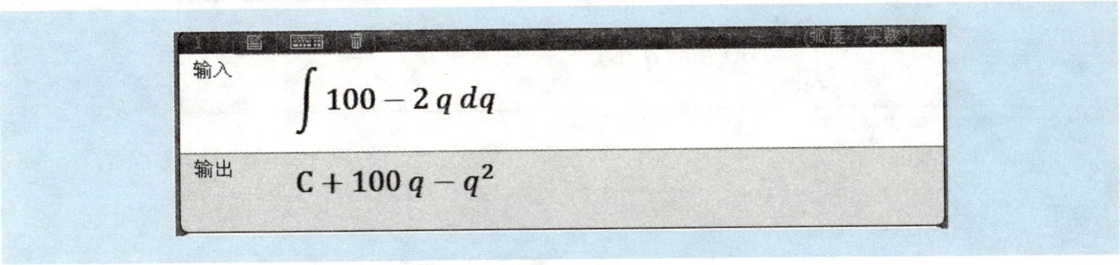

输入　$\int 100-2\,q\,dq$

输出　$C+100\,q-q^2$

图 5—2　求总收入函数

第四步：在右侧工作表中，输入内容 $\text{solve}(\{-q^2+100q+C=0, q=0\})$，再点击【输入】按钮，得到如图 5—3 所示的结果.

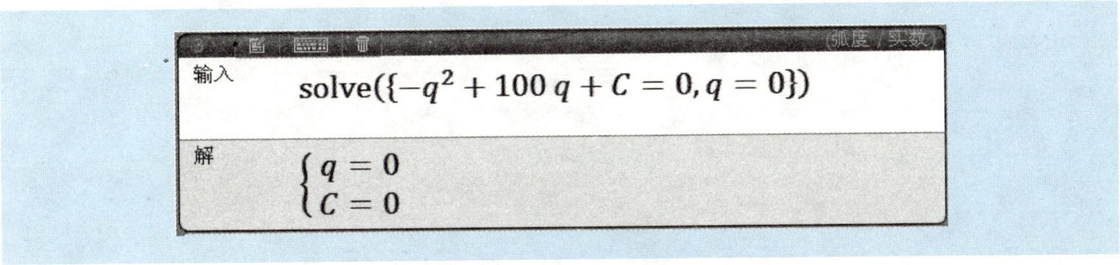

输入　$\text{solve}(\{-q^2+100\,q+C=0, q=0\})$

解　$\begin{cases} q=0 \\ C=0 \end{cases}$

图 5—3　确定常数 C 的取值

从而可以求得 $R(q)=100q-q^2$.

第五步：计算 $R(40)-R(0)$（根据第一节的概念 5.3 进行计算），在主界面左侧的计算器键盘中依次点击【微积分】→【$\int_{\square}^{\square}$】，输入$\int_0^{40}(100-2q)\mathrm{d}q$，点击【输入】按钮，计算结果如图 5—4 所示.

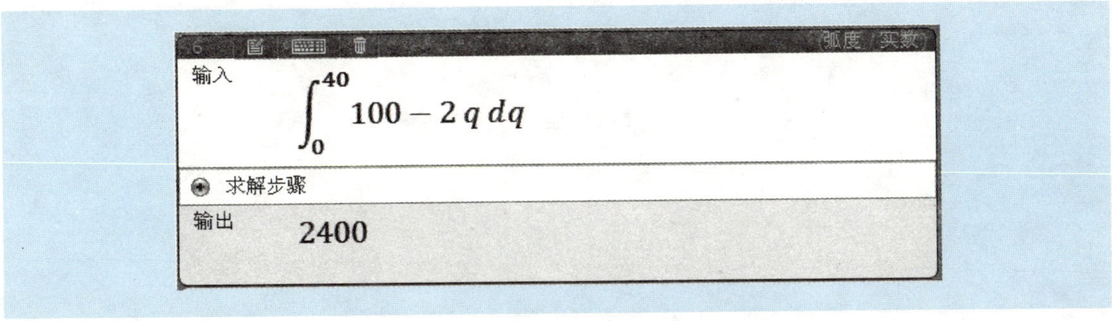

输入　$\int_0^{40} 100-2\,q\,dq$

求解步骤

输出　2400

图 5—4　计算产量为 40 个单位的总收入

从而可以求出 $\dfrac{R(40)-R(0)}{40-0}=60$.

第六步：按照第五步的相同操作方法计算 $R(60)-R(40)$，结果如图 5—5 所示.

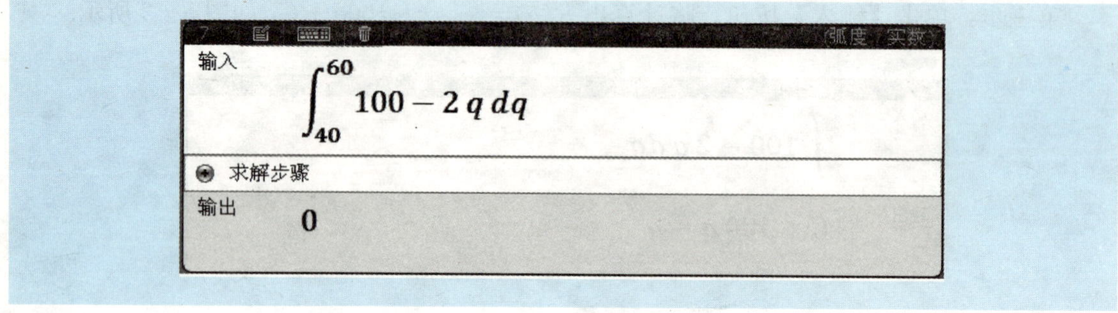

图 5—5　计算再生产 20 个单位时增加的收入

第三节
总量问题典型案例

由第三章的边际分析可知，对于已知的经济函数$F(x)$（如总收益函数、成本函数、需求函数和利润函数等），它的边际函数就是它的导数；反之，若已知边际函数$F'(x)$，由积分可求得原经济函数. 即

$$F(x)=\int F'(x)\mathrm{d}x$$

其中，积分常数C可由函数的具体条件确定.

案例 1　关于总成本函数的相关问题

设产量为q时的边际成本为$C'(q)$，固定成本为C_0，则产量为q时的总成本函数由前面的边际分析可得到，即$C(q)+C=\int C'(q)\mathrm{d}q$，其中，积分常数$C$可由条件$C(0)=C_0$确定.

例 5.2　如果某企业生产一种产品的边际成本为$C'(q)=4\mathrm{e}^{0.02q}$，固定成本$C_0=80$，求总成本函数.

解　由定积分求总成本的公式可得

$$C(q)=\int C'(q)\mathrm{d}q=\int 4\mathrm{e}^{0.02q}\mathrm{d}q$$
$$=\frac{4}{0.02}\mathrm{e}^{0.02q}+C$$

又$C_0=80$，得$C=-120$，所以$C(q)=200\mathrm{e}^{0.02q}-120$.

例 5.3　某跨国公司制造一种便捷式烤炉，生产这种烤炉的日边际成本为$C'(x)=0.0003x^2-0.12x+20$(美元/台)，x表示这种产品每天的生产量，生产这种产品的固定成本为 800 美元/天.

(1) 求总成本函数.

(2) 该公司生产该产品为 300 台/天时，总成本是多少？

(3) 日产量由 200 台变化到 300 台时，公司的生产成本是多少？

解 (1) 由不定积分得

$$C(x)=\int C'(x)\mathrm{d}x=\int(0.000\,3x^2-0.12x+20)\mathrm{d}x$$
$$=0.000\,1x^3-0.06x^2+20x+C$$

由已知条件有固定成本为 $C(0)=800$，代入上式，得到 $C=800$，所以总成本函数为

$$C(x)=0.000\,1x^3-0.06x^2+20x+800$$

(2) 由 (1) 求出的成本函数得到

$$C(300)=0.000\,1\cdot(300)^3-0.06\cdot(300)^2+20\cdot(300)+800=4\,100(\text{美元})$$

(3) 日产量从 200 台变化到 300 台时，生产成本为

$$C(300)-C(200)=4\,100-3\,200=900(\text{美元})$$

案例 2　关于总收入函数的相关问题

设销量为 q 时的边际收入为 $R'(q)$，则销量为 q 时的总收入函数可由 $R(q)=\int R'(q)\mathrm{d}q$ 求得，其中积分常数由销量为 0 时总收入为 0，即 $R(0)=0$ 求出.

例 5.4 劳力士公司的管理者证实，该公司每天销售旅游手表的边际收入函数为 $R'(x)=-0.009x+12$（单位：美元/块），其中 x 是销售数量.

(1) 求收入函数；

(2) 求需求函数（旅游手表销售数量和销售单价的关系）.

解 (1) 由不定积分得

$$R(x)=\int R'(x)\mathrm{d}x=\int(-0.009x+12)\mathrm{d}x=-0.004\,5x^2+12x+C$$

由 $R(0)=0$ 得 $C=0$，于是有

$$R(x)=-0.004\,5x^2+12x$$

(2) 设销售单价为 p，则有 $R(x)=px$，又由(1) 得 $R(x)=-0.004\,5x^2+12x$，所以

$$px=-0.004\,5x^2+12x$$

故所求需求函数为 $p(x)=-0.004\,5x+12$.

案例 3　关于利润函数的相关问题

设某产品边际收入为 $R'(q)$，边际成本为 $C'(q)$，则边际利润 $L'(q)=R'(q)-C'(q)$，于是，利润

$$L(q)=\int_0^q L'(q)\mathrm{d}q-C_0=\int_0^q(R'(q)-C'(q))\mathrm{d}q-C_0$$

其中，$\int_0^q L'(q)\mathrm{d}q$ 称为销售量为 q 时的毛利润，即没有计算固定成本时的利润.

例 5.5 已知某产品的边际收入 $R'(q)=25-2q$，边际成本 $C'(q)=13-4q$，固定成

本 $C_0 = 10$，求当 $q = 5$ 时的毛利润和纯利润.

解 由已知条件得，边际利润 $L'(q) = R'(q) - C'(q) = 12 + 2q$，所以，当销售量 $q = 5$ 时的毛利润为

$$\int_0^5 (12 + 2q)\mathrm{d}q = (12q + q^2)\big|_{q=5} - (12q + q^2)\big|_{q=0} = 85$$

又固定成本 $C_0 = 10$，所以纯利润为 $85 - 10 = 75$.

案例 4 关于需求函数和供给函数的相关问题

设需求函数 $q = q(p)$，其中 q 是需求量，p 是价格，当 $p = 0$ 时，需求量最大. 设最大需求量为 q_0，即 $q_0 = q(0)$.

若已知边际需求函数为 $q'(p)$，则总需求函数 $q(p)$ 为

$$q(p) = \int q'(p)\mathrm{d}p$$

其中，积分常数 C 可由条件 $q_0 = q(0)$ 确定.

关于供给函数的讨论与上述类似.

例 5.6 某商品需求量 q 是价格 p 的函数，最大需求量为 100，已知边际需求函数为 $q'(p) = -\dfrac{30}{p+1}$，求需求量与价格的函数关系.

解 通过求边际需求函数的不定积分，得

$$q(p) = \int q'(p)\mathrm{d}p = \int \frac{-30}{p+1}\mathrm{d}p = -30\ln(p+1) + C$$

再由 $q(0) = 100$，代入上式，求得 $C = 100$，所以需求量与价格的函数关系是

$$q(p) = -30\ln(p+1) + 100$$

案例 5 关于资本现值的相关问题

若有一笔资金的收益率为 $f(t)$，假设资金的收益以连续复利率 r 计息，则有总现值 $y = \int_0^T f(t)\mathrm{e}^{-rt}\mathrm{d}t$.

例 5.7 现对某企业给予一笔投资 A，经测算，该企业在 T 年中可以按每年 a 元的均匀收益率获得收入，若年利率为 r，试求：

(1) 该投资纯收入的贴现值；

(2) 收回该笔投资的时间是多长?

解 (1) 求该投资纯收入的贴现值：因收益率为 a，年利率为 r，故投资后的 T 年的总收入的现值为

$$y = \int_0^T a\mathrm{e}^{-rt}\mathrm{d}t = \frac{a}{r}(1 - \mathrm{e}^{-rT})$$

故投资所获得的纯收入的贴现值为

$$R = y - A = \frac{a}{r}(1 - \mathrm{e}^{-rT}) - A$$

(2) 求收回投资的时间：收回投资即总收入的现值等于投资. 由 $\frac{a}{r}(1 - \mathrm{e}^{-rT}) = A$ 得 $T = \frac{1}{r}\ln\frac{a}{a - Ar}$，即收回投资的时间为 $T = \frac{1}{r}\ln\frac{a}{a - Ar}$.

例如，若对某企业投资 $A=800$ 万元，年利率 $r=5\%$，设在 20 年中的均匀收益率 $a=200$ 万元/ 年，则总利润的贴现值为

$$R = \frac{200}{0.05}(1 - \mathrm{e}^{-0.05\times 20}) - 800 \approx 1\ 728.48(\text{万元})$$

投资回收期为

$$T=\frac{1}{0.05}\ln\frac{200}{200-800\times 0.05} = 20\ln 1.25 \approx 4.46\ (\text{年})$$

由此可知，该投资在 20 年内可得的纯利润约为 1 728.48 万元，投资回收期约为 4.46 年.

第四节
进一步学习的数学知识：积分

一、不定积分的基本公式

根据不定积分和导数的关系，由第三章的导数公式可得最基本的几个积分公式，如下：

(1) $\int k\mathrm{d}x = kx + C$（$k$ 是常数）；

(2) $\int x^{\mu}\mathrm{d}x = \frac{1}{\mu+1}x^{\mu+1} + C(\mu \neq -1)$；

(3) $\int \frac{1}{x}\mathrm{d}x = \ln|x| + C$；

(4) $\int \mathrm{e}^{x}\mathrm{d}x = \mathrm{e}^{x} + C$；

(5) $\int a^{x}\mathrm{d}x = \frac{a^{x}}{\ln a} + C$；

(6) $\int \cos x\mathrm{d}x = \sin x + C$；

(7) $\int \sin x\mathrm{d}x = -\cos x + C$；

(8) $\int \frac{1}{\cos^2 x}\mathrm{d}x = \int \sec^2 x\mathrm{d}x = \tan x + C$；

(9) $\int \frac{1}{\sin^2 x}\mathrm{d}x = \int \csc^2 x\mathrm{d}x = -\cot x + C$；

(10) $\int \sec x\tan x\mathrm{d}x = \sec x + C$；

(11) $\int \csc x\cot x\mathrm{d}x = -\csc x + C$.

例 5.8　求 $\int \frac{1}{x^3}\mathrm{d}x$.

解　$\int \frac{1}{x^3}\mathrm{d}x = \int x^{-3}\mathrm{d}x = \frac{1}{-3+1}x^{-3+1} + C = -\frac{1}{2x^2} + C$.

例 5.9　求 $\int x^2\sqrt{x}\mathrm{d}x$.

解　$\int x^2\sqrt{x}\mathrm{d}x = \int x^{\frac{5}{2}}\mathrm{d}x = \frac{1}{\frac{5}{2}+1}x^{\frac{5}{2}+1} + C = \frac{2}{7}x^{\frac{7}{2}} + C = \frac{2}{7}x^3\sqrt{x} + C$.

例 5.10　求 $\int \frac{\mathrm{d}x}{x\sqrt[3]{x}}$.

解 $\int \frac{\mathrm{d}x}{x\sqrt[3]{x}}=\int x^{-\frac{4}{3}}\mathrm{d}x=\frac{x^{-\frac{4}{3}+1}}{-\frac{4}{3}+1}+C=-3x^{-\frac{1}{3}}+C=-\frac{3}{\sqrt[3]{x}}+C.$

二、不定积分的性质

性质 5.1 函数的和或差的不定积分等于各个函数的不定积分的和或差，即

$$\int[f(x)\pm g(x)]\mathrm{d}x=\int f(x)\mathrm{d}x\pm\int g(x)\mathrm{d}x$$

性质 5.2 被积函数中不为零的常数因子可以提到积分号外面，即

$$\int kf(x)\mathrm{d}x=k\int f(x)\mathrm{d}x\ (k\neq 0)$$

例 5.11 求 $\int\sqrt{x}(x^2-5)\mathrm{d}x$.

解 $\int\sqrt{x}(x^2-5)\mathrm{d}x=\int(x^{\frac{5}{2}}-5x^{\frac{1}{2}})\mathrm{d}x=\int x^{\frac{5}{2}}\mathrm{d}x-\int 5x^{\frac{1}{2}}\mathrm{d}x$

$$=\int x^{\frac{5}{2}}\mathrm{d}x-5\int x^{\frac{1}{2}}\mathrm{d}x=\frac{2}{7}x^{\frac{7}{2}}-\frac{10}{3}x^{\frac{3}{2}}+C.$$

例 5.12 求 $\int(\mathrm{e}^x-3\cos x)\mathrm{d}x$.

解 $\int(\mathrm{e}^x-3\cos x)\mathrm{d}x=\int\mathrm{e}^x\mathrm{d}x-3\int\cos x\mathrm{d}x=\mathrm{e}^x-3\sin x+C.$

三、定积分的概念和性质

1. 关于曲边梯形的面积

设 $y=f(x)$ 是区间 $[a,b]$ 上的非负连续函数，由直线 $x=a$，$x=b$，$y=0$ 及曲线 $y=f(x)$ 所围成的图形（如图 5—6 所示）称为**曲边梯形**，现在求其面积 A.

由于曲边梯形的高 $f(x)$ 在区间 $[a,b]$ 上是变动的，因此无法直接用已有的梯形面积公式去计算. 但曲边梯形的高 $f(x)$ 在区间 $[a,b]$ 上是连续变化的，当区间很小时，高 $f(x)$ 的变化也很小，可近似看成不变的. 因此，如果把区间 $[a,b]$ 分成许多小区间，在每个小区间上用某一点处的高度近似代替该区间上的小曲边梯形的变高，那么每个小曲边梯形就可近似看成小矩形，从而所有小矩形面积之和就可作为曲边梯形面积的近似值. 如果将区间 $[a,b]$ 无限细分下去，即让每个小区间的长度都趋于零，这时所有小矩形面积之和的极限就可定义为曲边梯形的面积. 其具体做法如下：

（1）分割：首先在区间 $[a,b]$ 内插入 $n-1$ 个分点：

$$a=x_0<x_1<x_2<x_3<\cdots<x_{n-1}<x_n=b$$

把区间 $[a,b]$ 分成 n 个小区间 $[x_{i-1},x_i](i=1,2,\cdots,n)$，各小区间 $[x_{i-1},x_i]$ 的长度依次记为 $\Delta x_i=x_i-x_{i-1}(i=1,2,\cdots,n)$. 过各个分点作垂直于 x 轴的直线，将整个曲边梯形分成 n 个小曲边梯形（如图 5—7 所示），小曲边梯形的面积记为 $\Delta A_i(i=1,2,\cdots,n)$.

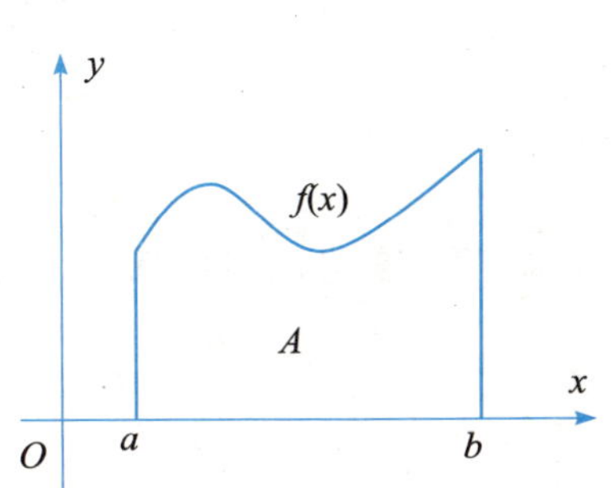

图 5—6 曲边梯形

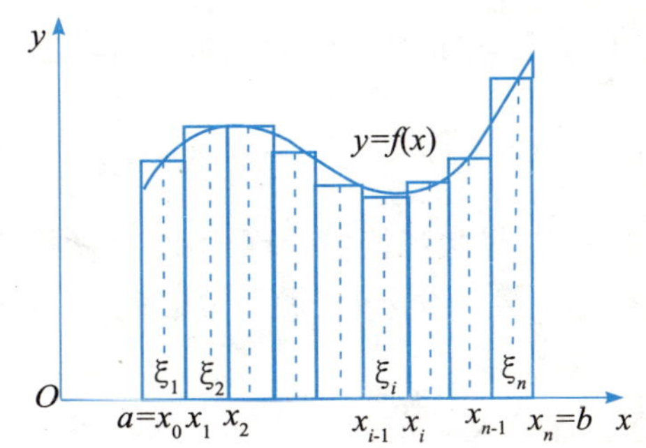

图 5—7 整个曲边梯形分成 n 个小曲边梯形

（2）近似替代：在每个小区间 $[x_{i-1},x_i]$ 上任意取一点 $\xi_i(x_{i-1}\leqslant\xi_i\leqslant x_i)$，作以 $f(\xi_i)$ 为高，底边为 Δx_i 的小矩形，其面积为 $f(\xi_i)\Delta x_i$，它可作为同底的小曲边梯形的近似值，即

$$\Delta A_i\approx f(\xi_i)\Delta x_i\quad(i=1,2,\cdots,n)$$

（3）求和：把 n 个小矩形的面积加起来，就得到整个曲边梯形面积 A 的近似值，即

$$A=\sum_{i=1}^{n}\Delta A_i\approx\sum_{i=1}^{n}f(\xi_i)\Delta x_i$$

（4）取极限：为了保证全部 Δx_i 都无限变小，令每个小区间长度的最大者 $\lambda=\max\{\Delta x_1,\Delta x_2,\cdots,\Delta x_n\}$，则当 $\lambda\to0$ 时，每个小区间 $[x_{i-1},x_i]$ 的长度 Δx_i 也趋于零. 此时和式 $\sum\limits_{i=1}^{n}f(\xi_i)\Delta x_i$ 的极限便是所求曲边梯形面积 A 的精确值，即

$$A=\lim_{\lambda\to0}\sum_{i=1}^{n}f(\xi_i)\Delta x_i$$

这个例子表明曲边梯形面积最后可归结为和式极限. 抛开这个问题的具体实际意义，抓住它们在数量关系上的本质加以概括，可抽象出定积分的概念.

2. 定积分的概念

定义 5.1 设函数 $y=f(x)$ 在区间 $[a,b]$ 上连续，在 $[a,b]$ 上插入 $n-1$ 个分点

$$a=x_0<x_1<x_2<x_3<\cdots<x_{n-1}<x_n=b$$

将区间 $[a,b]$ 分成 n 个小区间

$$[x_0,x_1],[x_1,x_2],\cdots,[x_{n-1},x_n]$$

各小区间的长度依次记为 $\Delta x_i=x_i-x_{i-1}(i=1,2,\cdots,n)$，$\lambda=\max\limits_{1\leqslant i\leqslant n}\{\Delta x_i\}$. 在每个小区间上任取一点 $\xi_i(x_{i-1}\leqslant\xi_i\leqslant x_i)$，作乘积 $f(\xi_i)\Delta x_i(i=1,2,\cdots,n)$ 的和式，即

$$\sum_{i=1}^{n} f(\xi_i)\Delta x_i$$

如果 $\lambda \to 0$ 时上述和式的极限存在（即这个极限值与区间 $[a,b]$ 的分割及点 ξ_i 的取法均无关），则称此极限值为函数 $f(x)$ 在区间$[a,b]$上的**定积分**，记作 $\int_a^b f(x)\mathrm{d}x$，即

$$\int_a^b f(x)\mathrm{d}x = \lim_{\lambda \to 0}\sum_{i=1}^{n} f(\xi_i)\Delta x_i$$

其中，$f(x)$ 叫做**被积函数**，$f(x)\mathrm{d}x$ 叫做**被积表达式**，x 叫做**积分变量**，a 叫做**积分下限**，b 叫做**积分上限**，$[a,b]$ 叫做**积分区间**.

有了这个定义，前面的实际问题都可以用定积分表示为

$$A = \int_a^b f(x)\mathrm{d}x$$

关于定积分的定义的几点说明如下：

（1）定积分表示一个数，它只取决于被积函数 $f(x)$ 及积分区间$[a,b]$，而与积分变量采用什么字母无关. 即

$$\int_a^b f(x)\mathrm{d}x = \int_a^b f(t)\mathrm{d}t = \int_a^b f(u)\mathrm{d}u$$

（2）定义中要求积分限 $a<b$，为方便运算，我们补充如下规定：

1）当 $a=b$ 时，$\int_a^a f(x)\mathrm{d}x = 0$；

2）当 $a>b$ 时，$\int_a^b f(x)\mathrm{d}x = -\int_b^a f(x)\mathrm{d}x$.

3. 定积分的几何意义

（1）若在 $[a,b]$ 上 $f(x)\geqslant 0$，则定积分$\int_a^b f(x)\mathrm{d}x$ 等于以 $y=f(x)$ 为曲边的$[a,b]$上的曲边梯形的面积 A，即

$$\int_a^b f(x)\mathrm{d}x = A$$

（2）若在 $[a,b]$ 上 $f(x)\leqslant 0$，因 $f(\xi_i)\leqslant 0$，从而 $\sum_{i=1}^{n} f(\xi_i)\Delta x_i \leqslant 0$，$\int_a^b f(x)\mathrm{d}x \leqslant 0$. 此时$\int_a^b f(x)\mathrm{d}x$ 的绝对值与由直线 $x=a$，$x=b$，$y=0$ 及曲线 $y=f(x)$ 所围成的曲边梯形的面积 A 相等（如图 5—8 所示），即

$$\int_a^b f(x)\mathrm{d}x = -A$$

（3）若在 $[a,b]$ 上 $f(x)$ 有正有负，则$\int_a^b f(x)\mathrm{d}x$ 等于$[a,b]$上位于 x 轴上方的图形面积

减去 x 轴下方的图形面积（如图 5—9 所示），即有

$$\int_a^b f(x)\mathrm{d}x=\int_a^{x_1} f(x)\mathrm{d}x+\int_{x_1}^{x_2} f(x)\mathrm{d}x+\int_{x_2}^{b} f(x)\mathrm{d}x=-A_1+A_2-A_3$$

其中，A_1, A_2, A_3 分别表示图 5—9 中所对应的阴影部分的面积.

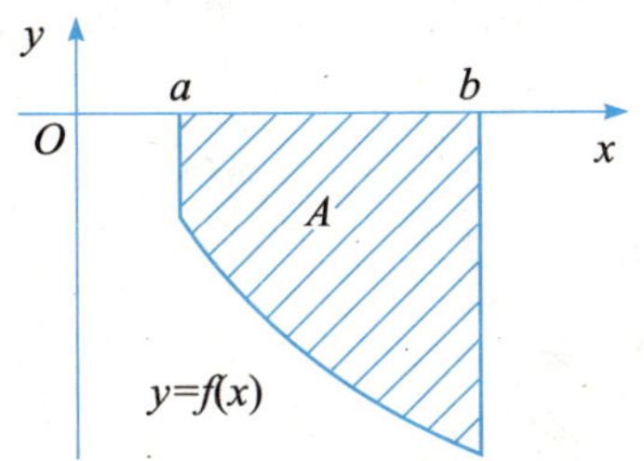

图 5—8 $f(x)\leqslant 0$ 的曲边梯形

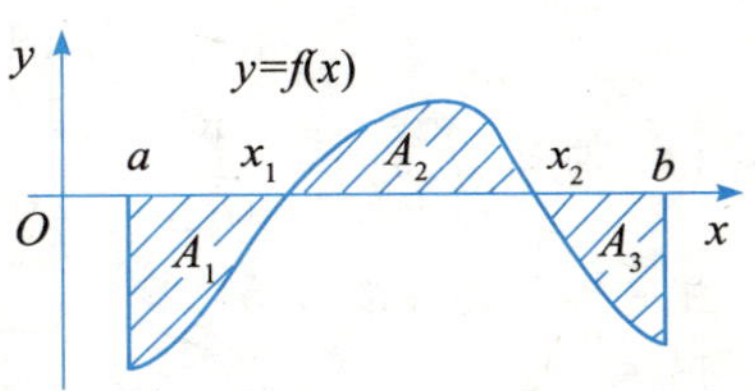

图 5—9 $f(x)$ 有正有负的曲边梯形

4. 定积分的性质

为了理论研究和计算方便的需要，我们介绍定积分的性质，并假定性质中所列出的定积分都是存在的.

性质 5.3 被积函数中的常数因子可以提到积分号外面，即

$$\int_a^b kf(x)\mathrm{d}x=k\int_a^b f(x)\mathrm{d}x \quad (k\text{ 为常数})$$

性质 5.4 函数的和（差）的定积分等于他们定积分的和（差），即

$$\int_a^b [f(x)\pm g(x)]\mathrm{d}x=\int_a^b f(x)\mathrm{d}x\pm\int_a^b g(x)\mathrm{d}x$$

性质 5.5 对于任意三个数 a，b，c，恒有

$$\int_a^b f(x)\mathrm{d}x=\int_a^c f(x)\mathrm{d}x+\int_c^b f(x)\mathrm{d}x$$

性质 5.6 如果在 $[a,b]$ 上，$f(x)=1$，则 $\int_a^b 1\mathrm{d}x=\int_a^b \mathrm{d}x=b-a$.

这些性质将在定积分的计算中得到应用.

四、定积分的计算

定积分是一种和式的极限，直接用定义来计算是很复杂的事. 我们可以利用计算定积分的简便有效的公式——牛顿—莱布尼茨公式，详见本章第一节.

为了方便运算，牛顿—莱布尼茨公式常采用下面的书写格式：

$$\int_a^b f(x)\mathrm{d}x=F(x)\Big|_a^b=F(b)-F(a)$$

例 5.13 求$\int_0^1(5+3\cos x)\mathrm{d}x$.

解 因为$\int(5+3\cos x)\mathrm{d}x=5x+3\sin x+C$，所以

$$\int_0^1(5+3\cos x)\mathrm{d}x=(5x+3\sin x)\Big|_0^1=(5\times 1+3\sin 1)-(5\times 0+3\sin 0)$$

$$=5+3\sin 1$$

例 5.14 已知 $f(x)=\begin{cases}x+1,x\geqslant 0\\ \mathrm{e}^x,x<0\end{cases}$，求$\int_{-1}^2 f(x)\mathrm{d}x$.

解 由定积分的性质 5.5，有

$$\int_{-1}^2 f(x)\mathrm{d}x=\int_{-1}^0 f(x)\mathrm{d}x+\int_0^2 f(x)\mathrm{d}x=\int_{-1}^0 \mathrm{e}^x\mathrm{d}x+\int_0^2(x+1)\mathrm{d}x$$

$$=(\mathrm{e}^x)\Big|_{-1}^0+\left(\frac{1}{2}x^2+x\right)\Big|_0^2=(\mathrm{e}^0-\mathrm{e}^{-1})+[(2+2)-0]$$

$$=5-\mathrm{e}^{-1}$$

习题五

1. 设某工厂生产某产品，边际产量为时间 t 的函数，已知

$$f(t)=200+14t-0.3t^2 \text{（千件/小时）}$$

求从 $t=1$ 到 $t=3$ 这 2 个小时的总产量.

2. 每天生产某产品 Q 单位时，固定成本为 20 元，边际成本函数为 $C'(Q)=0.4Q+2$（元/单位）.

（1）求成本函数 $C(Q)$；

（2）如果这种产品的销售价为 18 元/单位，且产品可以全部售出，求利润函数 $L(Q)$；

（3）每天生产多少单位产品时，才能获得最大利润？

3. 设某产品的总成本 $C(x)$（单位：万元）的边际成本是产量 x（单位：百台）的函数 $C'(x)=\frac{x}{4}+3$，总收益 $R(x)$（单位：万元）的边际收益是产量 x 的函数 $R'(x)=-x+10$. 求：

（1）产量由 1 百台增加到 5 百台时，总成本、总收益各增加多少？

（2）已知固定成本 $C(0)$ 为 1 万元，总成本、总收益、总利润与产量的关系式分别是什么？

（3）产量为多少时总利润最大？此时总利润、总成本、总收益各是多少？

4. 设某产品的生产是连续生产的，总产量 Q 是时间 t 的函数，如果总产量的变化率为 $Q'(t)=\frac{324}{t^2}e^{\frac{-9}{t}}$（单位：吨/日），求投产后从 $t=3$ 到 $t=30$ 这 27 天的总产量.

5. 某产品的销售增长率服从 $f(t)=1\,340-850e^{-t}$，式中 t 以年为单位，求前 5 年的总销售量.

6. 已知某产品总成本关于产量的变化率为 $C'(q)=4+q$（万元/百台），固定成本为 $C(0)=2$（万元）. 求：

（1）总成本函数 $C(q)$；

（2）当产量 q 从 2 百台增加到 4 百台时，成本增加了多少？

7. 某杂志目前的发行量为每周 3 000 本，总编辑计划从现在开始，杂志 t 周发行量的增长率为 $4+5t^{\frac{2}{3}}$（单位：本/周）. 求：从现在起到第 75 周，该杂志的发行量将是多少？

8. 某出口公司每月销售额是 1 000 000 美元，平均利润是销售额的 10%. 根据公司以往的经验，广告宣传期间月销售额的变化率近似地服从增长曲线 $1\times10^6\times e^{0.02t}$（$t$ 以月为单位），公司现在需要决定是否举行一次类似的总成本为 1.3×10^5 美元的广告活动. 按惯例，对于超过 1×10^6 美元的广告活动，如果新增销售额产生的利润超过广告投资的 10%，则决定做广告. 问：该公司按惯例是否应该做此广告？

第六章

多因素方案的分析与选择

名言：当我怀疑一切事物的存在时，我却不用怀疑我本身的思想，因为此时我唯一可以确定的事就是我自己思想的存在.

——笛卡尔

故事：据说有一天，笛卡尔生病卧床，病情很重，尽管如此他还在反复思考一个问题：几何图形是直观的，而代数方程是比较抽象的，能不能把几何图形和代数方程结合起来，也就是说能不能用几何图形来表示方程呢？要想达到此目的，关键是如何把组成几何图形的点和满足方程的每一组数挂上钩，为此，他苦苦思索，拼命琢磨．这时，他看见屋顶角上的一只蜘蛛，拉着丝垂了下来，一会儿工夫，蜘蛛又顺着丝爬上去，在上边左右拉丝．蜘蛛的“表演”使笛卡尔的思路豁然开朗．他想，可以把蜘蛛看作一个点，它在屋子里可以上、下、左、右运动，能不能把蜘蛛的每一个位置用一组数确定下来呢？他又想：屋子里相邻的两面墙与地面交出了三条线，如果把地面上的墙角作为起点，把交出来的三条线作为三根数轴，那么空间中任意一点的位置就可以在这三根数轴上找到有顺序的三个数；反过来，任意给一组三个有顺序的数也可以在空间中找到一点与之对应．这就是笛卡尔坐标系的雏形．

这段轶事的真实性虽然无从考究，但是笛卡尔和他的解析几何学却为微积分的创立奠定了基础．

第一节
最小成本最大收益问题及解决方案

一、问题引入

引例　设 D_1，D_2 分别为商品 X_1，X_2 的需求量，需求函数为 $D_1=8-P_1+2P_2$，$D_2=10+2P_1-5P_2$，总成本函数为 $C=3D_1+2D_2$，其中 P_1，P_2 为商品 X_1，X_2 的价格．试问：价格 P_1，P_2 取何值时可使利润最大？

问题分析　在前面几章中，我们所讨论的函数都是只有一个自变量的函数（又称为一元函数），而在该引例中，两种商品的需求量和成本不再只跟其中一种商品单价有关，而是受两种商品单价的共同作用．所以，总利润函数也由两种商品的单价共同决定. 这种含有两个或更多个自变量的函数称为多元函数. 多元函数微积分是一元函数微积分的推广和发展，它们有许多类似之处，所以，在处理多元函数问题时，可以借鉴一元函数的处理方法.

在该引例中，需要确定两种商品的单价，使总利润达到最大，属于多元函数的最大值、最小值问题. 根据第四章的讨论，可以从利润关于商品单价的导数等于 0 的点（即驻点）中去寻找利润最大值点.

那么，总利润关于商品单价的导数与第三章的导数有什么关系？如何求这样的导数？又如何确定利润最大值点？这些正是我们所需要学习的内容.

二、典型问题解决方案

与一元函数类似，多元函数关于其中每个自变量的导数在经济上表示边际经济量，它的经济意义是：当其中一个经济量变化一个单位时（其他经济量保持不变），总经济量的变化量. 在经济分析中，不同的经济函数、边际函数被赋予了不同的名称. 例如，某工厂生产 A、B 两种产品，当 A、B 产品的产量分别为 x 和 y 单位时，总利润函数为 $L=f(x, y)$. 此时导数 L'_x 称为关于 A 产品的边际利润，它是当 B 产品的产量固定时，总利润 L 关于 x 的边际利润，其经济意义是：当 B 产品的产量固定在 y 处，A 产品的产量在 x 的基础上再生产一个单位时，利润大约增加 L'_x. 关于 B 产品边际利润的讨论与之类似.

如果要讨论总利润 $L=f(x,y)$ 的最大值问题，根据第四章的讨论，要使利润最大，必须使产量 x，y 满足条件

$$L'_x=0,L'_y=0 \tag{6.1}$$

(6.1) 式表明产出的边际收益等于边际成本，在经济学中称为“最大利润原则”.

下面首先就本节引例给出完整的解答：

总收益函数为

$$R=P_1D_1+P_2D_2=P_1(8-P_1+2P_2)+P_2(10+2P_1-5P_2)$$

总利润函数为

$$\begin{aligned}L&=R-C=P_1D_1+P_2D_2-3D_1-2D_2=(P_1-3)D_1+(P_2-2)D_2\\&=(P_1-3)(8-P_1+2P_2)+(P_2-2)(10+2P_1-5P_2)\\&=7P_1-P_1{}^2+4P_1P_2+14P_2-5P_2{}^2-44\end{aligned}$$

为了使得总利润最大，解方程组

$$\begin{cases}L'_{P_1}=7-2P_1+4P_2=0\\L'_{P_2}=14+4P_1-10P_2=0\end{cases}$$

得驻点 $\left(\frac{63}{2}, 14\right)$，由于只有唯一的驻点，且实际问题是存在最大利润的，故 $P_1=\frac{63}{2}$，$P_2=14$ 时可获得最大利润，最大利润为 164.25.

下面再讨论一个案例的解决方案.

案例 某工厂生产两种型号的精密机床，其产量分别为 x，y 台，总成本函数为

$$C(x,y)=x^2+2y^2-xy$$

根据市场调查预测，共需要这两种机床 8 台，那么如何合理安排生产，才能使得总成本最小？

解决方案：

这是一个含有约束条件（共需要这两种机床 8 台）的最小值问题，解决这类问题的常见办法就是拉格朗日乘数法，即构造**拉格朗日函数**，即

$$F(x,y,\lambda)=x^2+2y^2-xy+\lambda(x+y-8)$$

把问题转化为求函数 $F(x,y,\lambda)$ 的最小值. 解方程组

$$\begin{cases}F'_x=2x-y+\lambda=0\\F'_y=4y-x+\lambda=0\\F'_\lambda=x+y-8=0\end{cases}$$

解得 $x=5$，$y=3$，$\lambda=-7$.

因为只有唯一的驻点，且实际问题的最小值是存在的，所以驻点 (5,3) 是函数的最小值点，因此当两种型号的机床各生产 5 台和 3 台时，其总成本最小，最小值为 $C(5,3)=28$.

综上所述，对于经济上最小成本、最大收益的实际问题，其解决步骤可归纳如下：

第一步：根据题意写出所求最值的目标函数表达式.

第二步：求出目标函数对于每一个自变量的导数（一般称为偏导数），并且令偏导数等于 0，然后解方程组求出驻点（对于实际问题通常只有一个驻点）.

第三步：将所求驻点代入目标函数表达式中，求出最值.

注意：如果求给定条件 $G(x,y)=0$ 下目标函数 $z=f(x,y)$ 的最值，则需要引进拉格朗日函数

$$L(x,y,\lambda)=f(x,y)+\lambda G(x,y)$$

再利用上面三个步骤求解.

第二节
使用微软数学讨论多元极值

一、典型案例

让我们继续来研究本章第一节的案例，求出两种型号机床的产量 x，y 的值，使

$$F(x,y,\lambda)=x^2+2y^2-xy+\lambda(x+y-8)$$

取得最小值，即求 $C(x,y)=x^2+2y^2-xy$ 的最小值.

二、解决方案

要求出 $C(x,y)$ 的最小值，需要完成三个任务：

第一，分别求出 $F(x,y,\lambda)$ 对于 x,y,λ 的导数；

第二，令三个导数等于 0，解关于 x,y,λ 的方程组，求出驻点；

第三，求成本函数 $C(x,y)$ 在驻点处的函数值.

三、微软数学演算步骤

第一步：在主界面左侧的计算器键盘中依次点击【微积分】→【d/dx】.

第二步：在右侧工作表输入窗口的括号“( )”中输入函数 $x^2+2y^2-xy+\lambda(x+y-8)$，如图 6—1 所示.

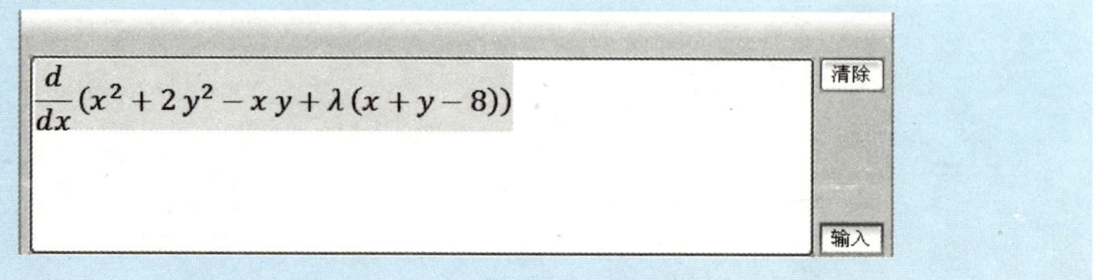

图 6—1　输入拉格朗日函数

第三步：单击工作表右下角的【输入】，将计算出 $F'_x = 2x - y + \lambda$，如图 6—2 所示.

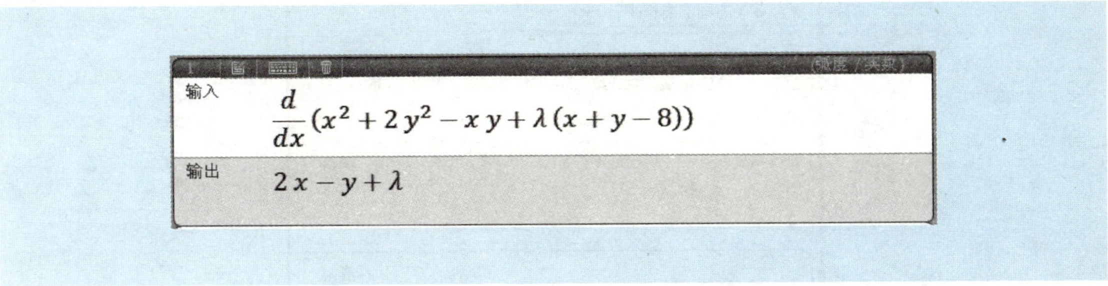

输入 $\frac{d}{dx}(x^2+2y^2-xy+\lambda(x+y-8))$

输出 $2x-y+\lambda$

图 6—2　计算拉格朗日函数关于 x 的导数

第四步：分别把 $\frac{\mathrm{d}}{\mathrm{d}x}$ 改为 $\frac{\mathrm{d}}{\mathrm{d}y}$ 和 $\frac{\mathrm{d}}{\mathrm{d}\lambda}$，重复上述操作，得到如图 6—3 和图 6－4 所示的结果.

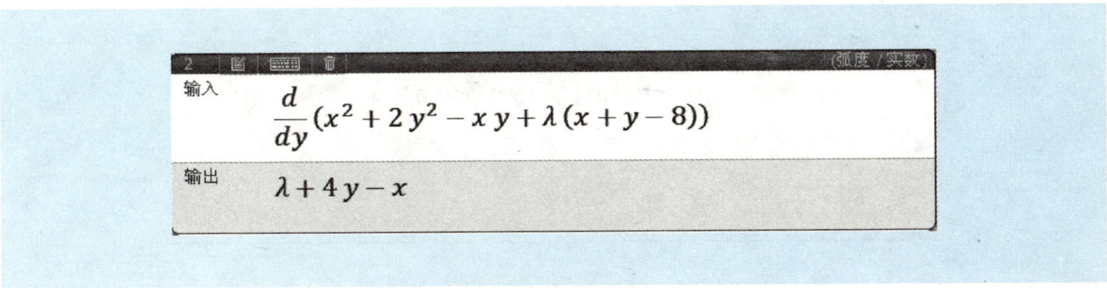

输入 $\frac{d}{dy}(x^2+2y^2-xy+\lambda(x+y-8))$

输出 $\lambda+4y-x$

图 6—3　计算拉格朗日函数关于 y 的导数

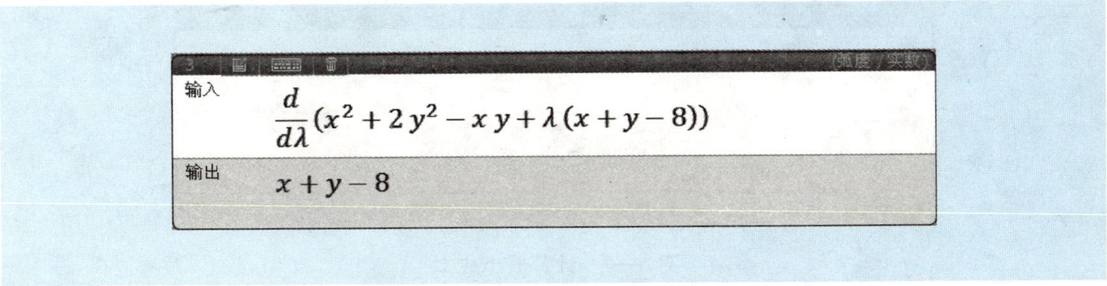

输入 $\frac{d}{d\lambda}(x^2+2y^2-xy+\lambda(x+y-8))$

输出 $x+y-8$

图 6—4　计算拉格朗日函数关于 λ 的导数

第五步：单击菜单栏的【方程求解器】，在“解 1 个方程”下拉菜单中选中“解含 3 个方程的方程组”，依次输入图 6—2 至图 6—4 对应的三个方程，如图 6—5 所示.

第六步：单击【方程求解器】右下方的【求解】，求解结果如图 6—6 所示.

第七步：在工作表中输入如下内容，如图 6—7 所示，得最小成本为 $C(5,3)=28$.

方程求解器
解含 3 个方程的方程组
方程 1
$2x - y + \lambda = 0$
清除
方程 2
$4y - x + \lambda = 0$
清除
方程 3
$x + y - 8 = 0$
清除
求解

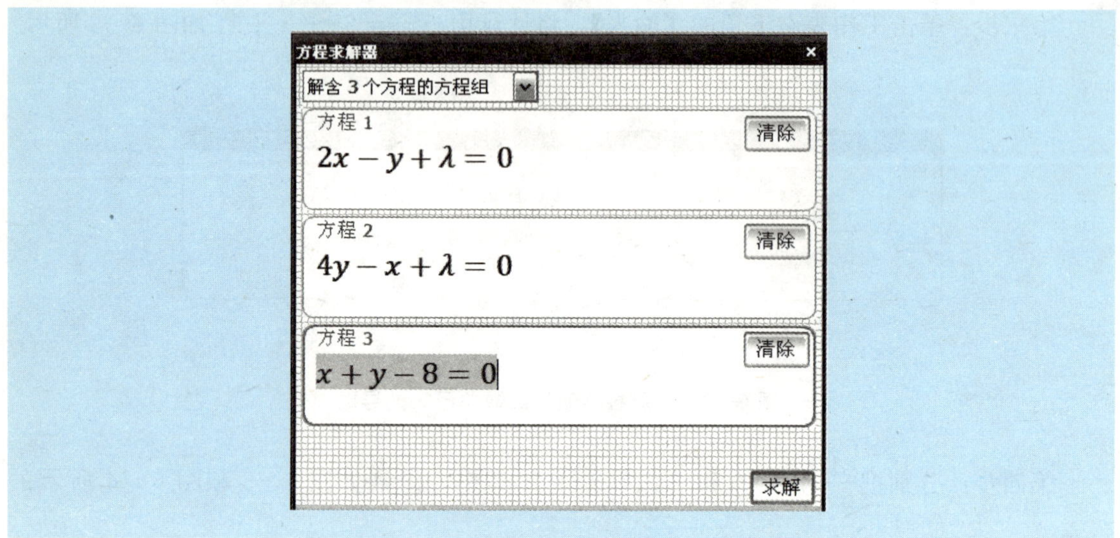

图 6—5　输入方程组

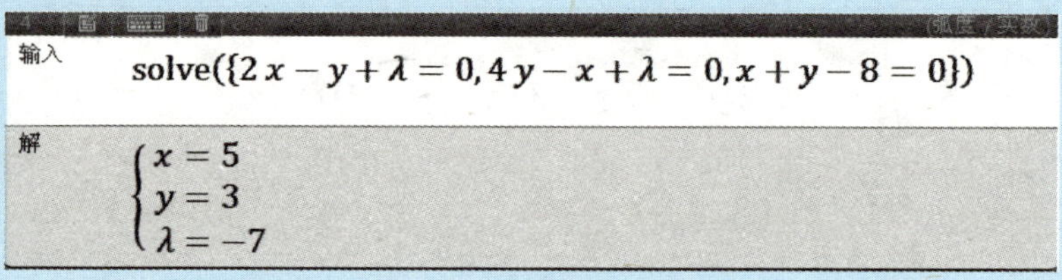

输入
solve({$2x - y + \lambda = 0, 4y - x + \lambda = 0, x + y - 8 = 0$})
解
$x = 5$
$y = 3$
$\lambda = -7$

图 6—6　求出驻点

(弧度 / 实数)
输入
$5^2 + 2 \cdot 3^2 - 5 \cdot 3$
输出
28

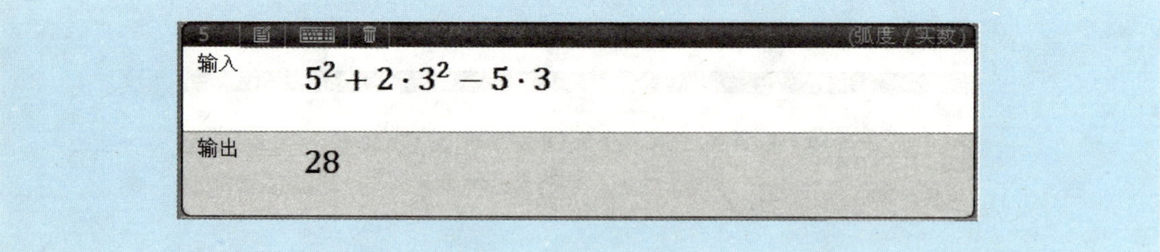

图 6—7　计算最小成本

第三节
多元极值问题典型案例

案例 1　确定原料搭配以使利润最大

某工厂在生产中使用甲、乙两种原料，已知使用 x 单位甲种原料、y 单位乙种原料可生产 P 单位的产品，且

$$P(x,y)=10xy+20.2x+30.3y-10x^2-5y^2$$

已知甲、乙两种原料每单位的价格分别为 20 元、30 元，产品的单位售价为 100 元，产品的固定成本为 1 000 元，求该工厂的最大利润.

解决方案：

设 L 为该工厂的利润，则有

$$\begin{aligned}L(x,y)&=100P(x,y)-(20x+30y+1\,000)\\&=1\,000xy+2\,000x+3\,000y-1\,000x^2-500y^2-1\,000(x>0,y>0)\end{aligned}$$

解方程组

$$\begin{cases}L'_x(x,y)=1\,000y-2\,000x+2\,000=0\\L'_y(x,y)=1\,000x-1\,000y+3\,000=0\end{cases}$$

得唯一驻点 (5,8).

根据问题的实际意义，得 $L(x,y)$ 在(5,8) 处取得极大值 $L(5,8)=16\,000$，即该工厂的最大利润为 16 000 元.

案例 2　广告策略问题

某企业通过电视和报纸两种媒体做广告，已知销售收入 R(万元) 与电视广告费 x(万元)、报纸广告费 y(万元) 的关系为

$$R(x,y)=15+14x+32y-8xy-2x^2-10y^2$$

如果计划提供 1.5 万元广告费，求最佳的广告策略.

解决方案：

广告费为 1.5 万元时的最佳广告策略，就是在 $x+y=1.5$ 的条件下求 $R(x,y)$ 的最大值问题. 作拉格朗日函数

$$L(x,y)=15+14x+32y-8xy-2x^2-10y^2+\lambda(x+y-1.5)$$

解方程组

$$\begin{cases}L'_x=14-8y-4x+\lambda=0\\L'_y=32-8x-20y+\lambda=0\\x+y-1.5=0\end{cases}$$

得唯一可能极值点 (0,1.5).

由问题本身可知最大值一定存在，所以当报纸广告费 $y=1.5$ 万元时，销售收入达到最高，即 $R(0,1.5)=40.5$ 万元，故只做报纸广告为最佳的策略.

案例 3　生产批量计划问题

某公司有两种产品，市场每年的需求量分别为 1 200 件和 2 000 件，如果分批生产，其每批生产准备费分别为 40 元和 70 元，每年每件产品库存费均为 0.15 元. 设两种产品每批总生产能力为 1 000 件，试确定两种产品每批生产的批量，使生产准备费和库存费之和最少.

解决方案：

设两种产品每批生产的批量分别为 x 和 y，在均匀售出的情况下平均库存量为批量的一半，一年的库存费为

$$C_1=0.15\cdot\frac{x+y}{2}=0.075\cdot(x+y)$$

一年的批次分别为$\frac{1\,200}{x}$和$\frac{2\,000}{y}$，所以一年的总生产准备费为

$$C_2=40\cdot\frac{1\,200}{x}+70\cdot\frac{2\,000}{y}=4\,000\cdot(\frac{12}{x}+\frac{35}{y})$$

于是，总费用为

$$C=C_1+C_2=0.075\cdot(x+y)+4\,000\cdot\left(\frac{12}{x}+\frac{35}{y}\right)$$

约束条件是

$$x+y=1\,000$$

作拉格朗日函数

$$L(x,y)=0.075(x+y)+4\,000\left(\frac{12}{x}+\frac{35}{y}\right)+\lambda(x+y-1\,000)$$

解方程组

$$\begin{cases} L'_x = 0.075 - \dfrac{48\ 000}{x^2} + \lambda = 0 \\ L'_y = 0.075 - \dfrac{140\ 000}{y^2} + \lambda = 0 \\ x + y - 1\ 000 = 0 \end{cases}$$

得 $x=369$，$y=631$. 这是唯一可能的极值点，由问题的实际意义知存在总费用的最小值，故当两种产品的批量分别为 369 件和 631 件时总费用最小.

第四节
进一步学习的数学知识：多元微分学

一、二元函数的概念

在许多自然现象和实际问题中，往往是多因素相互制约的，若用函数反映它们之间的联系，便表现为存在多个自变量.

例如，圆柱体的体积 V 和它的底半径 r、高 h 之间具有关系

$$V=\pi r^2 h$$

这里，当 r,h 在集合 $\{(r,h)\mid r>0,h>0\}$ 内取定一对数值 (r,h) 时，V 的值就随之确定，即 V 根据 r 和 h 的变化而变化.

1. 二元函数的定义

定义 6.1 设有三个变量 x，y 和 z，如果当变量 x，y 在一定范围内任意取定一对数值时，变量 z 按照一定的规律 f 总有唯一确定的值与它们对应，则称 z 是 x，y 的**二元函数**. 记为 $z=f(x,y)$，其中 x，y 称为**自变量**，z 称为**因变量**. 自变量 x，y 的取值范围称为函数的**定义域**.

二元函数在点 (x_0,y_0) 处所取得的函数值记为 $z\big|_{(x_0,y_0)}$ 或 $f(x_0,y_0)$.

例 6.1 设 $z=\sin(xy)-\sqrt{1+y^2}$，求 $z\big|_{(\pi,1)}$.

解 $z\big|_{(\pi,1)}=\sin(\pi\cdot 1)-\sqrt{1+1^2}=-\sqrt{2}$.

2. 二元函数的定义域

同一元函数一样，定义域和对应规律是二元函数定义的两要素. 对于以算式表示的二元函数 $z=f(x,y)$，其定义域就是使算式有意义的自变量的取值范围.

二元函数的定义域比较复杂，可以是全部坐标平面，也可以是由曲线所围成的部分平面. 全部坐标平面或由曲线所围成的部分平面称为**区域**，常用字母 D 表示. 围成区域的曲线称为**区域的边界**. 不包括边界的区域称为**开区域**，连同边界在内的区域称为**闭区域**；开区域内的点称为**内点**，边界上的点称为**边界点**. 如果一个区域 D 内任意两点之间的距离都

不超过某一正常数M，则称D为**有界区域**，否则称为**无界区域**. 以点$P_0(x_0,y_0)$为中心、$\delta(\delta>0)$为半径的圆所围成的开区域，称为**点P_0的δ邻域**，记为$U(P_0,\delta)$，即

$$U(P_0,\delta)=\{(x,y)\mid 0<\sqrt{(x-x_0)^2+(y-y_0)^2}<\delta\}$$

例 6.2　求二元函数$z=\sqrt{a^2-x^2-y^2}$的定义域D，并画出D的图形.

解　函数的定义域应满足$x^2+y^2\leqslant a^2$，圆内的所有点都满足这个不等式，圆$x^2+y^2=a^2$是定义域的边界. 定义域应为连同边界在内的闭区域，如图 6—8 所示.

例 6.3　求二元函数$z=\ln(x+y)$的定义域D，并画出D的图形.

解　由对数函数性质可知x，y必须满足$x+y>0$. 直线$x+y=0$是它的边界，它将整个平面分成两个部分，有一部分的点的坐标(x, y)满足不等式，另一部分点的坐标不满足. 我们可以用验点法判定，即任取一点，如点$(1, 1)$，它满足不等式，则直线的右上方的点都满足不等式，用阴影线表示. 不等式没有等号，即边界不包括，用虚线表示. 由上述分析可得，二元函数$z=\ln(x+y)$的定义域如图 6—9 所示.

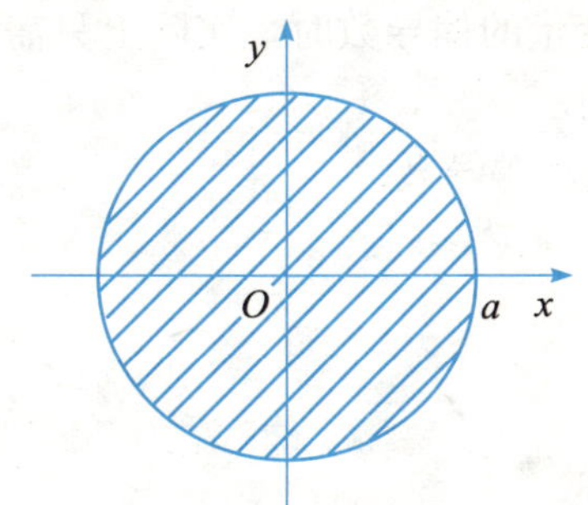

图 6—8　二元函数$z=\sqrt{a^2-x^2-y^2}$的定义域

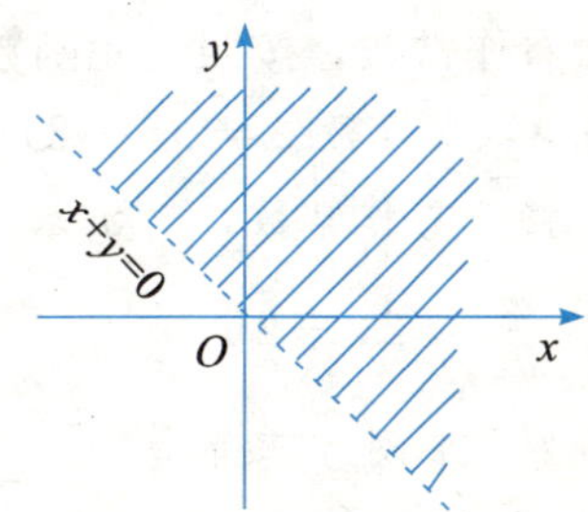

图 6—9　二元函数$z=\ln(x+y)$的定义域

二、偏导数的定义及求法

在一元函数微分学中，我们通过研究函数的变化率引入了导数的概念. 同样，多元函数也要研究类似问题. 但多元函数的自变量不止一个，函数关系更为复杂，为此，我们仅考虑函数对于某一个自变量的变化率，也就是在其中一个自变量发生变化，而其余自变量都保持不变的情形下，考虑函数对于该自变量的变化率.

定义 6.2　设函数$z=f(x,y)$在点(x_0,y_0)的某一邻域内有定义，当y固定在y_0，而x在x_0处取得增量Δx时，相应的函数的增量为$\Delta_x z=f(x_0+\Delta x,y_0)-f(x_0,y_0)$（称为偏增量）. 如果极限

$$\lim_{\Delta x\to 0}\frac{\Delta_x z}{\Delta x}=\lim_{\Delta x\to 0}\frac{f(x_0+\Delta x,y_0)-f(x_0,y_0)}{\Delta x}$$

存在，则称此极限为函数$z=f(x,y)$在点(x_0,y_0)处对x的**偏导数**，记作

$$\left.\frac{\partial z}{\partial x}\right|_{(x_0,y_0)},\quad \left.\frac{\partial f}{\partial x}\right|_{(x_0,y_0)},\quad z'_x(x_0,y_0)\text{ 或 }f'_x(x_0,y_0)$$

类似地，如果极限

$$\lim_{\Delta y \to 0} \frac{\Delta_y z}{\Delta y} = \lim_{\Delta y \to 0} \frac{f(x_0, y_0 + \Delta y) - f(x_0, y_0)}{\Delta y}$$

存在，则称此极限为函数 $z = f(x,y)$ 在点(x_0, y_0) 处对 y 的偏导数，记作

$$\left.\frac{\partial z}{\partial y}\right|_{(x_0, y_0)}, \quad \left.\frac{\partial f}{\partial y}\right|_{(x_0, y_0)}, \quad z'_y(x_0, y_0) \text{ 或 } f'_y(x_0, y_0)$$

如果函数 $z = f(x,y)$ 在某区域 D 内每一点(x,y) 处的偏导数均存在，那么 $f(x,y)$ 关于 x 和 y 的偏导数仍然是 x、y 的二元函数，我们称它们为 $f(x,y)$ 的**偏导函数**，记作

$$\frac{\partial z}{\partial x}, \frac{\partial z}{\partial y}; \frac{\partial f}{\partial x}, \frac{\partial f}{\partial y}; z'_x, z'_y \text{ 或 } f'_x(x,y), f'_y(x,y)$$

为了简便，偏导函数也简称为偏导数.

对于二元以上的函数，用同样的方法可以定义偏导数.

从偏导数的定义可以看出，求多元函数对一个自变量的偏导数时，实际上只需要将其他自变量看作常数，按照一元函数的求导法则进行即可.

例 6.4 求函数 $z = x^2 + 2xy + y^3$ 在点 (1,2) 处的偏导数.

解 将 y 看作常数，对 x 求导得

$$\frac{\partial z}{\partial x} = 2x + 2y$$

将 x 看作常数，对 y 求导得

$$\frac{\partial z}{\partial y} = 2x + 3y^2$$

所以

$$\left.\frac{\partial z}{\partial x}\right|_{(1,2)} = 6, \quad \left.\frac{\partial z}{\partial y}\right|_{(1,2)} = 14$$

例 6.5 求函数 $z = x^y + \ln(xy)(x, y > 0)$ 的偏导数.

解 $\dfrac{\partial z}{\partial x} = yx^{y-1} + \dfrac{y}{xy} = yx^{y-1} + \dfrac{1}{x}$

$$\frac{\partial z}{\partial y} = x^y \ln x + \frac{x}{xy} = x^y \ln x + \frac{1}{y}$$

三、高阶偏导数

设函数 $z = f(x,y)$在区域 D 内处处存在偏导数 $f'_x(x,y)$ 和 $f'_y(x,y)$，如果这两个偏导数的偏导数仍存在，则称它们的偏导数为函数 $f(x,y)$ 的二阶偏导数. 按照对变量求导次序的不同，有下列四种二阶偏导数：

$$\frac{\partial}{\partial x}\left(\frac{\partial z}{\partial x}\right) = \frac{\partial^2 z}{\partial x^2} = f''_{xx}(x,y), \frac{\partial}{\partial y}\left(\frac{\partial z}{\partial x}\right) = \frac{\partial^2 z}{\partial x \partial y} = f''_{xy}(x,y),$$

$$\frac{\partial}{\partial x}\left(\frac{\partial z}{\partial y}\right)=\frac{\partial^2 z}{\partial y\,\partial x}=f''_{yx}(x,y),\frac{\partial}{\partial y}\left(\frac{\partial z}{\partial y}\right)=\frac{\partial^2 z}{\partial y^2}=f''_{yy}(x,y)$$

其中，偏导数 $f''_{xy}(x,y)$，$f''_{yx}(x,y)$ 称为**二阶混合偏导数**.

例 6.6　求函数 $z=x^3y-2x^2y^3+\cos x$ 的二阶偏导数.

解　$\dfrac{\partial z}{\partial x}=3x^2y-4xy^3-\sin x$，$\dfrac{\partial z}{\partial y}=x^3-6x^2y^2$，

$$\frac{\partial^2 z}{\partial x^2}=6xy-4y^3-\cos x,\ \frac{\partial^2 z}{\partial x\,\partial y}=3x^2-12xy^2.$$

$$\frac{\partial^2 z}{\partial y\,\partial x}=3x^2-12xy^2,\ \frac{\partial^2 z}{\partial y^2}=-12x^2y$$

此例中的两个二阶混合偏导数相等，即 $\dfrac{\partial^2 z}{\partial x\,\partial y}=\dfrac{\partial^2 z}{\partial y\,\partial x}$. 但这个关系式并不是对所有的二元函数都成立，这里不加证明地给出二阶混合偏导数相等的充分条件.

定理 6.1　如果函数 $z=f(x,y)$ 的两个二阶混合偏导数 $f''_{xy}(x,y)$ 及 $f''_{yx}(x,y)$ 在区域 D 内连续，那么在 D 内必有

$$f''_{xy}(x,y)=f''_{yx}(x,y)$$

四、复合函数微分法

在一元函数微分学中，复合函数的求导法则起着重要的作用，现在我们把它推广到多元复合函数上去，为了讨论简便，首先讨论中间变量是一元函数的情况，然后再推广到其他形式的复合函数.

定理 6.2　设 $u=\varphi(x,y)$，$v=\psi(x,y)$ 在点(x,y)处有连续偏导数，$z=f(u,v)$ 在相应的点(u,v)处有连续偏导数，则复合函数 $z=f(\varphi(x,y),\psi(x,y))$ 在点(x,y)处有偏导数，且

$$\frac{\partial z}{\partial x}=\frac{\partial z}{\partial u}\cdot\frac{\partial u}{\partial x}+\frac{\partial z}{\partial v}\cdot\frac{\partial v}{\partial x}$$

$$\frac{\partial z}{\partial y}=\frac{\partial z}{\partial u}\cdot\frac{\partial u}{\partial y}+\frac{\partial z}{\partial v}\cdot\frac{\partial v}{\partial y}$$

为了更清楚地表示复合函数中变量之间的关系，常用图 6—10 表示，称这种图为函数的结构图. 多元复合函数的求导和一元复合函数的求导类似. 在进行多元复合函数的求导时，一般先写出函数与中间变量、自变量的结构图. 求函数对某个自变量的偏导数时，看函数到该自变量有几条路线，则求导公式中就有几项，每条路线有几根连

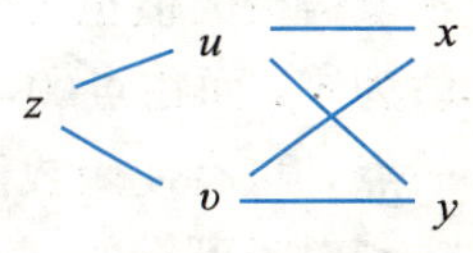

图 6—10　结构图

线，每项就有几个偏导数相乘. 如果只有唯一的自变量，偏导数就成为一元函数的导数(称为全导数).

例 6.7 设 $z=e^{2u-3v}$，其中 $u=t^2$，$v=\cos t$，求$\frac{dz}{dt}$.

解 因为

$$\frac{\partial z}{\partial u}=2e^{2u-3v},\frac{\partial z}{\partial v}=-3e^{2u-3v},\frac{du}{dt}=2t,\frac{dv}{dt}=-\sin t$$

所以

$$\begin{aligned}\frac{dz}{dt}&=\frac{\partial z}{\partial u}\frac{du}{dt}+\frac{\partial z}{\partial v}\frac{dv}{dt}\\&=e^{2u-3v}(4t+3\sin t)\\&=e^{2t^2-3\cos t}(4t+3\sin t)\end{aligned}$$

例 6.8 设 $z=u^v$，$u=x^2+y$，$v=xy$，求$\frac{\partial z}{\partial x}$和$\frac{\partial z}{\partial y}$.

解

$$\begin{aligned}\frac{\partial z}{\partial x}&=\frac{\partial z}{\partial u}\frac{\partial u}{\partial x}+\frac{\partial z}{\partial v}\frac{\partial v}{\partial x}=vu^{v-1}2x+u^v y\ln u\\&=2x^2y(x^2+y)^{xy-1}+y(x^2+y)^{xy}\ln(x^2+y)\end{aligned}$$

$$\begin{aligned}\frac{\partial z}{\partial y}&=\frac{\partial z}{\partial u}\frac{\partial u}{\partial y}+\frac{\partial z}{\partial v}\frac{\partial v}{\partial y}=vu^{v-1}+u^v x\ln u\\&=xy(x^2+y)^{xy-1}+x(x^2+y)^{xy}\ln(x^2+y)\end{aligned}$$

五、多元函数的极值问题

二元函数极值的定义与一元函数极值的定义是类似的.

定义 6.3 设函数 $z=f(x,y)$ 在点(x_0,y_0)的某个 δ 邻域内有定义，如果对该邻域内异于(x_0,y_0)的点(x,y)都满足不等式 $f(x,y)<f(x_0,y_0)$，则称 $f(x_0,y_0)$ 为函数 $f(x,y)$ 的**极大值**；如果都满足不等式 $f(x,y)>f(x_0,y_0)$，则称 $f(x_0,y_0)$ 为函数 $f(x,y)$ 的**极小值**. 极大值与极小值统称为**极值**，使函数为极值的点(x_0,y_0)称为**极值点**.

例如，函数 $z=\sqrt{x^2+y^2}$ 在点$(0,0)$处取得极小值 $z(0,0)=0$（见图 6—11），而函数 $z=xy$ 在点$(0,0)$处既不取得极大值也不取得极小值，因为在点$(0,0)$处的函数值为零，而在点$(0,0)$的任一邻域内，总有使函数值为正的点，也有使函数值为负的点.

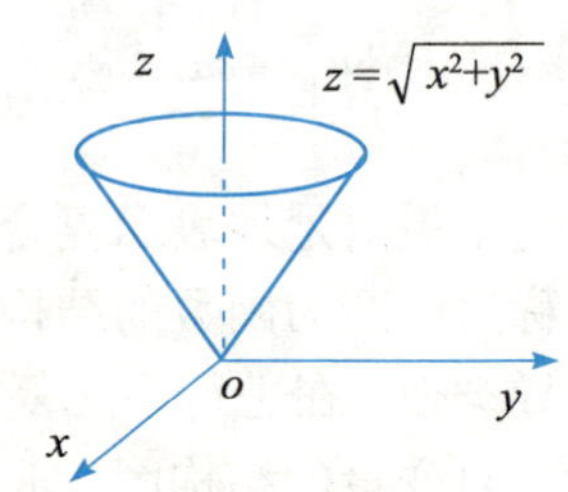

图 6—11 函数 $z=\sqrt{x^2+y^2}$ 的图形

对于可导的一元函数 $y=f(x)$，我们知道在点 x_0 处有极值的必要条件是 $f'(x_0)=0$，对于多元函数我们也有类似的结论.

定理 6.3（极值存在的必要条件）　设函数 $z=f(x,y)$ 在点 (x_0,y_0) 处具有偏导数，且在点 (x_0,y_0) 处取得极值，则有

$$f'_x(x_0,y_0)=0,\ f'_y(x_0,y_0)=0$$

使 $f'_x(x_0,y_0)=0$ 和 $f_y{}'(x_0,y_0)=0$ 同时成立的点 (x_0,y_0) 称为函数 $z=f(x,y)$ 的**驻点**. 从定理 6.3 可知，对于可偏导的函数 $f(x,y)$，极值点必为驻点，但函数的驻点不一定是极值点，例如，点 (0,0) 是函数 $z=xy$ 的驻点，但函数在该点并无极值.

另外，函数 $f(x,y)$ 的偏导数不存在的点也可能是它的极值点，例如，函数 $z=\sqrt{x^2+y^2}$ 在点(0,0) 处取得极小值，但它的两个偏导数在点 (0,0) 处都不存在.

下面给出判别二元函数 $f(x,y)$ 的驻点是否为极值点的充分条件.

定理 6.4（极值存在的充分条件）　设函数 $z=f(x,y)$ 在点 (x_0,y_0) 的某个邻域内具有二阶连续偏导数，且 (x_0,y_0) 是 $f(x,y)$ 的驻点，令

$$A=f''_{xx}(x_0,y_0),\ B=f''_{xy}(x_0,y_0),\ C=f''_{yy}(x_0,y_0)$$

则 $f(x,y)$ 在点 (x_0,y_0) 处是否取得极值的条件如下：

(1) $B^2-AC<0$ 时具有极值，且当 $A<0$ 时有极大值，当 $A>0$ 时有极小值；

(2) $B^2-AC>0$ 时没有极值；

(3) $B^2-AC=0$ 时可能有极值，也可能没有极值，需另作讨论.

根据定理 6.3 和定理 6.4，对于具有二阶连续偏导数的函数 $z=f(x,y)$，有如下求极值的步骤：

第一步：解方程组 $\begin{cases}f'_x(x,y)=0\\ f'_y(x,y)=0\end{cases}$，求出驻点.

第二步：对于每一个驻点 (x_0,y_0)，求出相应的二阶偏导数的值 A、B 和 C.

第三步：定出 B^2-AC 的符号，按定理 6.4 的结论判定 $f(x_0,y_0)$ 是否是极值，是极大值还是极小值.

例 6.9　求函数 $f(x,y)=x^3-y^3+3x^2+3y^2-9x$ 的极值.

解　由方程组

$$\begin{cases}f'_x(x,y)=3x^2+6x-9=0\\ f'_y(x,y)=-3y^2+6y=0\end{cases}$$

求得驻点为 (1,0),(1,2),(−3,0),(−3,2).

再求二阶偏导数，得

$$f''_{xx}(x,y)=6x+6,\ f''_{xy}(x,y)=0,\ f''_{yy}(x,y)=-6y+6$$

在点（1，0）处，$B^2-AC=-72<0$ 且 $A=12>0$，所以函数在点（1，0）处取得极小值 $f(1, 0)=-5$；

在点（1，2）处，$B^2-AC=72>0$，所以 $f(1, 2)$ 不是极值；

在点（−3，0）处，$B^2-AC=72>0$，所以 $f(-3, 0)$ 不是极值；

在点（−3，2）处，$B^2-AC=-72<0$ 且 $A=-12<0$，所以函数在点（−3，2）处取得极大值 $f(-3, 2)=31$.

习题六

1. 某工厂生产两种产品 A 与 B，出售单价分别为 10 元与 9 元，生产 x 单位的产品 A 与生产 y 单位的产品 B 的总费用是：

$$400+2x+3y+0.01(3x^2+xy+3y^2)\text{(元)}$$

求：取得最大利润时，两种产品的产量各是多少？

2. 某厂要用铁板做成一个体积为 2 立方米的有盖长方体水箱，问当长、宽、高各取怎样的尺寸时，才能使用料最省？

3. 将周长为 $2p$ 的矩形绕它的一边旋转而构成一个圆柱体，问矩形的边长各为多少时，才可使圆柱体的体积最大？

4. 某农场欲围一个面积为 60 平方米的矩形场地，正面的材料每米造价 10 元，其余三面每米造价 5 元，求场地长、宽各是多少米时，所用的材料费最少？

5. 设销售收入 R（单位：万元）与花费在两种广告宣传上的费用 x、y（单位：万元）之间的关系为

$$R=\frac{200x}{x+5}+\frac{100y}{10+y}$$

利润额相当于销售收入的 1/5 并扣除广告费用. 已知广告费用总预算金是 25 万元，试问：如何分配两种广告费用使利润最大？

第七章

常微分方程与经济决策

名言： 发展才是硬道理.

——邓小平

故事：20 世纪 80 年代末、90 年代初，日本、“亚洲四小龙”及一些东盟国家和地区，经济发展比我国快，处于高速发展时期；而我国一方面围绕姓“社”姓“资”问题争论不休，另一方面又因强调治理整顿而放慢了经济发展的步伐．1989—1991 年 3 年间，GDP 只比上年分别增长了 4%、5%、4%．正是在这个改革开放的关键时刻，邓小平提出了“发展才是硬道理”的著名论断．邓小平这样说：“对于我们这样发展中的大国来说，经济要发展得快一点，不可能总是那么平平静静、稳稳当当．要注意经济稳定、协调地发展，但稳定和协调也是相对的，不是绝对的．发展才是硬道理．这个问题要搞清楚．如果分析不当，造成误解，就会变得谨小慎微，不敢解放思想，不敢放开手脚，结果是丧失时机，犹如逆水行舟，不进则退．”

所以我们有必要认真研究经济增长问题，而 GDP 是经济增长的代名词，是宏观经济中最受关注的经济统计数字，它被认为是衡量国民经济发展情况最重要的一个指标．微分方程是研究经济增长问题即 GDP 的重要方法．

第一节
国内生产总值问题及解决方案

一、问题引入

引例　2010年，我国GDP超过日本成为全球第二大经济体. 我国GDP何时超越美国，成为很多人讨论的话题. 2010年我国的GDP约为5.98万亿美元，如果我国能保持每年10.4%的相对增长率，而美国2010年的GDP为14.6万亿美元，如果美国能保持每年5.8%的相对增长率，到2030年，我国的GDP能否超过美国?

答案：只要每年能保持10.4%的相对增长率，到2030年，我国的GDP有可能超越美国.

问题分析　求2030年中美两国GDP这一类的问题，其中相关变量随时间的变化都有相似的规律，都有相同的解决路线，即在一定的约束条件下，所研究的量在任一时刻的速率（减少或增大）与该时刻量的简单函数，或某一量的函数成正比，根据此条路线可直接建立微分方程，然后运用数学工具求解微分方程，在此基础上对相关的经济问题作出更好的决策.

在许多实际问题中，当直接导出变量之间的函数关系较为困难，但导出包含未知函数的导数或微分的关系式较为容易时，可用建立微分方程的方法来研究该问题.

为了解决这类问题，首先要弄清楚什么是微分方程，怎样求解微分方程，这正是我们接下来要学习的内容.

二、典型问题解决方案

概念 7.1　含有未知函数及其导数或微分的方程称为**微分方程**. 其中未知函数为一元函数的微分方程，称为**常微分方程**，如 $\frac{\mathrm{d}y}{\mathrm{d}x}=2x$.

微分方程中出现的未知函数的最高阶导数的阶数，称为**微分方程的阶**.

如果一个函数代入微分方程后，能使该方程变成恒等式，这样的函数称为**微分方程的解**. 在微分方程 $\frac{\mathrm{d}y}{\mathrm{d}x}=2x$ 中，函数 $y=x^2+C$ 和 $y=x^2+1$ 的导数都等于 $2x$，所以它们都是该微分方程的解.

如果微分方程的解中所含独立的任意常数的个数与微分方程的阶数相同，这样的解称为**微分方程的通解**. 如函数 $y=x^2+C$ 是 $\frac{\mathrm{d}y}{\mathrm{d}x}=2x$ 的通解.

如果通解中的任意常数取某定值，或利用附加条件求出任意常数应取的值，所得的解叫做**微分方程的特解**. 如函数 $y=x^2+1$ 是 $\frac{\mathrm{d}y}{\mathrm{d}x}=2x$ 的特解.

确定通解中任意常数的附加条件称为初始条件.

一阶常微分方程的初始条件是 $y|_{x=x_0}=y_0$，其中 x_0, y_0 都是定值.

概念 7.2　可分离变量的微分方程：

形如

$$\frac{\mathrm{d}y}{\mathrm{d}x}=f(x)g(y)$$

的一阶微分方程，称为可分离变量的微分方程. 其中 $f(x), g(y)$ 分别是 x, y 的连续函数.

可分离变量的微分方程的解法是：把方程中的两个变量分离开来，使方程的一边只含有 y 的函数及 $\mathrm{d}y$，另一边只含有 x 的函数及 $\mathrm{d}x$，然后两边积分，从而求出微分方程的解. 这种方法称为**分离变量法**，具体步骤是：

(1) 分离变量，得

$$\frac{\mathrm{d}y}{g(y)}=f(x)\mathrm{d}x \quad (g(y)\neq 0)$$

(2) 两边积分，得

$$\int\frac{\mathrm{d}y}{g(y)}=\int f(x)\mathrm{d}x$$

(3) 求积分，得

$$G(y)=F(x)+C$$

其中 $G(y), F(x)$ 分别是 $\frac{1}{g(y)}, f(x)$ 的原函数.

例 7.1　已知某曲线通过点 (1,3)，且在该曲线上任意点 $M(x,y)$ 处的切线的斜率为 $2x$，求该曲线的方程.

解　根据导数的几何意义，可知所求曲线 $y=y(x)$ 应满足方程

$$\frac{\mathrm{d}y}{\mathrm{d}x}=2x$$

分离变量，得

$$dy = 2xdx$$

两边积分，得

$$\int dy = \int 2xdx$$

求得积分为 $y = x^2 + C$，其中 C 是任意常数.

因为曲线通过点 (1,3)，将条件 $y|_{x=1} = 3$代入 $y = x^2 + C$，得 $C = 2$. 故所求曲线方程为 $y = x^2 + 2$.

问题　约束条件下的决策路线问题解决方案

目的：相关经济问题的解决

方案：通过寻找某种函数关系，得到量与量之间的变化规律，建立微分方程

例 7.2　根据本节引例提供的资料，问：我国的 GDP 真的可以超越美国吗？

分析　根据本例的已知条件，我们要把每年 GDP 的相对增长率（每年 GDP 的相对增长率指 GDP 的增长率和当年 GDP 的比值）作为突破口，建立微分方程，运用数学工具解微分方程，从而获得 2030 年中美 GDP 的预测值.

解　(1) 建立微分方程：

记 $t=0$ 代表 2010 年，并设第 t 年的 GDP 为 $p(t)$. 由题意知，从 2010 年起，我国 $p(t)$ 的相对增长率为 10.4%，即

$$\frac{\frac{dp(t)}{dt}}{p(t)} = 10.4\%$$

得微分方程

$$\frac{dp(t)}{p(t)} = 10.4\% dt，且 p(0) = 5.98$$

其中 $p(0)=5.98$ 为微分方程的初始条件，即为该问题的约束条件.

(2) 求通解：

分离变量得

$$\frac{dp(t)}{p(t)} = 10.4\% dt$$

方程两边同时积分，得

$$\ln p(t) = 0.104t + \ln C$$

即通解为

$$p(t) = Ce^{0.104t}$$

(3) 求特解：

将 $p(0)=5.98$ 代入通解，得 $C=5.98$，所以从 2010 年起第 t 年我国的 GDP 为

$$p(t) = 5.98e^{0.104t}$$

将 $t=2\,030-2\,010=20$ 代入上式，得 2030 年我国 GDP 的预测值为

$$p(20)=5.98\mathrm{e}^{0.104\times 20}\approx 47.87\text{（万亿美元）}$$

同理，可求得 2030 年美国 GDP 的预测值为

$$p(20)=14.6\mathrm{e}^{0.058\times 20}\approx 46.57\text{（万亿美元）}$$

两国的 GDP 随时间变化而变化的规律如图 7—1 所示. 可以看出，交点所对应的年份就是我国 GDP 即将超过美国的时候，这为我们判断两国宏观经济的运行状况，为决策者制定战略目标提供了一条决策路线. 当然，在实际操作过程中，还要配合其他因素综合考虑，上述预测也仅仅表明：在未来 20 年里，我国进入发达国家行列，并成为世界第一经济大国是有可能的.

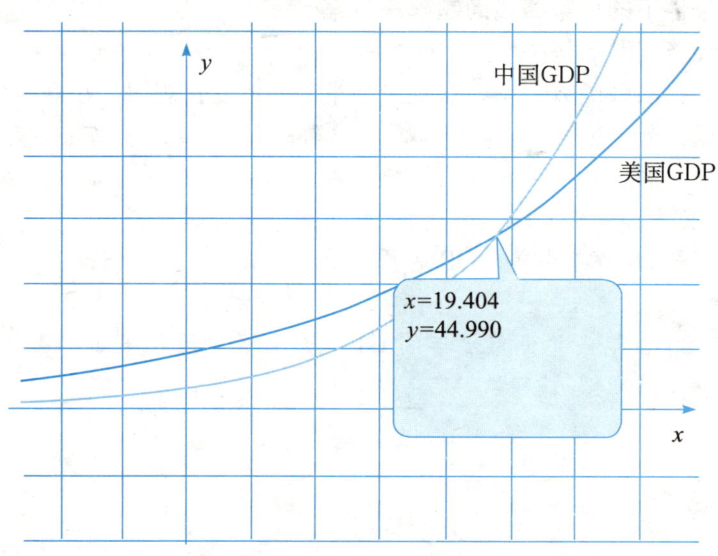

图 7—1　中美两国 GDP 随时间变化规律图

在此类问题解决过程中，建立微分方程是非常关键的一步，怎样才能做好这一关键步骤呢？需要遵循以下三点：

(1) 理解表示导数的常用词，如在经济学中常用“边际成本”、“边际收益”，在生物学中常用种群的“增长速率”，在化学反应中常用“扩散速率”等.

(2) 建立瞬时增量表达式，即根据自变量 Δt 有微小改变时因变量的增量 Δy，建立起在 Δt 时段上的增量表达式$\frac{\Delta y}{\Delta t}$，令 $\Delta t\to 0$，得到$\frac{\mathrm{d}y}{\mathrm{d}t}$的表达式.

(3) 根据已给的实际问题确定条件，这些条件是关于系统在某一特定时刻或边界上的信息，它们独立于微分方程而成立，用以确定有关常数. 当然，给定的条件和已建立的方程能完整地以数学形式描述实际问题.

第二节
使用微软数学求解微分方程

一、典型案例

根据本章第一节的引例，我国的 GDP 真的可以超越美国吗?

二、解决方案

根据中美两国 2010 年的 GDP 以及两国每年 GDP 的相对增长率等已知条件，建立微分方程，然后在分离变量法的基础上对两边取积分求出通解和特解，从而获得 2030 年中美两国 GDP 的预测值.

将建立的微分方程分离变量，两边取积分后利用微软数学软件求出微分方程的通解和特解，从而获得 2030 年中美两国 GDP 的预测值.

三、微软数学演算步骤

1. 计算 2030 年中美两国 GDP 的预测值

根据本章第一节的讨论，得微分方程 $\frac{\mathrm{d}p(t)}{p(t)}=10.4\%\mathrm{d}t$，两边积分，有

$$\int\frac{1}{p(t)}\mathrm{d}p(t)=\int 10.4\%\mathrm{d}t$$

下面利用微软数学求解等式两边的积分，具体步骤是：

第一步：在主界面左侧的计算器键盘中依次点击【微积分】→【$\int$】.

第二步：在右侧工作表输入窗口中出现“$\int \mathrm{d}x$”，将 x 改为 p，在积分号后输入$\frac{1}{p}$，如图 7—2 所示.

图 7—2　输入积分表达式

第三步：单击【输入】，显示计算结果为 $\ln|p|+C$，如图 7—3 所示.

输入　$\int \frac{1}{p} dp$

输出　$\ln(|p|)+C$

图 7—3　输出积分求解结果

用同样的方法求得 $\int 0.104 \mathrm{d}t = \frac{13}{125}t + C = 0.104t + C$.

因此有

$$\ln p = 0.104t + \ln C$$

即通解为

$$p(t) = C\mathrm{e}^{0.104t}$$

第四步：在通解的基础上求特解，将 $p(0)=5.98$ 代入通解，得 $C=5.98$，利用软件求 $p(20)=5.98\mathrm{e}^{0.104\times 20}$ 的值，如图 7—4 所示，得到 2030 年我国 GDP 的预测值约为 $p(20)=5.98\mathrm{e}^{0.104\times 20}\approx 47.87$（万亿美元）.

同理，求得 2030 年美国 GDP 的预测值约为 $p(20) = 14.6\mathrm{e}^{0.058\times 20} = 46.57$（万亿美元）.

2. 在同一坐标系下画出中美两国 GDP 的变化曲线

第一步：单击主界面的【绘图】按钮.

第二步：在展开的【方程和函数】下拉菜单中选择“二维”及“笛卡尔坐标”.

第三步：单击第一个输入框，输入函数表达式 $y=5.98\mathrm{e}^{0.104x}$，单击【输入】；再单击第二个输入框，输入函数表达式 $y=14.6\mathrm{e}^{0.058x}$，单击【输入】；单击【图形】按钮.

第四步：依次单击【格式】→【绘制范围】，出现绘制范围对话框，确定 x 和 y 的取值范围，如图 7—5 所示.

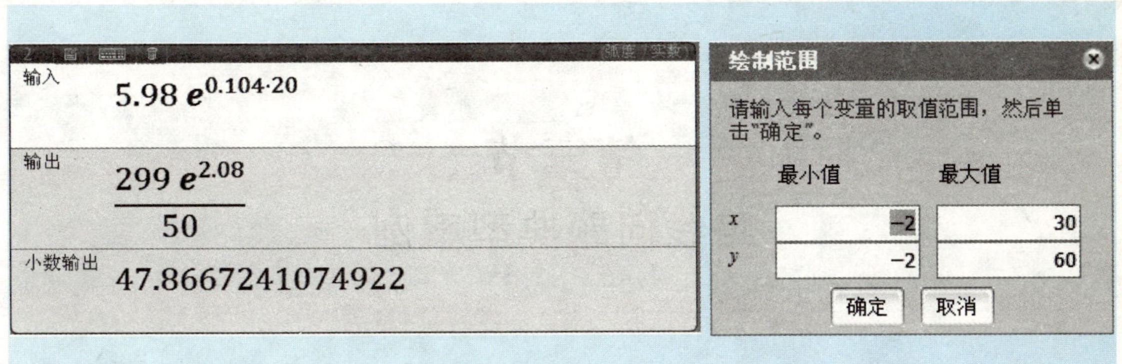

图 7—4　输出 2030 年预测值　　　　图 7—5　确定图形绘制范围

第五步：单击【确定】，出现如图 7—6 所示的函数图像.

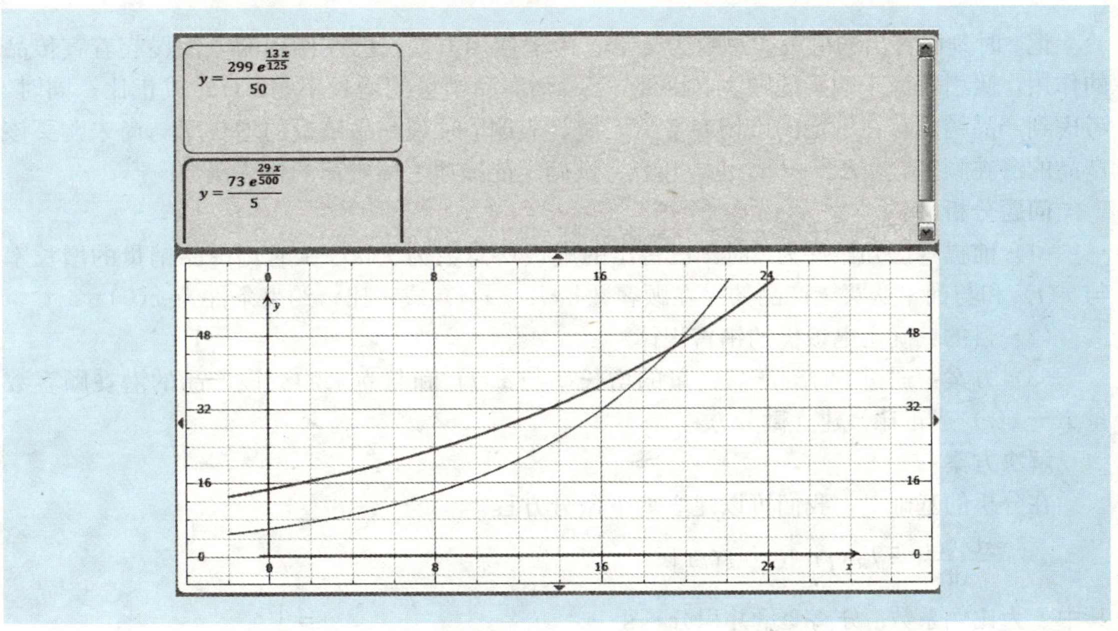

图 7—6　中美两国 GDP 随时间变化规律图

第三节
路线问题典型案例

案例 1　日本家用电器业界建立的电饭煲销售模型

记 t 时刻已售出的电饭煲总数为 $x(t)$. 由于使用方便，已在使用的电饭煲起着宣传品的作用，吸引着尚未购买的顾客，因此，t 时刻产品销量的增长率与 $x(t)$ 成正比；同时，考虑到产品销量存在一定的市场容量 K，统计表明 t 时刻产品销量的增长率与尚未购买该产品的潜在顾客数量 $K-x(t)$ 也成正比. 试确定能描述上述规律的销售函数.

问题分析

（1）前提：已知条件为 t 时刻已售出的电饭煲总数为 $x(t)$，t 时刻产品销量的增长率与 $x(t)$ 和与尚未购买该产品的潜在顾客数量 $K-x(t)$ 成正比；约束条件为 $x(0)=x_0$.

（2）目的：确定电饭煲的销售规律.

（3）方案：通过 t 时刻产品销量的增长率与 $x(t)$ 和与尚未购买该产品的潜在顾客数量 $K-x(t)$ 成正比，建立微分方程.

解决方案：

在分析的基础上，我们可以建立如下微分方程

$$\frac{\mathrm{d}x(t)}{\mathrm{d}t}=kx(t)[K-x(t)]$$

其中 k 为比例系数. 分离变量并积分，得

$$\begin{cases}x(t)=\dfrac{K}{1+C\mathrm{e}^{-Kkt}}\\ x(0)=x_0\end{cases}\tag{7.1}$$

其中 C 是由约束条件确定的积分常数.

要研究产品销量的变化情况，不妨由（7.1）式利用微软数学求出 $x'(t)$ 和 $x''(t)$，结果如图 7—7 所示.

整理之后，即为

$$x'(t)=\frac{CK^2k\mathrm{e}^{-Kkt}}{(1+C\mathrm{e}^{-Kkt})^2}$$

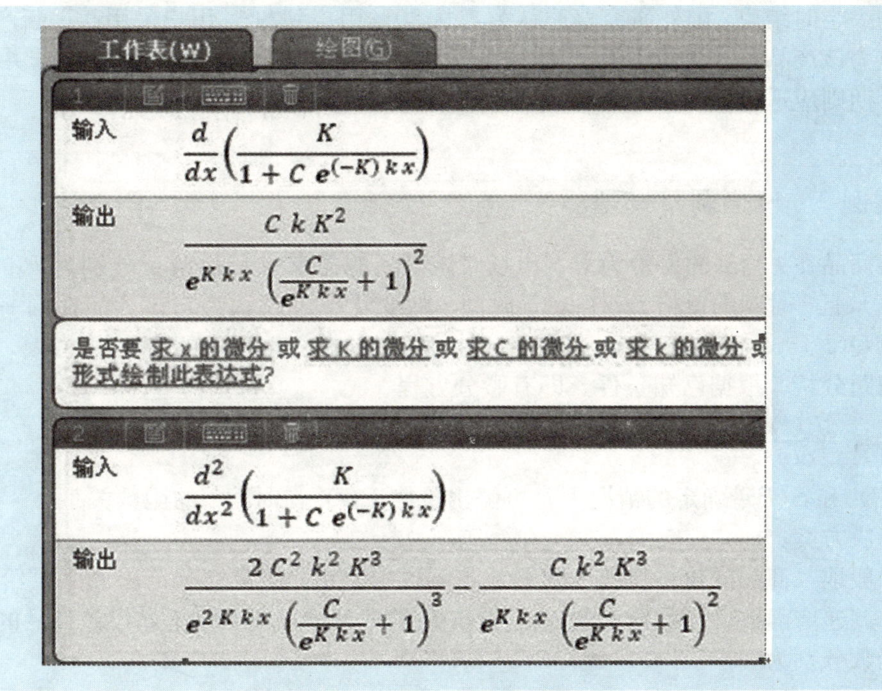

图 7—7　$x'(t)$和$x''(t)$求解结果

$$x''(t)=\frac{CK^3k^2\mathrm{e}^{-Kkt}(C\mathrm{e}^{-Kkt}-1)}{(1+C\mathrm{e}^{-Kkt})^3}$$

显然，$x'(t)>0$，即 $x(t)$ 单调增加. 由 $x''(t)=0$，可得 $C\mathrm{e}^{-Kkt}=1$. 存在满足上式的一个时刻 t_1，此时 $x(t_1)=K/2$，即时刻 t_1 是一个分界点：当 $t<t_1$ 时，$x''(t)>0$，$x'(t)$ 单调增加；当 $t>t_1$ 时，$x''(t)<0$，$x'(t)$ 单调减小. 销售增长曲线图如图 7—8 所示.

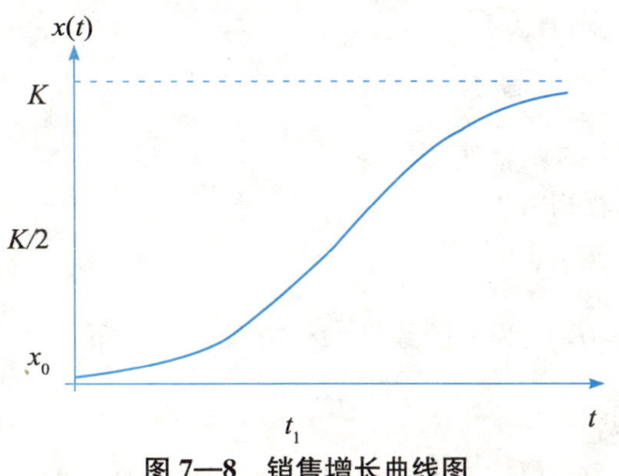

图 7—8　销售增长曲线图

由产品销售增长曲线可以看出：当销售量小于最大销量（需求量）的一半时，销售速度是不断增大的；当销售量达到最大需求量的一半时，该产品最为畅销，其后销售速度开始下降.

以上销售增长曲线与实际调查结果比较吻合，推广速率的增长过程一般在达到最大需求量的一半时结束. 国外研究普遍认为：从20%用户到80%用户采用某一新产品的这段时期，应为该产品正式大批量生产的较合适的时期，初期应采取小批量生产并加以广告宣传，后期则应适时转产，这样做可以取得较高的经济效益.

案例2　价格调整模型

某商品在t时刻的售价为P，市场对该商品的需求量和供给量分别为P的函数$Q(P)$和$S(P)$，且t时刻的价格$P(t)$对于时间t的变化率可以认为与该商品在同一时刻的超额需求量$Q(P)-S(P)$成正比，试确定这种商品的价格随时间t的变化规律.

问题分析　根据已知条件，即有微分方程

$$\frac{\mathrm{d}P(t)}{\mathrm{d}t}=k[Q(P)-S(P)]\quad(k>0)$$

在$Q(P)$和$S(P)$确定的情况下，可解出价格$P(t)$与时间t的函数关系.

解决方案：

一般地，商品的价格变化主要服从市场供求关系，通常情况下，商品供给量S是价格P的单调递增函数，商品需求量Q是价格P的单调递减函数，不妨设该商品的供给函数与需求函数分别为

$$S(P)=a+bP,\quad Q(P)=c-dP \tag{7.2}$$

其中a,b,c,d均为常数，且$b>0,d>0$.

当供给量等于需求量时，由（7.2）式得供求平衡时的价格为$P_e=\frac{c-a}{d+b}$，称P_e为均衡价格.

通常情况下，当某种商品供不应求，即$S<Q$时，该商品价格要上升；当供大于求，即$S>Q$时，该商品价格要下降. 因此，假定t时刻的价格$P(t)$的变化率与超额需求量$Q(p)-S(p)$成正比，则有方程

$$\frac{\mathrm{d}P(t)}{\mathrm{d}t}=k[Q(P)-S(P)]$$

其中$k>0$，用来反映价格的调整速度.

将（7.2）式代入方程得

$$\frac{\mathrm{d}P(t)}{\mathrm{d}t}=\lambda(P_e-P)$$

其中常数$\lambda=(b+d)k>0$，此为一阶线性微分方程，可用下一节介绍的微分方程知识求其通解为

$$P(t)=P_e+C\mathrm{e}^{-\lambda t}$$

假设初始价格$P(0)=P_0$，代入上式，得$C=P_0-P_e$，上述价格的调整模型的解为

$$P(t)=P_e+(P_0-P_e)\mathrm{e}^{-\lambda t}$$

由于$\lambda>0$，因此，当$t\to+\infty$时，$P(t)\to P_e$. 说明随时间的延续，实际价格$P(t)$将逐渐趋近均衡价格P_e，与经济学价格原理相一致.

第四节
进一步学习的数学知识：常微分方程

本章第一节已经介绍了微分方程的概念以及用分离变量法解微分方程，下面介绍的是一阶线性微分方程.

定义 7.1　方程

$$\frac{\mathrm{d}y}{\mathrm{d}x}+P(x)y=Q(x) \tag{7.3}$$

称为**一阶线性微分方程**，其中 $P(x)$ 和 $Q(x)$ 都是 x 的连续函数. 当 $Q(x)\equiv 0$ 时，方程（7.3）称为**一阶线性齐次微分方程**；当 $Q(x)\neq 0$ 时，方程（7.3）称为**一阶线性非齐次微分方程.**

我们先讨论一阶线性齐次微分方程

$$\frac{\mathrm{d}y}{\mathrm{d}x}+P(x)y=0 \tag{7.4}$$

的通解.

显然，方程（7.4）是可分离变量方程. 分离变量后，得

$$\frac{\mathrm{d}y}{y}=-P(x)\mathrm{d}x$$

两边积分，得

$$\ln y=-\int P(x)\mathrm{d}x+\ln C$$

即

$$y=\mathrm{e}^{-\int P(x)\mathrm{d}x+\ln C}=C\mathrm{e}^{-\int P(x)\mathrm{d}x} \tag{7.5}$$

这就是一阶线性齐次微分方程（7.4）的通解公式. 在用上式进行具体运算时，其中的不定积分 $\int P(x)\mathrm{d}x$ 只表示 $P(x)$ 的一个确定的原函数.

下面再讨论一阶线性非齐次微分方程（7.3）的解法.

一阶线性非齐次微分方程（7.3）可用常数变易法来求解，就是将其相应的齐次方程（7.4）的通解中任意常数 C 用一个待定的函数 $C(x)$ 来代替，即

$$y=C(x)\mathrm{e}^{-\int P(x)\mathrm{d}x} \tag{7.6}$$

只要求得函数 $C(x)$，就可求得方程（7.3）的通解.

由（7.6）式有

$$\frac{\mathrm{d}y}{\mathrm{d}x}=C'(x)\mathrm{e}^{-\int P(x)\mathrm{d}x}-P(x)C(x)\mathrm{e}^{-\int P(x)\mathrm{d}x} \tag{7.7}$$

将（7.6）式和（7.7）式代入方程（7.3）并整理得

$$C'(x)=Q(x)\mathrm{e}^{\int P(x)\mathrm{d}x}$$

由此可得

$$C(x)=\int Q(x)\mathrm{e}^{\int P(x)\mathrm{d}x}\mathrm{d}x+C$$

将上式代入（7.6）式，得

$$y=\mathrm{e}^{-\int P(x)\mathrm{d}x}\left(\int Q(x)\mathrm{e}^{\int P(x)\mathrm{d}x}\mathrm{d}x+C\right) \tag{7.8}$$

这就是一阶线性非齐次微分方程（7.3）的通解公式，其中各个不定积分都只表示了对应的被积函数的一个原函数.

公式（7.8）也可写成下面的形式

$$y=\mathrm{e}^{-\int P(x)\mathrm{d}x}\int Q(x)\mathrm{e}^{\int P(x)\mathrm{d}x}\mathrm{d}x+C\mathrm{e}^{-\int P(x)\mathrm{d}x} \tag{7.9}$$

其中（7.9）式右端第二项是与方程（7.3）对应的线性齐次微分方程（7.4）的通解，第一项是线性非齐次微分方程（7.3）的一个特解（在方程（7.3）的通解（7.8）中取 $C=0$ 便得到这个特解）. 由此可知：**一阶线性非齐次方程的通解等于它的一个特解与对应的齐次方程的通解之和.**

例 7.3 求方程 $\frac{\mathrm{d}y}{\mathrm{d}x}-\frac{2y}{x+1}=(x+1)^{\frac{5}{2}}$ 的通解.

解法一（常数变易法） 这是一阶线性非齐次微分方程，先求对应的线性齐次微分方程的通解.

对原方程进行整理，得

$$\frac{\mathrm{d}y}{\mathrm{d}x}-\frac{2y}{x+1}=0$$

$$\frac{\mathrm{d}y}{y}=\frac{2\mathrm{d}x}{x+1}$$

$$\ln y=2\ln(x+1)+\ln C$$

$$y=C(x+1)^2$$

将上式中的任意常数 C 换成函数 $C(x)$，即设原方程的通解为

$$y=C(x)(x+1)^2 \tag{7.10}$$

则有

$$\frac{\mathrm{d}y}{\mathrm{d}x}=C'(x)(x+1)^2+2C(x)(x+1)$$

将 y 和$\frac{\mathrm{d}y}{\mathrm{d}x}$代入原方程，得

$$C'(x)=(x+1)^{\frac{1}{2}}$$

两边积分，得

$$C(x)=\frac{2}{3}(x+1)^{\frac{3}{2}}+C$$

再代入（7.10）式，即得所求方程的通解为

$$y=(x+1)^2\left[\frac{2}{3}(x+1)^{\frac{3}{2}}+C\right]$$

解法二（公式法）　因为 $P(x)=-\frac{2}{x+1}$，$Q(x)=(x+1)^{\frac{5}{2}}$，代入公式（7.8），得

$$\begin{aligned}y&=\mathrm{e}^{\int\frac{2}{x+1}\mathrm{d}x}\left[\int(x+1)^{\frac{5}{2}}\mathrm{e}^{\int\frac{-2}{x+1}\mathrm{d}x}\mathrm{d}x+C\right]\\&=\mathrm{e}^{2\ln(x+1)}\left[\int(x+1)^{\frac{5}{2}}\cdot\mathrm{e}^{-2\ln(x+1)}\mathrm{d}x+C\right]\\&=(x+1)^2\left[\int\frac{(x+1)^{\frac{5}{2}}}{(x+1)^2}\mathrm{d}x+C\right]\\&=(x+1)^2\left[\frac{2}{3}(x+1)^{\frac{3}{2}}+C\right]\end{aligned}$$

习题七

1. 企业在进行成本核算的时候，经常要计算固定资产的折旧. 一般说来，固定资产在任一时刻的折旧额与当时固定资产的价值都是成正比的. 试研究固定资产价值 p 与时间 t 的函数关系. 假定某固定资产 5 年前购买时的价格为 10 000 元，而现在的价值为 6 000 元，试估算固定资产再过 10 年后的价值.

2. 某商品的销售量 x 是价格 P 的函数，如果要使该商品的销售收入在价格变化的情况下保持不变，则销售量 x 对于价格 P 的函数关系满足什么样的微分方程？在这种情况下，该商品的销售量相对于价格 P 的弹性是多少？

3. 已知某商品的需求价格弹性为 $\frac{dQ}{dP}=-P(\ln P+1)$，且当 $P=1$ 时，需求量 $Q=1$. 求：

(1) 商品对价格的需求函数；

(2) 当 $P\to+\infty$ 时，需求是否趋于稳定.

4. 已知某商品的需求量 Q 对价格 P 的弹性 $\eta=-P^3$，而市场对该商品的最大需求量为 1 万件，求需求函数.

5. 已知某商品的需求量 Q 与供给量 S 都是价格 P 的函数：$Q=Q(P)=\frac{a}{P^2}$，$S=S(P)=bP$，其中 $a>0$，$b>0$ 为常数，价格 P 是时间 t 的函数，且满足 $\frac{dP}{dt}=K[Q(P)-S(P)]$（$K$ 为正常数），假设当 $t=0$ 时，价格为 1. 试求：

(1) 需求量等于供给量的均衡价格 P_e；

(2) 价格函数 $P(t)$；

(3) $\lim\limits_{t\to+\infty}P(t)$.

6. 某银行账户，以连续复利方式计息，年利率为 5%，希望连续 20 年以每年 12 000 元人民币的速率用这一账户支付职工工资. 若 t 以年为单位，求账户余额 $B=f(t)$ 所满足的微分方程，且问当初始存入的数额 B_0 为多少时，才能使 20 年后账户中的余额精确地减至 0.

7. 求方程 $\frac{dy}{dx}-y=e^x$ 的通解.

8. 解微分方程 $y\,dx+(x-y^3)dy=0$（设 $y>0$）.

第八章

投入产出模式建立与决策咨询

名言：对人民投资，如果这样做是正确的话，……将为持续发展提供最坚实的基础.

——世界银行：《1991 年世界发展报告》

故事：华西里·里昂惕夫（Wassily Leontief）是美国经济学家，投入产出分析方法的创始人，1973 年诺贝尔经济学奖获得者．瑞典皇家科学院的颁奖词是："……投入产出分析为研究社会生产各部门之间的相互依赖关系，特别是系统地分析经济内部各产业之间错综复杂的交易提供了一种实用的经济分析方法．……事实表明，投入产出分析不只在各种长期及短期预测和计划中得到了广泛的应用，而且适用于不同经济制度下的预测和计划，无论是自由竞争的市场经济还是中央计划经济．"

第一节
总产值价值形成问题及解决方案

一、问题引入

引例　按照我国对三大产业的划分，将国民经济体系分为工业、农业和服务业三个部门. 设某年对它们的产品总产值分布进行调查的结果如表 8—1 所示（表中数据均表示以万亿元人民币计的产品价值）.

表 8—1　　**投入产出表**　　单位：万亿元

投入＼产出		中间使用：工业	中间使用：农业	中间使用：服务业	最终需求	总产出
中间投入	工业	3	0.6	1	10.4	15
	农业	1.5	1.8	2	0.7	6
	服务业	1.5	0.6	4	3.9	10
最初投入（增值）		9	3	3		
总投入		15	6	10		

试建立线性方程组来确定当工业、农业和服务业面临的最终需求分别为 33 万亿元、8 万亿元和 16 万亿元时，各部门的总产出应该是多少.

问题分析　任何产品生产的技术过程都是一个投入产出过程，引例要求我们回答的就是分析系统各部门之间相互输入（投入）和输出（产出）的产品的数量关系.

当我们考虑一个经济体系时，会发现每种产业都需要使用其他产业的“产出”作为自己的原材料，反过来，它所“产出”的产品又必然是某些别的产业的“投入”，从而构成了相互依赖的关系. 比如，把一个经济体系分成农业、工业和服务业三大部分，农业要利用服务业（如运输）和工业（如农机）的“产出”，反过来，服务业与工业当然也要用到农业产品作为它们的“投入”. 那么，如何把各部门的投入来源和产出去向纵横交叉地编制成投入产出表？如何根据投入产出表的平衡关系，建立投入产出模型？如何借助投入产出表和投入产出模型进行各种经济分析？这些正是我们要学习的内容.

二、典型问题解决方案

1. 引例的解决方案

让我们继续讨论引例，从表 8—1 可归纳出以下几个基本的平衡关系：

(1) 从纵向看，中间投入+最初投入=总投入.

以工业部门作为投入方为例（第一列），工业部门消耗了它自身的投入 3 万亿元，消耗了来自农业部门的投入 1.5 万亿元，消耗了来自服务业的投入 1.5 万亿元，同时，它的最初投入为 9 万亿元，则它的总投入量为 15 万亿元.

(2) 从横向看，中间使用+最终需求=总产出.

以农业部门作为输出方为例（第二行），农业部门向工业部门的输出为 1.5 万亿元，向它自身的输出为 1.8 万亿元，向服务业的输出为 2 万亿元，同时，它向其他机构（如政府、出口等）的输出（最终需求）为 0.7 万亿元，则它的总产出为 6 万亿元.

(3) 每一个部门的总投入等于该部门的总产出.

概念 8.1 计算每个部门总产出 1 元价值的产品时，将相应各部门向该部门的直接输出所占的比例称为**直接消耗系数**. 直接消耗系数是常数.

由表 8—1 可知，工业部门的总产出为 15 万亿元，而工业生产过程中所消耗的农业产品为 1.5 万亿元，所以单位工业产品所消耗的农业产品为 0.1 元. 类似地，将三个部门的中间投入数据分别除以本部门的总产出，便可得到直接消耗系数表，见表 8—2.

表 8—2 **直接消耗系数表**

投入 \ 产出		中间使用			总产出
		工业	农业	服务业	
中间投入	工业	$\frac{3}{15}=0.2$	$\frac{0.6}{6}=0.1$	$\frac{1}{10}=0.1$	15
	农业	$\frac{1.5}{15}=0.1$	$\frac{1.8}{6}=0.3$	$\frac{2}{10}=0.2$	6
	服务业	$\frac{1.5}{15}=0.1$	$\frac{0.6}{6}=0.1$	$\frac{4}{10}=0.4$	10

显然，直接消耗系数表示每生产单位价值产品所需直接消耗的各部门产品的价值，它是对产业结构进行预测或规划工作的基础. 比如，若设工业、农业和服务业的计划总产出分别为 x_1 万亿元、x_2 万亿元和 x_3 万亿元，由表 8—2 便可得计划投入产出表，见表 8—3.

表 8—3 **计划投入产出表** 单位：万亿元

投入 \ 产出		中间使用			最终需求	总产出
		工业	农业	服务业		
中间投入	工业	$0.2x_1$	$0.1x_2$	$0.1x_3$	33	x_1
	农业	$0.1x_1$	$0.3x_2$	$0.2x_3$	8	x_2
	服务业	$0.1x_1$	$0.1x_2$	$0.4x_3$	16	x_3

于是，根据投入产出表行的平衡关系，有以下消耗平衡方程组

$$\begin{cases}0.2x_1+0.1x_2+0.1x_3+33=x_1\\0.1x_1+0.3x_2+0.2x_3+8=x_2\\0.1x_1+0.1x_2+0.4x_3+16=x_3\end{cases}\tag{8.1}$$

整理，得

$$\begin{cases}0.8x_1-0.1x_2-0.1x_3=33\\-0.1x_1+0.7x_2-0.2x_3=8\\-0.1x_1-0.1x_2+0.6x_3=16\end{cases}\tag{8.2}$$

解上述线性方程组，得 $x_1=50$，$x_2=30$，$x_3=40$.

所以，当工业、农业和服务业面临的最终需求分别为 33 万亿元、8 万亿元和 16 万亿元时，三个部门的总产出应该为 50 万亿元、30 万亿元和 40 万亿元.

2. 直接消耗系数矩阵和完全消耗系数矩阵

出于进一步讨论的需要，引入矩阵概念和矩阵运算.

(1) 矩阵概念及简单运算.

概念 8.2　由 $m\times n$ 个数排成的 m 行 n 列的矩形数表称为 ***m* 行 *n* 列矩阵**，简称 **$m\times n$ 矩阵**. 矩阵用大写字母 $\boldsymbol{A},\boldsymbol{B},\boldsymbol{C},\cdots$ 表示，如

$$\boldsymbol{A}=\begin{pmatrix}a_{11}&a_{12}&\cdots&a_{1n}\\a_{21}&a_{22}&\cdots&a_{2n}\\\vdots&\vdots&\vdots&\vdots\\a_{m1}&a_{m2}&\cdots&a_{mn}\end{pmatrix}$$

a_{ij} 称为矩阵 $\boldsymbol{A}$ 的**第 *i* 行第 *j* 列元素**. 一个 $m\times n$ 矩阵 $\boldsymbol{A}$ 也可简记为

$$\boldsymbol{A}=(a_{ij})_{m\times n} \text{ 或 } \boldsymbol{A}_{m\times n}$$

特殊地，如果矩阵 $\boldsymbol{A}_{m\times n}$ 满足：

(1) $m=n$;

(2) $a_{ii}=1$ ($i=1, 2, \cdots, n$);

(3) 其余位置元素全为 0.

则称该矩阵为 ***n* 阶单位矩阵**，简记为 $\boldsymbol{I}_n$ 或 $\boldsymbol{I}$. 下面三个矩阵分别为二阶、三阶和四阶单位矩阵.

$$\boldsymbol{I}_2=\begin{pmatrix}1&0\\0&1\end{pmatrix},\boldsymbol{I}_3=\begin{pmatrix}1&0&0\\0&1&0\\0&0&1\end{pmatrix},\boldsymbol{I}_4=\begin{pmatrix}1&0&0&0\\0&1&0&0\\0&0&1&0\\0&0&0&1\end{pmatrix}$$

同时，规定两个矩阵的加法（减法）运算为矩阵 $\boldsymbol{A}$ 与矩阵 $\boldsymbol{B}$ 对应元素相加（减）. 例

如：$\boldsymbol{A}=\begin{pmatrix}1 & 2\\ 3 & 1\\ 4 & -2\end{pmatrix}$，$\boldsymbol{B}=\begin{pmatrix}0 & 1\\ -1 & 3\\ 2 & 5\end{pmatrix}$，则

$$\boldsymbol{A}+\boldsymbol{B}=\begin{pmatrix}1+0 & 2+1\\ 3+(-1) & 1+3\\ 4+2 & (-2)+5\end{pmatrix}=\begin{pmatrix}1 & 3\\ 2 & 4\\ 6 & 3\end{pmatrix}$$

$$\boldsymbol{A}-\boldsymbol{B}=\begin{pmatrix}1-0 & 2-1\\ 3-(-1) & 1-3\\ 4-2 & (-2)-5\end{pmatrix}=\begin{pmatrix}1 & 1\\ 4 & -2\\ 2 & -7\end{pmatrix}$$

对于线性方程组

$$\begin{cases}a_{11}x_1+a_{12}x_2+\cdots+a_{1n}x_n=b_1\\ a_{21}x_1+a_{22}x_2+\cdots+a_{2n}x_n=b_2\\ \quad\cdots\cdots\\ a_{m1}x_1+a_{m2}x_2+\cdots+a_{mn}x_n=b_m\end{cases}\tag{8.3}$$

若记$\boldsymbol{A}=\begin{pmatrix}a_{11} & a_{12} & \cdots & a_{1n}\\ a_{21} & a_{22} & \cdots & a_{2n}\\ \vdots & \vdots & \vdots & \vdots\\ a_{m1} & a_{m2} & \cdots & a_{mn}\end{pmatrix}$，$\boldsymbol{X}=\begin{pmatrix}x_1\\ x_2\\ \vdots\\ x_n\end{pmatrix}$，$\boldsymbol{b}=\begin{pmatrix}b_1\\ b_2\\ \vdots\\ b_m\end{pmatrix}$，则线性方程组（8.3）可表示为矩阵形式，即

$$\boldsymbol{AX}=\boldsymbol{b}\tag{8.4}$$

其中$\boldsymbol{A}$称为方程组（8.3）的**系数矩阵**，方程组（8.4）称为**矩阵方程**.

在矩阵方程（8.4）中，我们定义了一种新的运算，即矩阵$\boldsymbol{A}$与矩阵$\boldsymbol{X}$的乘法运算.具体规则为：矩阵$\boldsymbol{A}$的第i行元素与$\boldsymbol{X}$中对应的元素分别相乘后再相加，便得到第i个方程的左边表达式，具体可参见本章第四节.

（2）投入产出方程组的矩阵表示.

引入矩阵后，直接消耗系数表（见表8—2）和最终需求（见表8—3）可以用矩阵表示如下：

$$\boldsymbol{A}=(a_{ij})_{3\times3}=\begin{pmatrix}0.2 & 0.1 & 0.1\\ 0.1 & 0.3 & 0.2\\ 0.1 & 0.1 & 0.4\end{pmatrix},\ \boldsymbol{Y}=\begin{pmatrix}33\\ 8\\ 16\end{pmatrix}$$

称矩阵$\boldsymbol{A}$为投入产出问题的**直接消耗系数矩阵**.显然，a_{ij}表示每生产单位价值第j种产品所需直接消耗的第i种产品的价值.

投入产出方程组（8.2）可以表示为

$$(\boldsymbol{I}-\boldsymbol{A})\boldsymbol{X}=\boldsymbol{Y}$$

该方程组对应的解为

$$\boldsymbol{X}=(\boldsymbol{I}-\boldsymbol{A})^{-1}\boldsymbol{Y}$$

其中，$(\boldsymbol{I}-\boldsymbol{A})^{-1}$为矩阵$\boldsymbol{I}-\boldsymbol{A}$的逆矩阵（关于逆矩阵的概念见本章第四节），称为**里昂惕夫逆矩阵**.

(3) 完全消耗系数矩阵.

记b_{ij}表示单位价值的第j种产品对第i种产品的完全消耗系数（即总消耗量），则称矩阵$\boldsymbol{B}=(b_{ij})$为**完全消耗系数矩阵**，其计算公式如下：

$$\boldsymbol{B}=(\boldsymbol{I}-\boldsymbol{A})^{-1}-\boldsymbol{I}$$

针对表 8—2 数据的完全消耗系数矩阵$\boldsymbol{B}$为

$$\boldsymbol{B}=(b_{ij})_{3\times3}=\begin{pmatrix}\frac{6}{19} & \frac{35}{152} & \frac{45}{152}\\ \frac{5}{19} & \frac{83}{152} & \frac{85}{152}\\ \frac{5}{19} & \frac{45}{152} & \frac{123}{152}\end{pmatrix}\approx\begin{pmatrix}0.32 & 0.23 & 0.30\\ 0.26 & 0.55 & 0.56\\ 0.26 & 0.30 & 0.81\end{pmatrix}$$

矩阵$\boldsymbol{B}$从更深层次上揭示了各产业部门间的相互依赖关系，例如：若工业部门面临的最终需求增加 1 元，那么不仅要增加 0.2 元工业产品、0.1 元的农业产品和 0.1 元的服务业产品作为直接消耗，而且将有约 0.12(＝0.32－0.2) 元工业产品、0.16(＝0.26－0.1) 元农业产品和 0.16(＝0.26－0.1) 元服务业产品作为间接消耗. 这表明，在统筹产品部门的经济结构时，要充分考虑各个部门的承受能力，协调发展，这对经济系统的计划决策是十分重要而有意义的.

第二节
使用 Excel 求解投入产出问题

一、利用 Excel 求直接消耗系数矩阵

问题 1 利用 Excel 求解本章第一节表 8—1 的直接消耗系数矩阵

第一步：在 H4 栏输入 “＝C4/C＄8”，得出直接消耗系数 a_{11}，即单位价值工业部门产品直接消耗 0.2 单位的工业部门自身产品.

第二步：利用拖曳的方法将 H4 栏公式复制到 H4 至 J6 的范围，结果如图 8—1 所示.

H4 | =C4/C$8

	A	B	C	D	E	F	G	H	I	J
1		表一　投入产出表(单位:万亿元)								
2	投入＼产出		中间使用			最终需求	总产出			
3			工业	农业	服务业					
4	投入中间	工业	3	0.6	1	10.4	15	0.2	0.1	0.1
5		农业	1.5	1.8	2	0.7	6	0.1	0.3	0.2
6		服务业	1.5	0.6	4	3.9	10	0.1	0.1	0.4
7	最初投入(增值)		9	3	3					
8	总投入		15	6	10					

图 8—1　直接消耗系数矩阵 $\boldsymbol{A}$

二、利用 Excel 解线性方程组

问题 2 利用 Excel 求解投入产出方程组（8.2）

第一步：在工作表的 E2 至 G4 区域建立一个单位矩阵 $\boldsymbol{I}$，在 I2 至 I4 区域依次输入 33，8，16.

第二步：计算 $\boldsymbol{I}-\boldsymbol{A}$. 在 A6 栏输入 “＝E2－B2”，利用拖曳的方法将 A6 栏公式复制到 A6 至 C8 的区域，结果如图 8—2 所示.

第三步：计算 $(\boldsymbol{I}-\boldsymbol{A})^{-1}$. 选中 E6 至 G8 区域，输入公式“＝MINVERSE(A6：C8)”，按下【Ctrl】＋【Shift】＋【Enter】组合键，结果如图 8—3 所示.

A6　=E2-B2

	A	B	C	D	E	F	G
1		工业	农业	服务业			
2	工业	0.2	0.1	0.1	1	0	0
3	农业	0.1	0.3	0.2	0	1	0
4	服务业	0.1	0.1	0.4	0	0	1
5							
6	0.8	-0.1	-0.1				
7	-0.1	0.7	-0.2				
8	-0.1	-0.1	0.6				

图 8—2　方程组（8.2）的系数矩阵

E6　{=MINVERSE(A6:C8)}

	A	B	C	D	E	F	G	H	I
1		工业	农业	服务业					
2	工业	0.2	0.1	0.1	1	0	0		33
3	农业	0.1	0.3	0.2	0	1	0		8
4	服务业	0.1	0.1	0.4	0	0	1		16
5									
6	0.8	-0.1	-0.1		1.31579	0.23026	0.29605		
7	-0.1	0.7	-0.2		0.26316	1.54605	0.55921		
8	-0.1	-0.1	0.6		0.26316	0.29605	1.80921		

图 8—3　里昂惕夫逆矩阵 $(\boldsymbol{I}-\boldsymbol{A})^{-1}$

第四步：利用公式 $\boldsymbol{X}=(\boldsymbol{I}-\boldsymbol{A})^{-1}\boldsymbol{Y}$ 求方程组（8.2）的解. 选中 I6 至 I8 区域，输入公式“=MMULT(E6：G8,I2：I4)”，按下【Ctrl】+【Shift】+【Enter】组合键，得方程组的解为 $x_1=50$，$x_2=30$，$x_3=40$，如图 8—4 所示.

I6　{=MMULT(E6:G8,I2:I4)}

	A	B	C	D	E	F	G	H	I
1		工业	农业	服务业					
2	工业	0.2	0.1	0.1	1	0	0		33
3	农业	0.1	0.3	0.2	0	1	0		8
4	服务业	0.1	0.1	0.4	0	0	1		16
5									
6	0.8	-0.1	-0.1		1.31579	0.23026	0.29605		50
7	-0.1	0.7	-0.2		0.26316	1.54605	0.55921		30
8	-0.1	-0.1	0.6		0.26316	0.29605	1.80921		40

图 8—4　线性方程组（8.2）的解

三、利用 Excel 求完全消耗系数矩阵

问题 3　利用 Excel 求解表 8—2 的完全消耗系数矩阵

第一步至第三步与问题 2 的解法基本相同.

第四步：计算完全消耗系数矩阵 $\boldsymbol{B}=(\boldsymbol{I}-\boldsymbol{A})^{-1}-\boldsymbol{I}$. 在 I6 栏输入“=E6−E2”，利用拖曳的方法将 I6 栏公式复制到 I6 至 K8 的区域，结果如图 8—5 所示.

I6 =E6-E2

	A	B	C	D	E	F	G	H	I	J	K
1		工业	农业	服务业							
2	工业	0.2	0.1	0.1	1	0	0				
3	农业	0.1	0.3	0.2	0	1	0				
4	服务业	0.1	0.1	0.4	0	0	1				
5									完全消耗系数矩阵B		
6	0.8	-0.1	-0.1		1.31579	0.23026	0.29605		0.31579	0.23026	0.29605
7	-0.1	0.7	-0.2		0.26316	1.54605	0.55921		0.26316	0.54605	0.55921
8	-0.1	-0.1	0.6		0.26316	0.29605	1.80921		0.26316	0.29605	0.80921

图 8—5　完全消耗系数矩阵 *B*

第三节
投入产出问题典型案例

案例 1　煤电系统的投入产出模型

某地区的煤矿、电厂和铁路三个企业是一个相互关联的经济系统，三者之间的直接消耗系数如表 8—4 所示. 假设三个企业除了用于满足系统内部需求外，还需要满足外部的订单需求，已知现阶段的外部需求分别为 60 万元、25 万元和 18 万元. 问：现阶段各企业的总产出为多少？因为未来一个阶段是需求旺季，估计外部需求将会分别增加 15 万元、5 万元和 7 万元，各企业又该如何安排生产？

表 8—4　　直接消耗系数表　　单位：万元

投入＼产出		中间使用			外部订单需求
		煤矿	电厂	铁路	
中间投入	煤矿	0	0.45	0.40	60
	电厂	0.15	0.05	0.15	25
	铁路	0.30	0.05	0.05	18

解决方案：

设 x_1，x_2 和 x_3 分别表示 3 个企业现阶段的总产出，记

$$\boldsymbol{A}=\begin{pmatrix}0 & 0.45 & 0.40\\0.15 & 0.05 & 0.15\\0.30 & 0.05 & 0.05\end{pmatrix},\quad \boldsymbol{Y}=\begin{pmatrix}60\\25\\18\end{pmatrix},\quad \boldsymbol{X}=\begin{pmatrix}x_1\\x_2\\x_3\end{pmatrix}$$

则

$$\begin{cases}0.45x_2+0.40x_3+60=x_1\\0.15x_1+0.05x_2+0.15x_3+25=x_2\\0.30x_1+0.05x_2+0.05x_3+18=x_3\end{cases}$$

即

$$\boldsymbol{AX}+\boldsymbol{Y}=\boldsymbol{X}\text{ 或 }(\boldsymbol{I}-\boldsymbol{A})\boldsymbol{X}=\boldsymbol{Y}$$

利用 Excel 求解上述方程组，得 $x_1=105.16$，$x_2=51.58$，$x_3=54.87$，即三个企业现阶段的总产出分别为 105.16 万元、51.58 万元和 54.87 万元. 具体结果如图 8—6 所示.

J15

	A	B	C	D	E	F	G	H
1		煤矿	电厂	铁路		单位矩阵		最终需求
2	煤矿	0	0.45	0.4	1	0	0	60
3	电厂	0.15	0.05	0.15	0	1	0	25
4	铁路	0.3	0.05	0.05	0	0	1	18
5								
6			矩阵I-A			矩阵I-A的逆矩阵		总产出
7		1	-0.45	-0.4	1.290323	0.645161	0.645161	105.1613
8		-0.15	0.95	-0.15	0.270319	1.196612	0.302757	51.58407
9		-0.3	-0.05	0.95	0.421698	0.266715	1.272301	54.87115

图 8—6　现阶段三个企业总产出

如果外部需求分别增加 15 万元、5 万元和 7 万元，记

$$\Delta \boldsymbol{X}=\begin{pmatrix}\Delta x_1\\ \Delta x_2\\ \Delta x_3\end{pmatrix},\ \Delta \boldsymbol{Y}=\begin{pmatrix}15\\ 5\\ 7\end{pmatrix}$$

则相应地有

$$\boldsymbol{A}\cdot\Delta\boldsymbol{X}+\Delta\boldsymbol{Y}=\Delta\boldsymbol{X}\text{ 或}(\boldsymbol{I}-\boldsymbol{A})\cdot\Delta\boldsymbol{X}=\Delta\boldsymbol{Y}$$

利用 Excel 求解该方程组，得 $\Delta x_1=27.10$，$\Delta x_2=12.16$，$\Delta x_3=16.57$. 所以在未来的一个阶段三个企业的总产出应分别增加 27.10 万元、12.16 万元和 16.57 万元，即三个企业未来一个阶段的总产出分别为 132.26 万元、63.74 万元和 71.44 万元. 具体结果如图 8—7 所示.

K1

	A	B	C	D	E	F	G	H
1		煤矿	电厂	铁路		单位矩阵		需求增量
2	煤矿	0	0.45	0.4	1	0	0	15
3	电厂	0.15	0.05	0.15	0	1	0	5
4	铁路	0.3	0.05	0.05	0	0	1	7
5								
6			矩阵I-A			矩阵I-A的逆矩阵		产出增量
7		1	-0.45	-0.4	1.290323	0.645161	0.645161	27.09677
8		-0.15	0.95	-0.15	C.270319	1.196612	0.302757	12.15715
9		-0.3	-0.05	0.95	C.421698	0.266715	1.272301	16.56515

图 8—7　未来一个阶段三个企业产出增加量

案例 2　企业产销预测模型

某企业 2009 年的投入产出表如表 8—5 所示. 2011 年计划三种产品的库存量不变，销售量分别比 2009 年增加 30%、20%、40%，试预测该企业的总产品、中间产品、外购产

品的投入产出情况.

表 8—5　**2009 年投入产出表**　单位：万元

投入＼产出		中间产品			最终产品		总产品
		产品 1	产品 2	产品 3	库存	销售	
本企业产品	产品 1	—	491	29	244	1 055	1 819
	产品 2	—	—	291	399	2 011	2 701
	产品 3	—	—	—	371	706	1 077
最终投入	外购产品	910	760	302			
	其他投入	909	1 450	455			
总投入		1 819	2 701	1 077			

解决方案：

根据表 8—5，求得直接消耗系数矩阵为

$$\boldsymbol{A}=\begin{pmatrix}0 & 0.1818 & 0.0269\\ 0 & 0 & 0.2702\\ 0 & 0 & 0\end{pmatrix}$$

而 2011 年三种产品的最终产出分别为

$$y_1=244+1\,055\cdot(1+30\%)=1\,615.5$$
$$y_2=399+2\,011\cdot(1+20\%)=2\,812.2$$
$$y_3=371+706\cdot(1+40\%)=1\,359.4$$

设 2011 年三种产品的总产值分别为 x_1、x_2 和 x_3，则

$$\begin{cases}0.1818x_2+0.0269x_3+1\,615.5=x_1\\ 0.2702x_3+2\,812.2=x_2\\ 1\,359.4=x_3\end{cases}$$

解得 $x_1=2\,230.1$，$x_2=3\,179.5$，$x_3=1\,359.4$. 即 2011 年三种产品的总产值分别为 2 230.1万元、3 179.5 万元和 1 359.4 万元.

下面讨论该企业 2011 年中间产品和外购产品的投入产出情况.

以产品 2 为例，2011 年产品 2 的总投入为 3 179.5 万元，而单位价值产品 2 所消耗的产品 1 为 0.181 8 元（见直接消耗系数矩阵），所以，2011 年产品 2 所消耗的产品 1 价值为 3 179.5× 0.181 8＝578 万元. 类似地，可得 2011 年的中间产品使用情况表（见表 8—6）.

由表 8—5，可得三种产品生产过程中外购产品占总投入的比例系数分别为 0.500 3、0.281 4 和 0.280 4，所以 2011 年三种产品生产过程中的外购产品价值分别为 1 115.7 万元、894.6 万元和 381.2 万元. 类似可得 2011 年其他投入分别为 1 114.4 万元、1 706.9 万元和 574.3 万元.

汇总以上数据，得该企业2011年的投入产出情况表，见表8—6.

表8—6　　　　2011年投入产出表

投入＼产出		中间产品			最终产品		总产品
		产品1	产品2	产品3	库存	销售	
本企业产品	产品1	—	578.0	36.6	244	1 371.5	2 230.1
	产品2	—	—	367.3	399	2 413.2	3 179.5
	产品3	—	—	—	371	988.4	1 359.4
最终投入	外购产品	1 115.7	894.6	381.2			
	其他投入	1 114.4	1 706.9	574.3			
总投入		2 230.1	3 179.5	1 359.4			

可见，总产品、中间产品、外购产品以及其他投入（如折旧、利润税金、企业管理费和工资等）会随着三种产品的销量增长而增长.

第四节
进一步学习的数学知识：线性代数初步

一、矩阵的运算

1. 几种特殊矩阵

只有一行的矩阵 $\boldsymbol{A}=(a_1, a_2, \cdots, a_m)(m>1)$ 称为**行矩阵**.

只有一列的矩阵 $\boldsymbol{B}=\begin{pmatrix} b_1 \\ b_2 \\ \vdots \\ b_n \end{pmatrix}(n>1)$ 称为**列矩阵**.

$n\times n$ 矩阵称为 $\boldsymbol{n}$ **阶方阵**（或称为 $\boldsymbol{n}$ **阶矩阵**）.

2. 矩阵相等

定义 8.1　如果两个矩阵具有相同的行数与相同的列数，则称这两个矩阵为**同型矩阵**. 如果矩阵 $\boldsymbol{A}$，$\boldsymbol{B}$ 为同型矩阵，且对应元素均相等，即

$$\boldsymbol{A}=(a_{ij}), \boldsymbol{B}=(b_{ij}),\text{ 且 } a_{ij}=b_{ij}(i=1,2,\cdots,m; j=1,2,\cdots,n)$$

则称**矩阵 $\boldsymbol{A}$ 与矩阵 $\boldsymbol{B}$ 相等**，记作 $\boldsymbol{A}=\boldsymbol{B}$.

3. 矩阵的线性运算

定义 8.2　设有两个 $m\times n$ 矩阵 $\boldsymbol{A}=(a_{ij}), \boldsymbol{B}=(b_{ij})$，定义 $\boldsymbol{A}$ 与 $\boldsymbol{B}$ 的和为

$$\boldsymbol{A}+\boldsymbol{B}=\begin{pmatrix} a_{11}+b_{11} & a_{12}+b_{12} & \cdots & a_{1n}+b_{1n} \\ a_{21}+b_{21} & a_{22}+b_{22} & \cdots & a_{2n}+b_{2n} \\ \vdots & \vdots & \vdots & \vdots \\ a_{m1}+b_{m1} & a_{m2}+b_{m2} & \cdots & a_{mn}+b_{mn} \end{pmatrix}$$

注意：只有两个矩阵是同型矩阵时，才能进行矩阵的加法运算，两个同型矩阵的和，

即为两个矩阵对应位置元素相加得到的矩阵.

定义 8.3 数 k 与 $m\times n$ 矩阵 $\boldsymbol{A}$ 的乘积定义为

$$k\cdot\boldsymbol{A}=\begin{pmatrix} ka_{11} & ka_{12} & \cdots & ka_{1n} \\ ka_{21} & ka_{22} & \cdots & ka_{2n} \\ \vdots & \vdots & \vdots & \vdots \\ ka_{m1} & ka_{m2} & \cdots & ka_{mn} \end{pmatrix}$$

当 $k=-1$ 时，称 $(-1)\boldsymbol{A}$ 为矩阵 $\boldsymbol{A}$ 的负矩阵，记作 $-\boldsymbol{A}$，显然有 $\boldsymbol{A}+(-\boldsymbol{A})=\boldsymbol{O}$. 因此，矩阵的减法运算可定义为 $\boldsymbol{A}-\boldsymbol{B}=\boldsymbol{A}+(-\boldsymbol{B})$.

矩阵的加法和数乘两种运算统称为**矩阵的线性运算**.

例 8.1 设 $\boldsymbol{A}=\begin{pmatrix} 1 & 2 \\ 3 & x \\ 4 & y \end{pmatrix}$，$\boldsymbol{B}=\begin{pmatrix} 0 & 1 \\ -1 & 3 \\ z & 5 \end{pmatrix}$，$\boldsymbol{C}=\begin{pmatrix} 1 & \mu \\ \theta & 4 \\ 2 & 3 \end{pmatrix}$，若 $\boldsymbol{A}+2\boldsymbol{B}=\boldsymbol{C}$，试求 x,y,z,μ,θ.

解 由矩阵的数乘与加法的定义，有

$$\begin{pmatrix} 1 & 2 \\ 3 & x \\ 4 & y \end{pmatrix}+2\begin{pmatrix} 0 & 1 \\ -1 & 3 \\ z & 5 \end{pmatrix}=\begin{pmatrix} 1+2\times 0 & 2+2\times 1 \\ 3+2\times(-1) & x+2\times 3 \\ 4+2\times z & y+2\times 5 \end{pmatrix}=\begin{pmatrix} 1 & 4 \\ 1 & x+6 \\ 4+2z & y+10 \end{pmatrix}=\begin{pmatrix} 1 & \mu \\ \theta & 4 \\ 2 & 3 \end{pmatrix}$$

再由矩阵相等的定义，有 $\begin{cases} 4=\mu \\ 1=\theta \\ x+6=4 \\ 4+2z=2 \\ y+10=3 \end{cases}$，解之得 $\begin{cases} \mu=4 \\ \theta=1 \\ x=-2. \\ z=-1 \\ y=-7 \end{cases}$

4. 矩阵的乘法

定义 8.4 设 $\boldsymbol{A}=(a_{ij})_{m\times s}$，$\boldsymbol{B}=(b_{ij})_{s\times n}$，矩阵 $\boldsymbol{A}$ 与矩阵 $\boldsymbol{B}$ 的乘法定义为

$$\boldsymbol{AB}=(c_{ij})_{m\times n}$$

其中，$c_{ij}=a_{i1}b_{1j}+a_{i2}b_{2j}+\cdots+a_{is}b_{sj}\ (i=1,2,\cdots,m;j=1,2,\cdots,n)$，记为 $\boldsymbol{AB}$，常读作 $\boldsymbol{A}$ 左乘 $\boldsymbol{B}$ 或 $\boldsymbol{B}$ 右乘 $\boldsymbol{A}$.

注意：(1) 只有当 $\boldsymbol{A}$ 的列数等于 $\boldsymbol{B}$ 的行数时，$\boldsymbol{AB}$ 才有意义；

(2) 若 $\boldsymbol{C}=\boldsymbol{AB}$，则 $\boldsymbol{C}$ 的行数等于 $\boldsymbol{A}$ 的行数 m，列数等于 $\boldsymbol{B}$ 的列数 n；

(3) 矩阵 $\boldsymbol{C}=\boldsymbol{AB}$ 的元素 c_{ij} 为矩阵 $\boldsymbol{A}$ 的第 i 行元素与矩阵 $\boldsymbol{B}$ 的第 j 列对应元素乘积的和.

例 8.2　若 $\boldsymbol{A}=\begin{pmatrix}2 & 3\\1 & -2\\3 & 1\end{pmatrix}$，$\boldsymbol{B}=\begin{pmatrix}1 & -2 & -3\\2 & -1 & 0\end{pmatrix}$，求 $\boldsymbol{AB}$.

解　
$$\boldsymbol{AB}=\begin{pmatrix}2 & 3\\1 & -2\\3 & 1\end{pmatrix}\begin{pmatrix}1 & -2 & -3\\2 & -1 & 0\end{pmatrix}$$
$$=\begin{pmatrix}2\times1+3\times2 & 2\times(-2)+3\times(-1) & 2\times(-3)+3\times0\\1\times1+(-2)\times2 & 1\times(-2)+(-2)\times(-1) & 1\times(-3)+(-2)\times0\\3\times1+1\times2 & 3\times(-2)+1\times(-1) & 3\times(-3)+1\times0\end{pmatrix}$$
$$=\begin{pmatrix}8 & -7 & -6\\-3 & 0 & -3\\5 & -7 & -9\end{pmatrix}$$

矩阵的乘法一般不满足交换律，即 $\boldsymbol{AB}\neq\boldsymbol{BA}$.

两个非零矩阵相乘，可能是零矩阵，故不能从 $\boldsymbol{AB}=\boldsymbol{O}$ 推出 $\boldsymbol{A}=\boldsymbol{O}$ 或 $\boldsymbol{B}=\boldsymbol{O}$. 也不能从 $\boldsymbol{AC}=\boldsymbol{BC}$ 推出 $\boldsymbol{A}=\boldsymbol{B}$，即矩阵乘法一般不满足消去律.

例如，$\boldsymbol{A}=\begin{pmatrix}-2 & 4\\1 & -2\end{pmatrix}$，$\boldsymbol{B}=\begin{pmatrix}2 & 4\\-3 & -6\end{pmatrix}$，则

$$\boldsymbol{AB}=\begin{pmatrix}-2 & 4\\1 & -2\end{pmatrix}\begin{pmatrix}2 & 4\\-3 & -6\end{pmatrix}=\begin{pmatrix}-16 & -32\\8 & 16\end{pmatrix}$$
$$\boldsymbol{BA}=\begin{pmatrix}2 & 4\\-3 & -6\end{pmatrix}\begin{pmatrix}-2 & 4\\1 & -2\end{pmatrix}=\begin{pmatrix}0 & 0\\0 & 0\end{pmatrix}$$

由此可得，$\boldsymbol{AB}\neq\boldsymbol{BA}$.

5. 矩阵的转置

定义 8.5　矩阵 $\boldsymbol{A}$ 的行列互换得到的矩阵称为 $\boldsymbol{A}$ 的**转置矩阵**，记作 $\boldsymbol{A}^{\mathrm{T}}$.

例如，$\boldsymbol{A}=\begin{pmatrix}1 & 2 & 3\\2 & 5 & 6\end{pmatrix}$，则 $\boldsymbol{A}^{\mathrm{T}}=\begin{pmatrix}1 & 2\\2 & 5\\3 & 6\end{pmatrix}$.

特殊地，$(\omega_1,\omega_2,\cdots,\omega_n)^{\mathrm{T}}=\begin{pmatrix}\omega_1\\\omega_2\\\vdots\\\omega_n\end{pmatrix}$.

6. 逆矩阵

定义 8.6 对于 n 阶方阵 $\boldsymbol{A}$，如果存在一个 n 阶方阵 $\boldsymbol{B}$，使得

$$\boldsymbol{AB}=\boldsymbol{BA}=\boldsymbol{I} \tag{8.5}$$

则称方阵 $\boldsymbol{A}$ 为**可逆矩阵**，而方阵 $\boldsymbol{B}$ 称为 $\boldsymbol{A}$ 的**逆矩阵**. 若满足（8.5）式的方阵 $\boldsymbol{B}$ 不存在，则称 $\boldsymbol{A}$ 为**不可逆矩阵**.

例如，$\boldsymbol{A}=\begin{pmatrix}1 & 2\\0 & 1\end{pmatrix}$，则 $\boldsymbol{B}=\begin{pmatrix}1 & -2\\0 & 1\end{pmatrix}$ 为 $\boldsymbol{A}$ 的逆矩阵，这是因为

$$\boldsymbol{AB}=\begin{pmatrix}1 & 2\\0 & 1\end{pmatrix}\begin{pmatrix}1 & -2\\0 & 1\end{pmatrix}=\begin{pmatrix}1 & 0\\0 & 1\end{pmatrix},\ \boldsymbol{BA}=\begin{pmatrix}1 & -2\\0 & 1\end{pmatrix}\begin{pmatrix}1 & 2\\0 & 1\end{pmatrix}=\begin{pmatrix}1 & 0\\0 & 1\end{pmatrix}.$$

定理 8.1 若方阵 $\boldsymbol{A}$ 是可逆的，则 $\boldsymbol{A}$ 的逆矩阵是唯一的.

因此，方阵 $\boldsymbol{A}$ 的逆矩阵常记作 $\boldsymbol{A}^{-1}$，例如，$\boldsymbol{A}=\begin{pmatrix}1 & 2\\0 & 1\end{pmatrix}$，则 $\boldsymbol{A}^{-1}=\begin{pmatrix}1 & -2\\0 & 1\end{pmatrix}$.

由定义 8.6 可知，若 $\boldsymbol{A}^{-1}=\boldsymbol{B}$，则 $\boldsymbol{B}^{-1}=\boldsymbol{A}$，即 $\boldsymbol{A}$ 与 $\boldsymbol{B}$ 互为逆矩阵.

若方阵 $\boldsymbol{A}$ 可逆，则 $\boldsymbol{A}$ 的逆矩阵可通过 Excel 中的函数 MINVERSE 求得，具体使用方法请参见本章第二节.

二、矩阵的初等变换

在解线性方程组时，需要用到方程组的同解变换，即：

（1）交换两个方程的位置；

（2）用一个非零数乘某个方程；

（3）把一个方程的倍数加到另一个方程上（加减消元法）.

对应于方程组的同解变换，定义矩阵的初等行变换如下：

定义 8.7 矩阵的下列三种变换称为**矩阵的初等行变换**：

（1）交换矩阵的两行（交换 i，j 两行，记作 $r_i\leftrightarrow r_j$）；

（2）以一个非零常数 k 乘矩阵的某一行（数 k 乘第 i 行，记作 kr_i）；

（3）把矩阵某一行的 k 倍加到另一行（第 j 行的 k 倍加到第 i 行，记为 r_i+kr_j）.

例如，已知矩阵 $\boldsymbol{A}=\begin{pmatrix}3 & 2 & 9 & 6\\-1 & -3 & 4 & -17\\1 & 4 & -7 & 3\\-1 & -4 & 7 & -3\end{pmatrix}$，对其作如下初等变换：

$$\boldsymbol{A}=\begin{pmatrix}3&2&9&6\\-1&-3&4&-17\\1&4&-7&3\\-1&-4&7&-3\end{pmatrix}\xrightarrow{r_1\leftrightarrow r_3}\begin{pmatrix}1&4&-7&3\\-1&-3&4&-17\\3&2&9&6\\-1&-4&7&-3\end{pmatrix}$$

$$\xrightarrow[r_4+r_1]{\substack{r_2+r_1\\r_3-3r_1}}\begin{pmatrix}1&4&-7&3\\0&1&-3&-14\\0&-10&30&-3\\0&0&0&0\end{pmatrix}\xrightarrow{r_3+10r_2}\begin{pmatrix}1&4&-7&3\\0&1&-3&-14\\0&0&0&-143\\0&0&0&0\end{pmatrix}=\boldsymbol{B}$$

这里的矩阵 $\boldsymbol{B}$ 依其形状的特征称为行阶梯形矩阵.

一般地，称满足下列条件的矩阵为**行阶梯形矩阵**：

(1) 若有零行（元素全为零的行），则零行在矩阵的最下方；

(2) 非零行的第一个非零元素左边的零的个数随行标递增.

对上面的矩阵 $\boldsymbol{B}=\begin{pmatrix}1&4&-7&3\\0&1&-3&-14\\0&0&0&-143\\0&0&0&0\end{pmatrix}$ 再作初等行变换：

$$\boldsymbol{B}\xrightarrow{r_3\times\left(-\frac{1}{143}\right)}\begin{pmatrix}1&4&-7&3\\0&1&-3&-14\\0&0&0&1\\0&0&0&0\end{pmatrix}\xrightarrow[r_1-3r_3]{r_2+14r_3}\begin{pmatrix}1&4&-7&0\\0&1&-3&0\\0&0&0&1\\0&0&0&0\end{pmatrix}$$

$$\xrightarrow{r_1-4r_2}\begin{pmatrix}1&0&5&0\\0&1&-3&0\\0&0&0&1\\0&0&0&0\end{pmatrix}=\boldsymbol{C}$$

称这种特殊形状的阶梯形矩阵 $\boldsymbol{C}$ 为行最简形矩阵.

一般地，称满足下列条件的阶梯形矩阵为**简化行阶梯形矩阵**：

(1) 各非零行的首非零元都是 1；

(2) 非零行的第一个非零元所在列的其余元素都是零.

三、线性方程组

1. 线性方程组的矩阵表示

在本章第一节，已把含有 m 方程、n 个未知量的线性方程组

$$\begin{cases}a_{11}x_1+a_{12}x_2+\cdots+a_{1n}x_n=b_1\\a_{21}x_1+a_{22}x_2+\cdots+a_{2n}x_n=b_2\\\quad\cdots\cdots\\a_{m1}x_1+a_{m2}x_2+\cdots+a_{mn}x_n=b_m\end{cases}\tag{8.6}$$

简写成矩阵形式 $\boldsymbol{AX}=\boldsymbol{b}$，其中

$$\boldsymbol{A}=\begin{pmatrix} a_{11} & a_{12} & \cdots & a_{1n} \\ a_{21} & a_{22} & \cdots & a_{2n} \\ \vdots & \vdots & \vdots & \vdots \\ a_{m1} & a_{m2} & \cdots & a_{mn} \end{pmatrix},\ \boldsymbol{X}=\begin{pmatrix} x_1 \\ x_2 \\ \vdots \\ x_n \end{pmatrix},\ \boldsymbol{b}=\begin{pmatrix} b_1 \\ b_2 \\ \vdots \\ b_m \end{pmatrix}$$

利用矩阵的乘法运算将线性方程组（8.6）进行简写，其目的是将线性方程组的理论与矩阵理论联系起来，这给线性方程组的讨论带来了极大的方便.

2. 利用逆矩阵解线性方程组

如果方程组（8.6）的系数矩阵为 n 阶可逆方阵（此时，未知量的个数与方程的个数相等），则在方程组 $\boldsymbol{AX}=\boldsymbol{b}$ 两边同时左乘 $\boldsymbol{A}^{-1}$，得

$$\boldsymbol{X}=\boldsymbol{A}^{-1}\boldsymbol{b} \tag{8.7}$$

这便是方程组（8.6）的解.

例 8.3 求解线性方程组 $\begin{cases} x_1 - x_2 - x_3 = 2 \\ 2x_1 - x_2 - 3x_3 = 1. \\ 3x_1 + 2x_2 - 5x_3 = 0 \end{cases}$

解 设 $\boldsymbol{A}=\begin{pmatrix} 1 & -1 & -1 \\ 2 & -1 & -3 \\ 3 & 2 & -5 \end{pmatrix}$，$\boldsymbol{X}=\begin{pmatrix} x_1 \\ x_2 \\ x_3 \end{pmatrix}$，$\boldsymbol{b}=\begin{pmatrix} 2 \\ 1 \\ 0 \end{pmatrix}$，利用 Excel 中的函数 MINVERSE 求得

$$\boldsymbol{A}^{-1}=\begin{pmatrix} 11/3 & -7/3 & 2/3 \\ 1/3 & -2/3 & 1/3 \\ 7/3 & -5/3 & 1/3 \end{pmatrix}$$

于是，利用（8.7）式得

$$\boldsymbol{X}=\boldsymbol{A}^{-1}\boldsymbol{b}=\begin{pmatrix} 11/3 & -7/3 & 2/3 \\ 1/3 & -2/3 & 1/3 \\ 7/3 & -5/3 & 1/3 \end{pmatrix}\begin{pmatrix} 2 \\ 1 \\ 0 \end{pmatrix}=\begin{pmatrix} 5 \\ 0 \\ 3 \end{pmatrix}$$

即所求线性方程组的解为 $x_1=5$，$x_2=0$，$x_3=3$.

3. 利用初等行变换解线性方程组

对于线性方程组（8.6），记

$$\overline{\boldsymbol{A}}=\left(\begin{array}{cccc:c} a_{11} & a_{12} & \cdots & a_{1n} & b_1 \\ a_{21} & a_{22} & \cdots & a_{2n} & b_2 \\ \vdots & \vdots & \vdots & \vdots & \vdots \\ a_{m1} & a_{m2} & \cdots & a_{mn} & b_m \end{array}\right)$$

称 $\overline{\boldsymbol{A}}$ 为方程组（8.6）的**增广矩阵**.

通过比较可以发现，对线性方程组（8.6）的同解变换就是对它的增广矩阵 $\overline{\boldsymbol{A}}$ 进行初

等行变换，因此，可通过将增广矩阵 $\overline{\mathbf{A}}$ 化为简化行阶梯形矩阵来求解方程组.

例 8.4　求解线性方程组 $\begin{cases} -x_1-4x_2+\ x_3=1 \\ \quad\ -\ x_2-\ x_3=1. \\ x_1+3x_2-2x_3=0 \end{cases}$

解　把线性方程组的增广矩阵化成简化行阶梯形矩阵：

$$\overline{\mathbf{A}}=\left(\begin{array}{ccc:c} -1 & -4 & 1 & 1 \\ 0 & -1 & -1 & 1 \\ 1 & 3 & -2 & 0 \end{array}\right) \xrightarrow{r_3+1\cdot r_1} \left(\begin{array}{ccc:c} -1 & -4 & 1 & 1 \\ 0 & -1 & -1 & 1 \\ 0 & -1 & -1 & 1 \end{array}\right) \xrightarrow[r_3-r_2]{(-1)\cdot r_1}$$

$$\left(\begin{array}{ccc:c} 1 & 4 & -1 & -1 \\ 0 & -1 & -1 & 1 \\ 0 & 0 & 0 & 0 \end{array}\right) \xrightarrow{(-1)\cdot r_2} \left(\begin{array}{ccc:c} 1 & 4 & -1 & -1 \\ 0 & 1 & 1 & -1 \\ 0 & 0 & 0 & 0 \end{array}\right) \xrightarrow{r_1-4r_2}$$

$$\left(\begin{array}{ccc:c} 1 & 0 & -5 & 3 \\ 0 & 1 & 1 & -1 \\ 0 & 0 & 0 & 0 \end{array}\right)$$

由简化行阶梯形矩阵可以得到原方程组的等价方程组为

$$\begin{cases} x_1 \quad -5x_3=3 \\ \quad x_2+\ x_3=-1 \\ \qquad\quad 0=0 \end{cases}$$

即

$$\begin{cases} x_1=\ 5x_3+3 \\ x_2=-x_3-1 \end{cases}$$

如果取 x_3 为自由未知量，可知方程组有无穷多解，上式就是所给方程组的一般解.

习题八

1. 设 $A=\begin{pmatrix}1 & 1 & 1\\1 & 1 & -1\\1 & -1 & 1\end{pmatrix}$，$B=\begin{pmatrix}1 & 2 & 3\\-1 & -2 & 4\\0 & 5 & 1\end{pmatrix}$，求 $3AB-2A$ 及 A^TB.

2. 试分别用初等变换法和逆矩阵法解下列线性方程组：

(1) $\begin{cases}x_1+x_2-x_3=2\\-2x_1+x_2+x_3=3\\x_1+x_2+x_3=6\end{cases}$；　(2) $\begin{cases}x_1-x_2-x_3=0\\2x_1-x_2-3x_3=3\\-3x_1-2x_2+5x_3=-12\end{cases}$.

3. 表 8—7 是某经济体系中 A、B 两个部门的投入产出资料，如果最终需求变成对 A 为 210 百万元，对 B 为 147 百万元，那么这个经济体系中各部门的总产出是多少？

表 8—7　　投入产出表　　单位：百万元

投入＼产出		使用方 A	使用方 B	最终需求	总产出
生产方	A	120	40	140	300
	B	60	40	100	200

4. 对由 M（制造）、L（劳动）和 A（农业）三个部门组成的经济体系进行调查，它们的产品投入产出分析资料如表 8—8 所示.

表 8—8　　投入产出表　　单位：亿元

投入＼产出		买方 M	买方 L	买方 A	最终需求	总产出
卖方	M	120	67.5	20	392.5	600
	L	30	112.5	10	297.5	450
	A	6	9	30	155	200

当对 M、L 和 A 的最终需求变为 550 亿元、330 亿元和 67 亿元时，列出相应的表格，建立方程组，然后求出 M、L 和 A 新的总产出是多少.

5. 假定国民经济分为农业、工业和其他三个部门，其投入产出的相互关系见表 8—9.

表 8—9　　投入产出表　　单位：亿元

		中间产品			最终产品	总产出
		农业	工业	其他		
中间投入	农业	3 249	6 900	1 150	7 845	19 144
	工业	4 690	8 650	7 000	14 121	34 461
	其他	4 660	3 900	5 000	9 414	22 974
增加值		6 545	15 011	9 824		
总投入		19 144	34 461	22 974		

又假定计划年度内，农业、工业和其他三个部门的增加值指标分别为 8 433 亿元、15 067亿元、9 885 亿元. 试就下列问题进行讨论：

(1) 为实现各部门的计划指标，三个部门应分别生产多少总产出?

(2) 为实现各部门的计划指标，三个部门生产及相互提供的中间产品是多少?

(3) 为实现各部门的计划指标，各部门的最终使用产品将达到多少?

第九章

最优配置与最佳效果分析

名言：在数学中，我们发现真理的主要工具是归纳和模拟.

——拉普拉斯

故事：在美国的一个乡村，一个老农与儿子相依为命. 一天，一个人找到了老农说："我想把你的小儿子带到城里去工作." 老农气愤地说："不行，绝对不行，你滚出去吧！" 这个人说："如果我在城里给你的儿子找个对象，可以吗？" 老农摇摇头："不行，快滚出去吧！" 这个人又说："如果我给你儿子找的对象，也就是你未来的儿媳妇是洛克菲勒的女儿呢？" 老农想了又想，最终同意了.

过了几天，这个人找到了美国首富、石油大王洛克菲勒说："我想给你的女儿找个对象." 洛克菲勒说："快滚出去吧！" 这个人又说："如果我给你女儿找的对象，也就是你未来的女婿，他是世界银行的副总裁，可以吗？" 洛克菲勒想了想，就同意了.

又过了几天，这个人找到了世界银行总裁说："你应该马上任命一个副总裁！" 总裁先生摇头头说："不可能，这里这么多副总裁，我为什么还要任命一个副总裁呢，而且必须马上？" 这个人说："如果你任命的这个副总裁是洛克菲勒的女婿，可以吗？" 总裁先生想了想，就同意了.

当然，这只是一个虚构的小故事，却告诉了我们一个道理，只有合理配置资源才能创造最大的价值.

第一节
安排生产问题及解决方案

一、问题引入

引例　美国空军为了保证士兵的营养，规定每餐的食品中，要保证含有一定的营养成分，例如蛋白质、脂肪、维生素等，都有定量的规定. 当然这些营养成分可以由各种不同的食物来提供，例如牛奶提供蛋白质和维生素，黄油提供蛋白质和脂肪，胡萝卜提供维生素，等等. 由于战争条件的限制，食品种类有限，又要尽量降低成本，因此在一盒套餐中，如何决定各种食品的数量，使得既能满足营养成分的需求，又能降低成本，成为摆在决策者面前的一道难题.

问题分析　在本例中要利用有限的资源使得一份套餐既能满足营养成分的要求又可以降低成本. 用数学语言来说，就是在一定的约束条件下，求线性函数的最大值和最小值问题. 更加广义地来看待配餐问题，我们知道，现代企业的管理问题千变万化，企业内部的生产计划有各种不同的情况. 从空间层次看，对于工厂级，其要根据外部需求和内部设备、人力、原料等条件，以最大利润为目标制定产品的生产计划；对于车间级，其则要根据产品生产计划、工艺流程、资源约束及费用参数等，以最小成本为目标制定生产批量计划. 而这类问题都可以通过建立相应的线性规划模型来解决.

那么，什么是线性规划？怎样建立线性规划模型？这正是我们要学习的内容.

二、典型问题解决方案

问题 1　某企业生产甲、乙两种产品，要用 3 种不同的原料 A，B，C. 从工艺资料可知：每生产 1 吨甲产品，需要耗用 3 种原料分别为 1，1，0 单位；每生产 1 吨乙产品，需要耗用 3 种原料分别为 1，2，1 单位. 每天原料供应的能力分别为 6，8，3 单位. 又知道每生产 1 吨甲产品，企业的利润为 300 元；每生产 1 吨乙产品，企业的利润为 400 元. 那么该企业应该如何安排生产计划，才能使一天的总利润最大呢？

解决方案：

设企业每天生产甲产品为 x_1 吨，生产乙产品为 x_2 吨，称 x_1，x_2 为**决策变量**，它们不能任意取值，要受到可供利用的原料资源数量的限制. 又因为产品的产量一般是一个非负数，所以有 $x_1 \geqslant 0$，$x_2 \geqslant 0$，称为**非负约束**.

由于生产 1 吨甲产品需要耗用 3 种原料分别为 1，1，0 单位，因而生产 x_1 吨甲产品需要耗用 3 种原料分别为 x_1，x_1，0 单位；由于生产 1 吨乙产品需要耗用 3 种原料分别为 1，2，1 单位，因而生产 x_2 吨乙产品需要耗用 3 种原料分别为 x_2，$2x_2$，x_2 单位. 又因为每天 3 种原料的供应能力分别为 6，8，3 单位，所以当企业每天生产甲产品 x_1 吨，乙产品 x_2 吨时，对于原料 A，B，C，我们有如下的不等式：

原料 A：$x_1+x_2 \leqslant 6$

原料 B：$x_1+2x_2 \leqslant 8$

原料 C：$x_2 \leqslant 3$

上面得到的 3 种原料的线性不等式是决策变量 x_1，x_2 取值所必须满足的条件，它们约束了决策变量 x_1，x_2 不能取任意值，称之为**约束条件**.

容易看出，满足约束条件的变量 x_1，x_2 的值不唯一，即表示约束条件的线性不等式组有无穷多组解. 如 $x_1=1$，$x_2=2$ 是一组解，$x_1=2$，$x_2=2$ 也是一组解，还可以找出许多组解. 这说明仅考虑到原料供应量的制约，对生产的安排是有选择余地的. 这些安排生产的方案都是可行的，应该从中挑选出最优方案. 那么，根据什么挑选最优方案呢？由于每一个可行方案，即每一组满足约束条件的变量 x_1，x_2 值，都对应一个两种产品的总利润，在一般情况下，不同可行方案所对应的总利润也不相同，因此应该找出使得总利润最大的可行方案，即**最优方案**.

由于生产 1 吨甲产品企业的利润为 300 元，生产 1 吨乙产品企业的利润为 400 元，因此甲、乙两种产品的总利润为 $z=300x_1+400x_2$（元），它是决策变量 x_1，x_2 的线性函数，称之为**目标函数**. 这样，最优方案就是使得目标函数 z 最大的可行方案.

综上所述，得到描述原问题的数学模型如下：

$$\max z = 300x_1 + 400x_2$$

$$\text{s. t.} \begin{cases} x_1 + \ \ x_2 \leqslant 6 \\ x_1 + 2x_2 \leqslant 8 \\ \qquad\ x_2 \leqslant 3 \\ x_1 \geqslant 0, x_2 \geqslant 0 \end{cases} \tag{9.1}$$

同时，我们可以看出（9.1）式是由三部分组成的：（1）一组决策变量；（2）一个线性目标函数；（3）一组线性约束方程.

我们把满足上述 3 个条件的最优化问题称为**线性规划问题**，条件（1）、（2）、（3）称为线性规划问题的三要素.

线性规划问题中的目标函数可以是求最大（maximum），也可以是求最小（minimum），例如，若目标函数表示生产费用，则希望生产费用最小. 无论目标函数是求最大还是最小，总之是希望目标函数达到最优.

概念 9.1　在线性规划问题中，满足约束条件的解称为**可行解**，所有可行解的集合称为**可行集**；使目标函数取值最大或最小的可行解称为**最优解**，对应于最优解的目标函数值称为**最优值**.

问题 2　某奶制品加工厂用牛奶生产 A_1，A_2 两种奶制品，1 桶牛奶可以在设备甲上用 12 小时加工成 3 千克 A_1，或者在设备乙上用 8 小时加工成 4 千克 A_2. 根据市场需求，生产的 A_1，A_2 全部能售出，且每千克 A_1 获利 24 元，每千克 A_2 获利 16 元. 现在加工厂每天能得到 50 桶牛奶的供应，每天正式工人总的劳动时间为 480 小时，并且设备甲每天至多能加工 100 千克 A_1，设备乙的加工能力没有限制. 请为该厂制定一个生产计划，使得工厂每天获利最大.

解决方案：

第一步：根据实际问题，设置决策变量. 设每天用 x_1 桶牛奶生产 A_1，用 x_2 桶牛奶生产 A_2.

第二步：确定目标函数. 设每天获利 z 元. x_1 桶牛奶可生产 $3x_1$ 千克 A_1，获利 $24\times 3x_1$，x_2 桶牛奶可生产 $4x_2$ 千克 A_2，获利 $16\times 4x_2$，故 $z=72x_1+64x_2$.

第三步：分析各种资源限制，列出约束条件：

(1) 原料供应：生产 A_1，A_2 的原料（牛奶）总量不得超过每天的供应，即 $x_1+x_2\leqslant 50$.

(2) 劳动时间：生产 A_1，A_2 的总加工时间不得超过总的劳动时间，即 $12x_1+8x_2\leqslant 480$.

(3) 设备能力：A_1 的产量不得超过设备甲每天的加工能力，即 $3x_1\leqslant 100$.

(4) 非负约束：x_1，x_2 均不能为负值，即 $x_1\geqslant 0$，$x_2\geqslant 0$.

第四步：综合目标函数和各个约束条件，写出线性规划模型如下：

$$\max z = 72x_1 + 64x_2$$

$$\text{s.t.}\begin{cases} x_1 + x_2 \leqslant 50 \\ 12x_1 + 8x_2 \leqslant 480 \\ 3x_1 \leqslant 100 \\ x_1 \geqslant 0, x_2 \geqslant 0 \end{cases}$$

第二节
使用 Excel 求解线性规划

一、典型案例

案例 求解线性规划问题：

$$\max z = x_1 - 2x_2 + x_3$$

$$\text{s. t.}\begin{cases} x_1 + x_2 + x_3 \leqslant 12 \\ 2x_1 + x_2 - x_3 \leqslant 6 \\ -x_1 + 3x_2 \leqslant 9 \\ x_1 \geqslant 0, x_2 \geqslant 0, x_3 \geqslant 0 \end{cases}$$

二、解决方案

Excel 具有强大的规划求解功能，可以解决最多有 200 个变量、100 个外在约束和 400 个简单约束（决策变量整数约束的上下边界）的线性规划与非线性规划问题. 因此，可通过 Excel 的规划求解功能实现问题的求解.

三、Excel 演算步骤

第一步：启动 Excel，在工作表中的 A1，A2，A3，A10，E3，F3 单元格中分别输入文字“目标函数系数”，“决策变量”，“约束条件”，“目标函数值”，“约束条件左端的值”，“约束条件右端的值”；在 B1，C1，D1 单元格中输入目标函数的系数 1，－2，1，在 B4，C4，D4 单元格中输入第一个约束条件的系数 1，1，1；同理，在相应单元格中输入其他约束条件的系数与约束条件右端的值，如图 9—1 所示.

第二步：计算约束条件左端的值和目标函数值. 因为约束条件左端的值等于约束条件的系数乘以相应的决策变量，所以在 E4 单元格中输入公式“＝B4 * B2＋C4 * C2＋D4 * D2”，在 E5 单元格中输入公式“＝B5 * B2＋C5 * C2＋D5 * D2”，以此类推，在 E9 单元格中输入公式“＝B9＊B2＋C9＊C2＋D9＊D2”；目标函数的值等于目标函数系数乘以决策变量，从而在 D10 单元格中输入公式“＝B1＊B2＋C1＊C2＋D1＊D2”，如图 9—2 所示.

	A	B	C	D	E	F
1	目标函数系数	1	-2	1		
2	决策变量					
3	约束条件				约束条件左端的值	约束条件右端的值
4		1	1	1		12
5		2	1	-1		6
6		-1	3	0		9
7		1	0	0		0
8		0	1	0		0
9		0	0	1		0
10	目标函数值					

图 9—1　数据输入

	A	B	C	D	E	F
1	目标函数系数	1	-2	1		
2	决策变量					
3	约束条件				约束条件左端的值	约束条件右端的值
4		1	1	1	0	12
5		2	1	-1	0	6
6		-1	3	0	0	9
7		1	0	0	0	0
8		0	1	0	0	0
9		0	0	1	0	0
10	目标函数值			0		

图 9—2　计算约束条件左端的值和目标函数值

事实上，在计算约束条件左端的值时，只需要在 E4 单元格中输入公式“＝B4＊＄B＄2＋C4＊＄C＄2＋D4＊＄D＄2”，然后单击 E4 单元格，将鼠标置于 E4 单元格右下角，当光标变为小黑十字时拖曳至 E9 单元格即可.

第三步：单击【工具】菜单中的【规划求解】命令，在弹出的【规划求解参数】对话框中输入各项参数.

（1）设置目标单元格和可变单元格：

在【规划求解参数】对话框中选中【最大值】前的单选按钮，设置目标单元格为“＄D＄10”，可变单元格为“＄B＄2：＄D＄2”，如图 9—3 所示.

（2）添加约束条件：

单击【规划求解参数】对话框中的【添加】按钮，打开【添加约束】对话框．单击单元格引用位置文本框，然后选定工作表中的 E4 单元格，则在文本框中显示“＄E＄4”；选择“＜＝”约束条件；单击约束值文本框，然后选定工作表中的 F4 单元格，如图 9—4 所示.

图 9—4 中所示的约束条件表示 $x_1+x_2+x_3\leqslant 12$，以此类推，把所有约束条件都添加到【规划求解参数】对话框的【约束】列表框中.

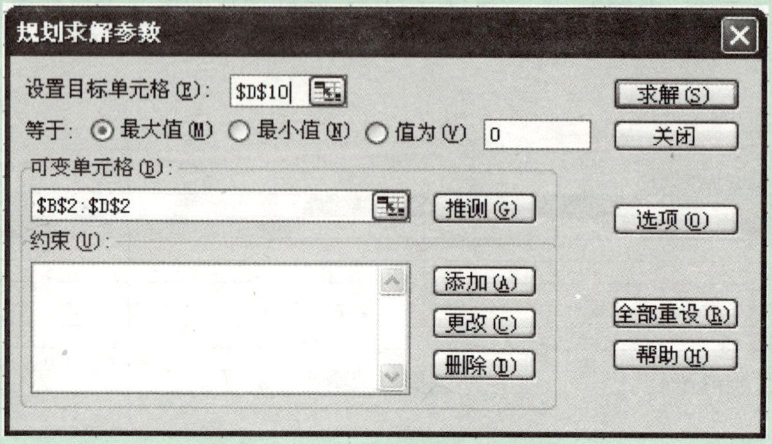

图 9—3　【规划求解参数】对话框

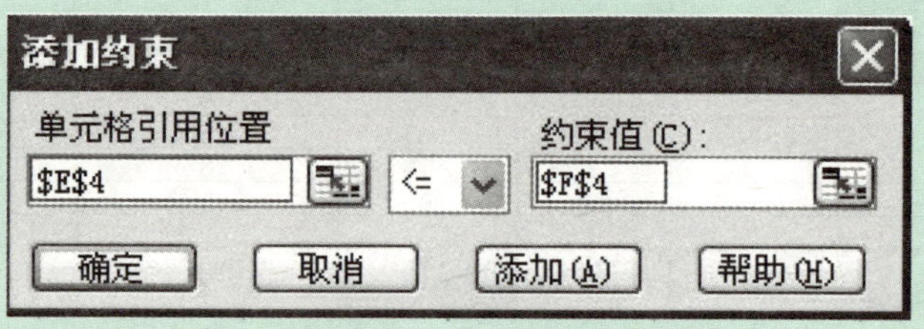

图 9—4　【添加约束】对话框

注意：如果在【工具】菜单中没有见到【规划求解】命令，则要单击【工具】→【加载宏】命令，在弹出的【加载宏】对话框中的列表框中，选定【规划求解】选项前的复选框.

第四步：在【规划求解参数】对话框中单击【求解】按钮，弹出如图 9—5 所示的【规划求解结果】对话框，选中【保存规划求解结果】单选按钮.

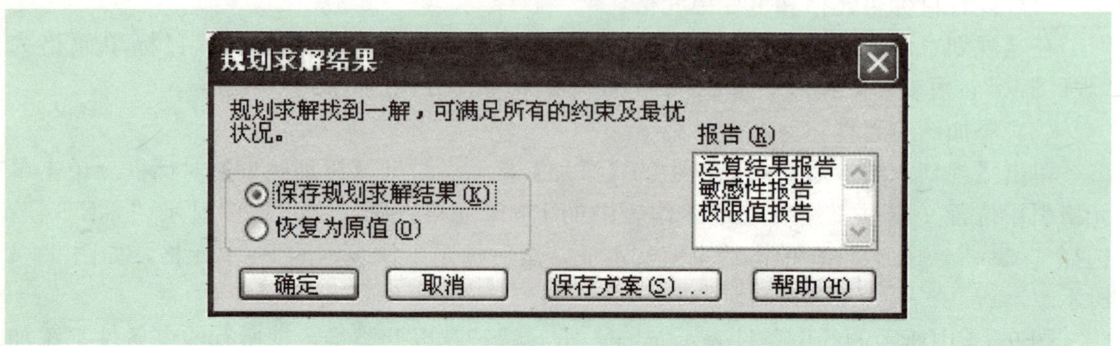

图 9—5　【规划求解结果】对话框

第五步：在【规划求解结果】对话框中，单击【确定】按钮，工作表中就显示出规划求解的结果，如图 9—6 所示.

	A	B	C	D	E	F
1	目标函数系数	1	-2	1		
2	决策变量	6	0	6		
3	约束条件				约束条件左端的值	约束条件右端的值
4		1	1	1	12	12
5		2	1	-1	6	6
6		-1	3	0	-6	9
7		1	0	0	6	0
8		0	1	0	0	0
9		0	0	1	6	0
10	目标函数值			12		

图 9—6 结果显示

如果要生成运算结果报告，可在【规划求解结果】对话框中选择【报告】列表框中的“运算结果报告”. 单击【确定】按钮，则产生如图 9—7 所示的运算结果报告表. 该表对约束条件和结果作出了详细的说明.

目标单元格（最大值）

单元格	名字	初值	终值
$D$10	目标函数值	0	12

可变单元格

单元格	名字	初值	终值
$B$2	决策变量	0	6
$C$2	决策变量	0	0
$D$2	决策变量	0	6

约束

单元格	名字	单元格值	公式	状态	型数值
$E$4	约束条件左端的值	12	$E$4<=$F$4	到达限制值	0
$E$5	约束条件左端的值	6	$E$5<=$F$5	到达限制值	0
$E$6	约束条件左端的值	-6	$E$6<=$F$6	未到限制值	15
$E$7	约束条件左端的值	6	$E$7>=$F$7	未到限制值	6
$E$8	约束条件左端的值	0	$E$8>=$F$8	到达限制值	0
$E$9	约束条件左端的值	6	$E$9>=$F$9	未到限制值	6

图 9—7 运算结果报告表

从图 9—6 或图 9—7 可以很容易看出，当变量 $x_1=6$，$x_2=0$，$x_3=6$ 时，目标函数的最大值为 $\max z=12$.

第三节 最优配置问题典型案例

案例 1　钢管下料问题

某机械厂需要长 80 厘米的钢管 800 根，长 60 厘米的钢管 200 根，这两种长度不同的钢管由长 200 厘米的钢管截得. 工厂该如何下料，才能使得用料最省？

问题分析　对于下料问题，首先必须从问题中找到可能的下料方式. 本问题是要用长 200 厘米的钢管截得长 80 厘米与 60 厘米两种型号的钢管，那么下料方式一共有三种：第一种下料方式是一根长 200 厘米的钢管截得长 80 厘米的钢管两根，第二种下料方式是一根长 200 厘米的钢管截得长 80 厘米的钢管一根与长 60 厘米的钢管两根，第三种下料方式是一根长 200 厘米的钢管截得长 60 厘米的钢管三根. 知道了下料方式以后，我们分情况讨论即可得到下料问题的数学规划模型.

模型建立：

（1）决策变量：设三种下料方式用掉长 200 厘米的钢管分别为 x_1，x_2，x_3 根.

（2）目标函数：用掉的长 200 厘米的钢管数量最少，即 $\min z=x_1+x_2+x_3$.

（3）约束条件：

1）对于所需长 80 厘米的钢管：第一种下料方式截得 $2x_1$ 根，第二种下料方式截得 x_2 根，共截得 $2x_1+x_2$ 根，它不能少于所需数量 800 根，即 $2x_1+x_2\geqslant 800$.

2）对于所需长 60 厘米的钢管：第二种下料方式截得 $2x_2$ 根，第三种下料方式截得 $3x_3$ 根，共截得 $2x_2+3x_3$ 根，它不能少于所需数量 200 根，即 $2x_2+3x_3\geqslant 200$.

3）非负约束：又考虑到 x_1，x_2，x_3 都是根数，因而它们的取值只能是正整数或零，表示为：$x_i\geqslant 0$，整数（$i=1$，2，3）.

综上所述，得钢管下料问题的数学规划模型为：

$$\min z = x_1 + x_2 + x_3$$

$$\text{s. t.}\begin{cases} 2x_1 + x_2 \geqslant 800 \\ 2x_2 + 3x_3 \geqslant 200 \\ x_i \geqslant 0,\text{整数}(i = 1,2,3) \end{cases}$$

模型求解：

第一步：在 Excel 工作表中建立线性规划模型，并计算约束条件左端的值和目标函数值，如图 9—8 所示.

	A	B	C	D	E	F
1	目标函数系数	1	1	1		
2	决策变量					
3	约束条件				约束条件左端的值	约束条件右端的值
4		2	1	0	0	800
5		0	2	3	0	200
6		1	0	0	0	0
7		0	1	0	0	0
8		0	0	1	0	0
9	目标函数值			0		

图 9—8　数据输入

第二步：单击【工具】菜单下的【规划求解】选项，在弹出的【规划求解参数】对话框中输入各项参数.

（1）设置目标单元格和可变单元格，如图 9—9 所示：

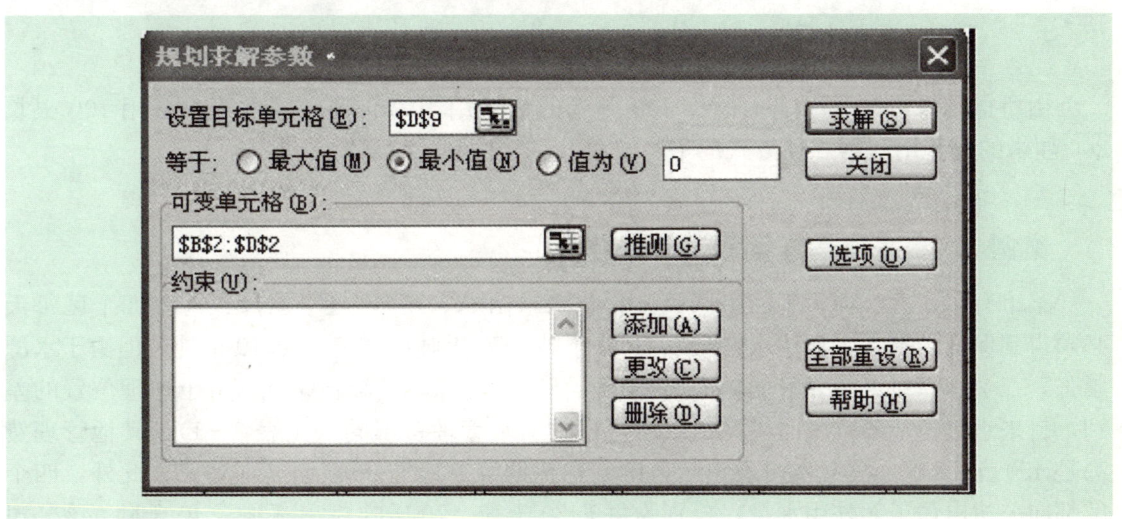

图 9—9　【规划求解参数】对话框

（2）添加约束条件：

按照本章第二节图 9—4 所示的方法添加模型的约束条件. 考虑到 x_1，x_2，x_3 都是根数，因而它们的取值只能是正整数或零，所以添加约束条件时还需添加可变单元格等于整数. 单击单元格引用位置，然后选中 B2 单元格，在单元格引用位置会出现“$B$2”，约束条件选择“int”，如图 9—10 所示. 依此方法添加决策变量 x_2，x_3 的整数约束条件.

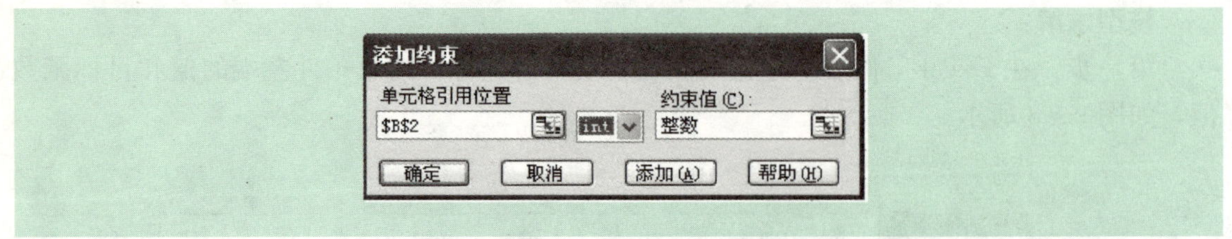

图 9—10 【添加约束】对话框

第三步：单击【求解】按钮，弹出【规划求解结果】对话框，同时结果显示在工作表中，如图 9—11 所示.

	A	B	C	D	E	F
1	目标函数系数	1	1	1		
2	决策变量	350	100	0		
3	约束条件				约束条件左端的值	约束条件右端的值
4		2	1	0	800	800
5		0	2	3	200	200
6		1	0	0	350	0
7		0	1	0	100	0
8		0	0	1	0	0
9	目标函数值			450		

图 9—11 结果显示

由所得结果可知，用 350 根长 200 厘米的钢管用于第一种方式的下料，用 100 根长 200 厘米的钢管用于第二种方式的下料，总共需要用到的钢管数量为 450 根.

案例 2 自来水运送问题（运输问题）

某市有甲、乙、丙、丁四个居民区，自来水由 A，B，C 三个水库供应，四个区每天必须得到保证的基本生活用水量分别为 30 千吨、70 千吨、10 千吨、10 千吨，但由于水源紧张，三个水库每天最多只能供应 50 千吨、60 千吨、50 千吨自来水. 由于地理位置的差别，自来水公司从各水库向各区送水所付出的引水管理费不同（见表 9—1），其他管理费都是 450 元/千吨. 根据公司规定，各区用户按照统一标准 900 元/千吨收费. 此外，四个区都向公司申请了额外用水量，分别为每天 50 千吨、70 千吨、20 千吨、40 千吨. 该公司如何分配供水量，才能获利最多？

表 9—1 从水库向各区送水的引水管理费 单位：元/千吨

引水管理费	甲	乙	丙	丁
A	160	130	220	170
B	140	130	190	150
C	190	200	230	

问题分析　分配供水量就是安排从三个水库向四个区送水的方案，目标是获利最多. 根据问题中的数据分析，三个水库的供水量是 160 千吨，不超过四个区的基本用水量和额外用水量的总和 300 千吨，所以总能全部卖出并获利. 于是自来水公司每天的总收入为 $900\times(50+60+50)=144\ 000$（元），与送水方案无关. 同样，公司每天的其他管理费用为 $450\times(50+60+50)=72\ 000$（元），也与送水方案无关. 所以要使得利润最大，只要引水管理费最小即可. 另外，送水方案要受到三个水库的供应量和四个区的需求量的限制.

模型建立：

（1）决策变量：假设三个水库 A，B，C 分别向甲、乙、丙、丁四个区的供水量为 $x_{ij}(i=1,2,3;j=1,2,3,4)$(第 i 个水库向第 j 区供水量). 由于C水库与丁区之间没有输水管道，即$x_{34}=0$，因此只有 11 个决策变量.

（2）目标函数：问题的目标可以从获利最多转化为引水管理费最少，于是有

$$\begin{aligned}\min z=&160x_{11}+130x_{12}+220x_{13}+170x_{14}+140x_{21}+130x_{22}+190x_{23}+150x_{24}\\&+190x_{31}+200x_{32}+230x_{33}\end{aligned}$$

（3）约束条件：约束条件有两类，一类是水库的供应量限制，另一类是各区的需求量限制.

由于供应量总能卖出并获利，水库的供应量限制可以表示为

$$\begin{cases}x_{11}+x_{12}+x_{13}+x_{14}=50\\x_{21}+x_{22}+x_{23}+x_{24}=60\\x_{31}+x_{32}+x_{33}=50\end{cases}$$

考虑到各区的基本生活用水量与额外用水量，需求量限制可以表示为

$$\begin{cases}30\leqslant x_{11}+x_{21}+x_{31}\leqslant 80\\70\leqslant x_{12}+x_{22}+x_{32}\leqslant 140\\10\leqslant x_{13}+x_{23}+x_{33}\leqslant 30\\10\leqslant x_{14}+x_{24}\leqslant 50\end{cases}$$

综上所述，得自来水运送问题的数学规划模型为

$$\begin{aligned}\min z=&160x_{11}+130x_{12}+220x_{13}+170x_{14}+140x_{21}+130x_{22}\\&+190x_{23}+150x_{24}+190x_{31}+200x_{32}+230x_{33}\end{aligned}$$

$$\text{s.t.}\begin{cases}x_{11}+x_{12}+x_{13}+x_{14}=50\\x_{21}+x_{22}+x_{23}+x_{24}=60\\x_{31}+x_{32}+x_{33}=50\\30\leqslant x_{11}+x_{21}+x_{31}\leqslant 80\\70\leqslant x_{12}+x_{22}+x_{32}\leqslant 140\\10\leqslant x_{13}+x_{23}+x_{33}\leqslant 30\\10\leqslant x_{14}+x_{24}\leqslant 50\\x_{ij}\geqslant 0(i=1,2,3;j=1,2,3,4)\end{cases}$$

模型求解：

第一步：在 Excel 工作表中建立线性规划模型，并计算约束条件左端的值和目标函数值. 本例中决策变量有 12 个，在 Excel 工作表中 B2 至 M2 单元格，分别表示决策变量 $x_{ij}\,(i=1,2,3;j=1,2,3,4)$，然后输入各个约束条件（包括非负条件）的系数，同时计算约束条件左端的值和目标函数的值，如图 9—12 所示.

	A	B	C	D	E	F	G	H	I	J	K	L	M	N	O
1	目标函数	160	130	220	170	140	130	190	150	190	200	230	0		
2	决策变量														
3	约束条件													约束条件左端的值	约束条件右端的值
4		1	1	1	1	0	0	0	0	0	0	0	0	0	50
5		0	0	0	0	1	1	1	1	0	0	0	0	0	60
6		0	0	0	0	0	0	0	0	1	1	1	0	0	50
7		1	0	0	0	1	0	0	0	1	0	0	0	0	80
8		1	0	0	0	1	0	0	0	1	0	0	0	0	30
9		0	1	0	0	0	1	0	0	0	1	0	0	0	140
10		0	1	0	0	0	1	0	0	0	1	0	0	0	70
11		0	0	1	0	0	0	1	0	0	0	1	0	0	30
12		0	0	1	0	0	0	1	0	0	0	1	0	0	10
13		0	0	0	1	0	0	0	1	0	0	0	0	0	50
14		0	0	0	1	0	0	0	1	0	0	0	0	0	10
15		1	0	0	0	0	0	0	0	0	0	0	0	0	0
16		0	1	0	0	0	0	0	0	0	0	0	0	0	0
17		0	0	1	0	0	0	0	0	0	0	0	0	0	0
18		0	0	0	1	0	0	0	0	0	0	0	0	0	0
19		0	0	0	0	1	0	0	0	0	0	0	0	0	0
20		0	0	0	0	0	1	0	0	0	0	0	0	0	0
21		0	0	0	0	0	0	1	0	0	0	0	0	0	0
22		0	0	0	0	0	0	0	1	0	0	0	0	0	0
23		0	0	0	0	0	0	0	0	1	0	0	0	0	0
24		0	0	0	0	0	0	0	0	0	1	0	0	0	0
25		0	0	0	0	0	0	0	0	0	0	1	0	0	0
26		0	0	0	0	0	0	0	0	0	0	0	1	0	0
27	目标函数值												0		

图 9—12　数据输入

第二步：在弹出的【规划求解参数】对话框中输入参数. 单击【求解】按钮，得到如图 9—13 所示的结果.

	A	B	C	D	E	F	G	H	I	J	K	L	M	N	O
1	目标函数	160	130	220	170	140	130	190	150	190	200	230	0		
2	决策变量	0	50	0	0	0	50	0	10	40	0	10	0		
3	约束条件													约束条件左端的值	约束条件右端的值
4		1	1	1	1	0	0	0	0	0	0	0	0	50	50
5		0	0	0	0	1	1	1	1	0	0	0	0	60	60
6		0	0	0	0	0	0	0	0	1	1	1	0	50	50
7		1	0	0	0	1	0	0	0	1	0	0	0	40	80
8		1	0	0	0	1	0	0	0	1	0	0	0	40	30
9		0	1	0	0	0	1	0	0	0	1	0	0	100	140
10		0	1	0	0	0	1	0	0	0	1	0	0	100	70
11		0	0	1	0	0	0	1	0	0	0	1	0	10	30
12		0	0	1	0	0	0	1	0	0	0	1	0	10	10
13		0	0	0	1	0	0	0	1	0	0	0	0	10	50
14		0	0	0	1	0	0	0	1	0	0	0	0	10	10
15		1	0	0	0	0	0	0	0	0	0	0	0	0	0
16		0	1	0	0	0	0	0	0	0	0	0	0	50	0
17		0	0	1	0	0	0	0	0	0	0	0	0	0	0
18		0	0	0	1	0	0	0	0	0	0	0	0	0	0
19		0	0	0	0	1	0	0	0	0	0	0	0	0	0
20		0	0	0	0	0	1	0	0	0	0	0	0	50	0
21		0	0	0	0	0	0	1	0	0	0	0	0	0	0
22		0	0	0	0	0	0	0	1	0	0	0	0	10	0
23		0	0	0	0	0	0	0	0	1	0	0	0	40	0
24		0	0	0	0	0	0	0	0	0	1	0	0	0	0
25		0	0	0	0	0	0	0	0	0	0	1	0	10	0
26		0	0	0	0	0	0	0	0	0	0	0	1	0	0
27	目标函数值												24400		

图 9—13　结果显示

因此，最佳送水方案为：A 水库向乙区供应 50 千吨，B 水库向乙、丁区分别供应 50

千吨、10 千吨，C 水库向甲、丙区分别供应 40 千吨、10 千吨. 引水管理费为 24 400 元，利润为 144 000 －72 000－24 400 ＝ 47 600（元）.

本题考虑的是将某种物质从若干供应点运往一些需求点，在供需量约束条件下使总费用最小，或使总利润最大. 这类问题一般称为运输问题，是线性规划应用最广泛的领域之一.

第四节
进一步学习的数学知识：单纯形法

单纯形法是一种求解线性规划问题的标准算法，本节将简单介绍单纯形法的基本原理及如何利用单纯形法求解线性规划问题.

一、线性规划问题的标准型

单纯形法的原理和算法是建立在线性规划标准型之上的，在介绍单纯形法的原理之前，我们首先介绍线性规划问题的标准型.

定义 9.1 线性规划问题的标准型主要是针对线性规划问题的约束条件而言的，具体表现形式为

$$\max z = c_1x_1 + c_2x_2 + \cdots + c_nx_n$$

$$\text{s.t.}\begin{cases} a_{11}x_1 + a_{12}x_2 + \cdots + a_{1n}x_n = b_1 \\ a_{21}x_1 + a_{22}x_2 + \cdots + a_{2n}x_n = b_2 \\ \qquad\cdots\cdots \\ a_{m1}x_1 + a_{m2}x_2 + \cdots + a_{mn}x_n = b_m \\ x_i \geqslant 0, i = 1,2,\cdots,n \end{cases}$$

其中，b_1，b_2，…，b_m 皆非负.

我们在解决实际问题时，根据实际问题建立的模型常常不是标准型. 但是我们在运用单纯形法求解规划模型时，需要模型是标准型. 那么如何把一个实际模型转化为标准型是我们首先需要解决的问题.

下面我们分四种情况讨论如何将线性规划问题的一般形式转化为标准型：

(1) 若求目标函数 z 的最小值，则引进新的目标函数 $z'=-z$，注意到 z' 的最大值就是 z 的最小值，因此求 z 的最小值就化为求 z' 的最大值，即 $\min z=-\max z'$.

（2）若约束条件中含有线性不等式约束，则需要引进新的非负变量，把线性不等式约束化为线性等式约束，这样引进的新非负变量称为**松弛变量**．分两种情况：

1）当约束条件是“$\leqslant$”时，在不等式左端加上松弛变量，将不等式约束化为等式约束；

2）当约束条件是“$\geqslant$”时，在不等式左端减去松弛变量，将不等式约束化为等式约束．

（3）若约束条件中线性等式约束的常数项为负值，则将该约束条件两端同时乘以-1，使得常数项为正值．

（4）若对某一变量无约束，可令 $x_j = x'_j - x''_j (x'_j \geqslant 0, x''_j \geqslant 0)$，作变量替换，使得对全部变量皆有非负限制．

例 9.1　将线性规划问题

$$\min z = -4x_1 + x_2 + 5x_3$$

$$\text{s. t.} \begin{cases} x_1 - 2x_2 + x_3 \leqslant -1 \\ -x_1 - 2x_2 + 2x_3 \geqslant 6 \\ x_i \geqslant 0 (i = 1,2,3) \end{cases}$$

化为标准型．

解　因为目标函数为最小值，所以引进新的目标函数 $z' = -z$；又因为约束条件为两个不等式约束，故引进松弛变量

$$x_4 \geqslant 0, x_5 \geqslant 0$$

从而线性规划问题化为

$$\max z' = 4x_1 - x_2 - 5x_3$$

$$\text{s. t.} \begin{cases} x_1 - 2x_2 + x_3 + x_4 = -1 \\ -x_1 - 2x_2 + 2x_3 - x_5 = 6 \\ x_i \geqslant 0 (i = 1,2,3,4,5) \end{cases}$$

上式第一个约束等式右端的常数为负值，因而在该约束条件两端同时乘以-1，得到所给线性规划问题的标准型为

$$\max z' = 4x_1 - x_2 - 5x_3$$

$$\text{s. t.} \begin{cases} -x_1 + 2x_2 - x_3 - x_4 = 1 \\ -x_1 - 2x_2 + 2x_3 - x_5 = 6 \\ x_i \geqslant 0 (i = 1,2,3,4,5) \end{cases}$$

二、单纯形法的原理与步骤

单纯形法解题的基本思想是：先找出一个基本可行解，对它进行鉴别，看是否是最优解；若不是，则按照一定法则转换到另一改进的基本可行解，再鉴别；若仍不是，则再转换，按此重复进行，直至最终到达最优解．接下来，我们将通过一个例题的求解，介绍单

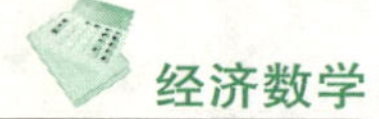

纯形法是怎样一步一步进行的.

例如，运用单纯形法求解线性规划问题

$$\max z = 3x_1 + x_2$$

$$\text{s. t.}\begin{cases} x_1 + 2x_2 \leqslant 8 \\ x_1 \leqslant 6 \\ x_i \geqslant 0 (i = 1,2) \end{cases}$$

第一步：引进松弛变量，将所给线性规划问题化为标准型.

$$\max z = 3x_1 + x_2$$

$$\text{s. t.}\begin{cases} x_1 + 2x_2 + x_3 = 8 \\ x_1 + x_4 = 6 \\ x_i \geqslant 0 (i = 1,2,3,4) \end{cases} \tag{9.2}$$

第二步：用非基变量表示基变量，求出一个基本可行解.

由（9.2）式可知：$x_3=8-x_1-2x_2$，$x_4=6-x_1$. 其中，x_3，x_4 称为基变量，x_1，x_2 称为非基变量. 令各非基变量等于 0，即 $x_1=0$，$x_2=0$，得到基变量 $x_3=8$，$x_4=6$，它们构成初始基本可行解，从而我们得到了一个基本可行解（0，0，8，6）.

第三步：最优性检验.

定义 9.2　最优性检验：判断基本可行解是否是最优解.

定义 9.3　检验数：用非基变量表示的目标函数中的各非基变量的系数称为各非基变量的检验数，通常用 σ_j 表示 x_j 的检验数. 例如（9.2）式中 x_1 的检验数 σ_1 为 3，而各基变量的检验数为 0.

定理 9.1　最优解判定定理：在极大化问题中，如果对于某个基本可行解，所有检验数 $\sigma_j \leqslant 0$，则这个基本可行解是最优解.

对于极小化问题，只需要把定理中的 $\sigma_j \leqslant 0$ 改为 $\sigma_j \geqslant 0$ 即可.

在（9.2）式中，x_1 的检验数 $\sigma_1=3>0$，x_2 的检验数 $\sigma_2=1>0$，根据最优解判定定理可知，基本可行解不是最优解.

当求出的基本可行解不是最优解时，需要找到一个新的基本可行解进行下一步迭代.

第四步：确定换入变量.

在决定哪个变量从非基变量转化为基变量时，当存在 $\sigma_k>0$ 时，选择 x_k 作为换入变量. 若检验数大于 0 的非基变量不止一个，则可以任选其中一个作为换入变量. 在本例中，σ_1，σ_2 均大于 0，故可在 x_1，x_2 中任选一个作为换入变量，本例选择 x_1 作为换入变量.

第五步：确定换出变量.

当把 x_1 作为换入变量后，则必须从基变量 x_3，x_4 中换出一个，作为非基变量. 在决定换出变量时，应按最小比值规则进行. 即比较约束方程的右边的常数与该方程中欲调入基变量的系数之比，在非负比值中，选取具有最小非负比值的方程中的基变量作为换出变量.

在本例中，因为要从基变量 x_3，x_4 中换出一个，由（9.2）式可知，基变量 x_3 的系数是 1，基变量 x_4 的系数是 1，从而有

$$\min\left\{\frac{8}{1},\frac{6}{1}\right\}=6$$

因此，选取 x_4 作为换出变量.

于是得到由 x_1，x_3 构成的第二组基变量，x_2，x_4 为非基变量. 令非基变量 $x_2=0$，$x_4=0$，得到基变量 $x_1=6$，$x_3=2$，它们构成第二组基本可行解（6，0，2，0）. 接下来要做的事情就是对第二组基本可行解进行最优性检验，判断其是否是最优解. 因此，我们回到第三步.

第六步：回到第三步，进行新的基本可行解的最优性检验.

用非基变量表示目标函数有

$$z=x_2-3x_4+18 \tag{9.3}$$

因为非基变量 x_2 的检验数 $\sigma_2=1>0$ ，由最优解判定定理可知，基本可行解还不是最优解.

第七步：确定新的换入变量、换出变量.

因为在目标函数（9.3）中，只有非基变量 x_2 的检验数大于 0，所以我们选取 x_2 作为换入变量，同时选取 x_3 作为换出变量. 于是得到由 x_1，x_2 构成的第三组基变量，x_3，x_4 为非基变量. 令非基变量 $x_3=0$，$x_4=0$，得到基变量 $x_1=6$，$x_2=1$；它们构成第三组基本可行解（6，1，0，0）.

第八步：回到第三步，判断第三组基本可行解是否是最优解.

用非基变量表示目标函数有

$$z=19-\frac{5}{2}x_4-\frac{1}{2}x_3 \tag{9.4}$$

由（9.4）式可知，非基变量 x_3 的检验数 $\sigma_3=-\frac{1}{2}<0$，非基变量 x_4 的检验数 $\sigma_4=-\frac{5}{2}<0$，由最优解判定定理可知，此时的基本可行解就是最优解，最优解 $\max z=19$.

从上面的实例可以看出，应用单纯形法求解线性规划问题，相当于从可行解集的一个极点跳到另一个极点，逐步接近最优解，并最终到达最优解.

习题九

1. 试述线性规划问题数学模型的组成部分及特征，判别下列数学模型是否为线性规划模型（模型中 a，b，c 为常数，x 为变量）.

（1）$\max z = x_1 + x_2 + 2x_3$

$$\text{s. t.}\begin{cases} x_1 + x_2 \geqslant 4 \\ x_1 + x_2 + 2x_3 \leqslant 8 \\ x_i \geqslant 0, (i = 1,2,3) \end{cases};$$

（2）$\max z = x_1^2 + 2x_2^3$

$$\text{s. t.}\ 3x_1 + x_2 \leqslant 10;$$

（3）$\max z = x_1 \cdot x_2 \cdot x_3$

$$\text{s. t.}\begin{cases} ax_1 + bx_1^2 \leqslant c \\ 2x_1 + 3x_2 \geqslant 3 \\ a^2x_1 + cx_3 = b \\ x_i \geqslant 0 (i = 1,2) \end{cases};$$

（4）$\max z = 3x_1 + 2x_2$

$$\text{s. t.}\begin{cases} x_1 \leqslant 4 \\ 2x_1 + 3x_2 \leqslant 12 \\ 2x_1 + x_2 \leqslant 8 \\ x_i \geqslant 0 (i = 1,2) \end{cases}.$$

2. 考虑如表 9—2 所示的生产计划问题，建立线性规划模型，以确定最优生产方案.

表 9—2　　产品资源消耗及单位利润表

资源	单位资源使用量		可用资源总量
	甲产品	乙产品	
A	3	3	20
B	2	1	10
C	2	4	20
单位利润	200	300	

3. 某工厂用 A、B 两种配件生产甲、乙两种产品，每生产 1 件甲产品使用 4 个 A 配件耗时 1 h，每生产 1 件乙产品使用 4 个 B 配件耗时 2 h. 该厂每天最多可从配件厂获得 16 个 A 配件和 12 个 B 配件，按每天工作 8 h 计算，若生产 1 件甲产品获利 2 万元，生产 1 件乙产品获利 3 万元，工厂应如何安排生产，才能使总利润最大?

4. 用单纯形法求解下列线性规划问题.

（1）$\max z = 3x_1 + 2x_2$

$$\text{s. t.}\begin{cases} x_1 \leqslant 4 \\ 2x_1 + 3x_2 \leqslant 12 \\ 2x_1 + x_2 \leqslant 8 \\ x_i \geqslant 0 (i = 1,2) \end{cases};$$

（2）$\max z = x_1 + 6x_2 + 4x_3$

$$\text{s. t.}\begin{cases} -x_1 + 2x_2 + 2x_3 \leqslant 13 \\ 4x_1 - 4x_2 + x_3 \leqslant 20 \\ x_1 + 2x_2 + x_3 \leqslant 17 \\ x_i \geqslant 0 (i = 1,2,3) \end{cases}.$$

5. 某家具制造厂生产五种不同规格的家具，每件家具都要经过机械成型、打磨和上漆等主要生产工序. 每种家具在每道工序上所使用的时间、每道工序的可用时间、每种家具的利润等数据如表 9—3 所示. 工厂应如何安排生产，才能使总利润最大?

表 9—3　　**家具生产数据表**

生产工序	所需时间（小时）					可用时间（小时）
	一	二	三	四	五	
成型	3	4	6	2	3	3 600
打磨	4	3	5	6	4	3 950
上漆	2	3	3	4	3	2 800
利润（百元）	2.7	3	4.5	2.5	3	

6. 某炼油厂根据计划每季度需供应合同单位汽油 15 万吨、煤油 12 万吨、柴油 10 万吨. 该厂从 A，B 两处运回原油提炼，已知两处原油成分如表 9—4 所示. 从 A 处采购原油每吨价格（包括运费）为 200 元，从 B 处采购原油每吨价格（包括运费）为 310 元. 问：

（1）该炼油厂采购原油的最优决策是什么?

（2）如 A 处价格不变，B 处降为 100 元/吨，则最优决策有何改变?

表 9—4　　**原油成分数据表**

	A 处	B 处
含汽油	10%	30%
含煤油	30%	16%
含柴油	40%	24%
其他	20%	30%

第十章

寻找效益最大化的方法路径

名言：在数学的天地里，重要的不是我们知道什么，而是我们怎么知道什么.

——毕达哥拉斯

故事：1973年，比尔·盖茨进入哈佛大学法律系学习．他不喜欢法律，但对计算机十分感兴趣，因此他面临两种选择：是继续学习，还是辍学创办软件公司？19岁时，比尔·盖茨选择了辍学并创办了自己的软件公司．他终于成功了，以净资产850亿美元荣登世界亿万富翁的榜首．当比尔·盖茨应邀回母校哈佛大学参加募捐会时，记者问他是否愿意继续学习以拿到哈佛大学的毕业证，他笑了笑，没有回答．看来比尔·盖茨是不愿意回到哈佛大学继续学习了，因为那样的话机会成本太大——失去世界首富的地位．机会成本是决策者进行正确决策所必须考虑的现实因素，忽视了机会成本，往往有可能使投资决策发生失误．

第一节
机会成本计算问题及解决方案

一、问题引入

引例　某企业用四种资源生产三种产品，工艺系数、资源限量及价值系数如表 10—1 所示.

表 10—1　　各种资源限量及价值系数表

资源＼产品	A	B	C	资源限量
Ⅰ	9	8	6	500
Ⅱ	5	4	7	450
Ⅲ	8	3	2	300
Ⅳ	7	6	4	550
每件产品获利	100	80	70	

问：(1) 该企业如何组织生产才能获利最大？

(2) 假如企业的决策者决定不生产产品 A，B，C，而是将其所有资源出租或出让，此时决策者如何对每一种资源进行定价呢？

问题分析　第一个问题是典型的线性规划问题，设 x_1，x_2，x_3 分别表示产品 A，B，C 的产量，可建立如下线性规划模型：

$$\max z = 100x_1 + 80x_2 + 70x_3$$

$$\text{s. t.}\begin{cases} 9x_1 + 8x_2 + 6x_3 \leqslant 500 \\ 5x_1 + 4x_2 + 7x_3 \leqslant 450 \\ 8x_1 + 3x_2 + 2x_3 \leqslant 300 \\ 7x_1 + 6x_2 + 4x_3 \leqslant 550 \\ x_1, x_2, x_3 \geqslant 0 \end{cases} \tag{10.1}$$

对于第二个问题，资源售价由单位成本和增值价格两部分构成，增值价格又可以理解为机会成本（也称为影子价格）. 决策者要考虑的核心问题就是增值价格的确定，因为价格太高对方不愿意接受，价格太低自己收益又太少. 合理的价格应该是使对方用最少的资金购买自己的全部资源，而自己所获得的利润不低于自己用于生产时的获利. 例如，若用9个单位的资源Ⅰ、5个单位的资源Ⅱ、8个单位的资源Ⅲ和7个单位的资源Ⅳ生产1件产品A可获利100，则用于生产1件A的这四种资源出租或出让的获利应不低于自己生产的获利100.

那么，如何确定资源的增值价格（机会成本）呢？这正是我们接下来要学习的内容.

二、典型问题解决方案

继续讨论引例的第二个问题，设 y_1，y_2，y_3，y_4 分别表示四种资源的单位增值价格（售价＝成本＋增值价格），则决策者将所有资源出租或出让的总增值为

$$w = 500y_1 + 450y_2 + 300y_3 + 550y_4$$

企业生产一件产品A所用四种资源的数量分别是9、5、8和7个单位，利润是100，那么企业出售这些资源的获利应不少于100，即

$$9y_1 + 5y_2 + 8y_3 + 7y_4 \geqslant 100$$

同理，对产品B和C，有

$$8y_1 + 4y_2 + 3y_3 + 6y_4 \geqslant 80$$

$$6y_1 + 7y_2 + 2y_3 + 4y_4 \geqslant 70$$

同时，资源增值价格不可能小于零，即有 $y_i \geqslant 0(i = 1,2,3,4)$.

综上所述，企业的资源增值价格模型为：

$$\min w = 500y_1 + 450y_2 + 300y_3 + 550y_4$$

$$\text{s. t.}\begin{cases} 9y_1 + 5y_2 + 8y_3 + 7y_4 \geqslant 100 \\ 8y_1 + 4y_2 + 3y_3 + 6y_4 \geqslant 80 \\ 6y_1 + 7y_2 + 2y_3 + 4y_4 \geqslant 70 \\ y_i \geqslant 0, i = 1,2,3,4 \end{cases} \qquad (10.2)$$

上述两个模型即式（10.1）和式（10.2）是对同一问题的两种不同考虑的数学描述，它们之间有着一定的内在联系，具体表现为：

（1）两个问题的系数矩阵互为转置；

（2）一个问题的变量个数等于另一个问题的约束条件个数；

（3）一个问题的右端系数是另一个问题的目标函数的系数；

（4）一个问题的目标函数为极大化，约束条件为“≤”类型，另一个问题的目标函数为极小化，约束条件为“≥”.

概念 10.1 称式（10.1）为**原始线性规划问题**或**原问题**，式（10.2）为**对偶线性规划问题**或**对偶问题**. 这种对应关系称为**对偶关系**.

一般地，原问题与对偶问题的关系，其变化形式可归纳为表 10—2 中所示的对应关系.

表 10—2　　原问题与对偶问题对应关系表

原问题（或对偶问题）	对偶问题（或原问题）
目标函数　max z	目标函数　min w
n 个约束	n 个变量
约束　$\leqslant$	变量　$\geqslant$
约束　$\geqslant$	变量　$\leqslant$
约束　$=$	自由变量
m 个变量	m 个约束
变量　$\geqslant 0$	约束　$\geqslant$
变量　$\leqslant 0$	约束　$\leqslant$
自由变量	约束　$=$
目标函数的价值向量	约束条件的限定向量
约束条件的限定向量	目标函数的价值向量

根据表 10—2 的对应关系，若原问题是极大化问题，则表格从左边往右边查；若原问题是极小化问题，则表格从右边往左边查. 这样在已知原问题时，我们可以很容易由原问题的数学模型直接写出对偶问题的数学模型.

例如：

$$\max z = 5x_1 + 3x_2 + 2x_3 + 4x_4$$

$$\text{s. t.}\begin{cases} 5x_1 + x_2 + x_3 + 8x_4 \leqslant 8 \\ 2x_1 + 4x_2 + 3x_3 + 2x_4 = 10 \\ x_1, x_2 \geqslant 0 \end{cases}$$

目标函数为 max，根据原问题与对偶问题对应关系表可知对偶问题的目标函数为 min；原问题含有 4 个变量，故对偶问题中应该含有 4 个约束条件；原问题的约束条件个数为 2，故对偶问题的变量个数也为 2，设为 y_1，y_2. 因此原问题的对偶问题为：

$$\min w = 8y_1 + 10y_2$$

$$\text{s. t.}\begin{cases} 5y_1 + 2y_2 \geqslant 5 \\ y_1 + 4y_2 \geqslant 3 \\ y_1 + 3y_2 = 2 \\ 8y_1 + 2y_2 = 4 \\ y_1, y_2 \geqslant 0 \end{cases}$$

对于原问题与对偶问题，我们有如下定理：

定理 10.1　对称性定理：对偶问题的对偶是原问题.

定理 10.2　对偶定理：若原问题有最优解，则对偶问题也有最优解，且目标函数值相等.

概念 10.2　对偶问题的最优解称为资源的**影子价格**（shadow price）.

对于生产计划问题，影子价格所代表的是企业在当前面临的资源状况、技术状况和市场状况已知的情况下，单位资源对企业的价值. 一种资源的影子价格越高，则增加或减少一个单位这种资源，对总收益的影响越大；一种资源的影子价格越低，则增加或减少一个单位这种资源，对总收益的影响越小；如果一种资源的影子价格为零，则在一定范围内增加或减少一个单位这种资源，对总收益没有影响.

概念 10.3　机会成本：又称择一成本，是指把已放弃的方案可能获取的收益，作为评价优选方案即被选取方案所付出的代价. 它是指一笔投资在专注于某一方面后所失去的在其他方面的投资获利机会.

例如，某企业在甲、乙两个生产方案中优选一个方案. 甲方案预计收入为 100 万元，成本为 70 万元，利润为 30 万元；乙方案预计收入为 120 万元，成本为 80 万元，利润为 40 万元. 当只能选择其中一个方案并优选乙方案时，甲方案的利润 30 万元即构成乙方案的机会成本.

影子价格又是一种机会成本，企业经营决策者可以把本企业的影子价格与当时的市场价格进行比较，当某种资源的影子价格高于市场价格时，企业可以买进该种资源；当影子价格低于市场价格时（特别是当影子价格为零时），企业可以卖出该种资源，以获得较大的利润.

下面举例说明上述关于影子价格的分析：

某厂计划在下一个生产周期内生产甲、乙、丙三种产品，需要劳动力、原材料两种资源，已知每件产品所消耗的资源数、每种资源的数量限制以及每件产品可获得的利润如表 10—3 所示.

表 10—3　　**各种资源限量及价值系数表**

资源＼产品	甲	乙	丙	资源限量
劳动力	6	3	5	45
原材料	3	4	5	30
每件产品利润（元）	3	1	4	

问：(1) 如何确定获得总收入最大的生产计划？

(2) 如果劳动力数量不变，材料不足可以从市场购买，每单位为 0.4 元，那么该单位要不要购进原材料以扩大生产？

问题分析　本例第一个问题要确定获得总收入最大的生产计划，只需要求解一个线性规划问题即可;第二个问题要作一个生产决策，首先要通过求解对偶问题计算出原材料的影子价格，然后比较影子价格与市场价格的大小，如果影子价格大于市场价格则可以购买，如果影子价格小于市场价格则不能购买.

解决方案：

（1）决策变量：设 x_1，x_2，x_3 分别为生产甲、乙、丙三种产品的数量.

（2）目标函数：$z=3x_1+x_2+4x_3$.

（3）约束条件：劳动力约束，$6x_1+3x_2+5x_3\leqslant45$；材料约束，$3x_1+4x_2+5x_3\leqslant30$；非负约束，$x_1$，$x_2$，$x_3\geqslant0$.

综上可得数学规划模型为

$$\max z = 3x_1 + x_2 + 4x_3$$
$$\text{s.t.}\begin{cases}6x_1 + 3x_2 + 5x_3 \leqslant 45\\3x_1 + 4x_2 + 5x_3 \leqslant 30\\x_1, x_2, x_3 \geqslant 0\end{cases}$$

利用 Excel 求解该线性规划问题，可得到如图 10—1 所示的规划求解结果.

	A	B	C	D	E	F
1	目标函数系数	3	1	4		
2	决策变量	5	0	3		
3	约束条件				约束条件左端的值	约束条件右端的值
4		6	3	5	45	45
5		3	4	5	30	30
6		1	0	0	5	0
7		0	1	0	0	0
8		0	0	1	3	0
9	目标函数值			27		

图 10—1　结果显示

这说明工厂的最佳生产方案为甲产品生产 5 个，丙产品生产 3 个，不生产乙产品，总收入可以达到 27.

为了得到原材料的影子价格，我们需要得到上述模型的对偶模型. 由表 10—2 的对应关系，我们得到对偶数学规划模型为

$$\min w = 45u + 30v$$
$$\text{s.t.}\begin{cases}6u + 3v \geqslant 3\\3u + 4v \geqslant 1\\5u + 5v \geqslant 4\\u \geqslant 0, v \geqslant 0\end{cases}$$

利用 Excel 求解该对偶规划模型，可得到如图 10—2 所示的规划求解结果.

	A	B	C	D	E
1	目标函数系数	45	30		
2	决策变量	1/5	3/5		
3	约束条件			约束条件左端的值	约束条件右端的值
4		6	3	3	3
5		3	4	3	1
6		5	5	4	4
7		1	0	0.2	0
8		0	1	0.6	0
9	目标函数值		27		

图 10—2 对偶问题结果显示

从图 10—2 中我们很容易看出：劳动力的影子价格为 0.2 元，原材料的影子价格为 0.6 元. 因为市场上购买每单位原材料的价格为 0.4 元，而 0.6>0.4，所以工厂可以考虑购进原材料扩大生产来获取更大的利润.

第二节
对偶问题典型案例

案例 1　安排生产策略问题

某厂计划在下一个生产周期内生产甲、乙两种产品，要消耗钢材、煤炭、设备台时三种资源，已知每件产品所消费的资源数、每种资源的数量限制以及每件产品的售价如表10—4 所示. 问：

（1）如何安排生产计划，才能充分利用现有资源，使获得的总收入最大?

（2）现有两种新产品 A 和 B，它们对资源的消耗额以及可能获得的单位利润如表10—5 所示，那么它们是否值得投产?

表 10—4　　资源消耗表

资源 \ 单位消费 \ 产品	甲	乙	资源限制
钢材	5	2	170
煤炭	2	3	100
设备台时	1	5	150
单位价格（万元）	10	18	

表 10—5　　产品利润表

资源 \ 单位消费 \ 产品	A	B
钢材	1	2
煤炭	2	1
设备台时	3	4
单位价格（万元）	10	9

问题分析　本案例第一个问题是要制定一个生产计划，根据第九章的知识，我们知道这是一个典型的线性规划问题，求解线性规划问题就可以得到最优生产计划. 第二个问题是一个决定新产品是否值得投资的问题，根据影子价格的定义我们知道，判断某一产品是否值得投资，需要求出该产品的影子价格，然后与单位价格比较：如果产品的影子价格大于相应的单位价格，则不值得投产；如果影子价格小于相应的单位价格，则值得投产.

解决方案：

（1）决策变量：设生产甲产品 x_1 件，生产乙产品 x_2 件.

（2）目标函数：设总收入为 z 万元，由表 10—4 可知，甲产品的单位价格为 10 万元，乙产品的单位价格为 18 万元，则获得的总收入为

$z=10x_1+18x_2$

(3) 约束条件：钢材资源限制，生产1件甲产品消耗5单位的钢材，生产1件乙产品消耗2单位的钢材，而钢材资源的总量为170单位，则

$5x_1+2x_2\leqslant 170$

同理可得：煤炭资源限制，$2x_1+3x_2\leqslant 100$；设备台时限制，$x_1+5x_2\leqslant 150$；非负约束，$x_1\geqslant 0$，$x_2\geqslant 0$.

综上所述，我们可得数学规划模型为

$$\max z = 10x_1 + 18x_2$$

$$\text{s. t.} \begin{cases} 5x_1 + 2x_2 \leqslant 170 \\ 2x_1 + 3x_2 \leqslant 100 \\ x_1 + 5x_2 \leqslant 150 \\ x_1 \geqslant 0, x_2 \geqslant 0 \end{cases} \tag{10.3}$$

下面用 Excel 求解模型 (10.3).

第一步：根据模型 (10.3)，在 Excel 工作表中输入数据，如图 10—3 所示.

	A	B	C	D	E
1	目标函数系数	10	18		
2	决策变量				
3	约束条件			约束条件左端的值	约束条件右端的值
4		5	2		170
5		2	3		100
6		1	5		150
7		1	0		0
8		0	1		0
9	目标函数值				

图 10—3　数据输入

第二步：计算约束条件左端的值和目标函数值，其中 D4＝$B$2＊B4＋$C$2＊C4；然后，利用 Excel 中的句柄填充功能，计算出约束条件左端其他值，其中目标函数值为 C9＝B1＊B2＋C1＊C2.

第三步：设置决策变量区域，添加约束条件.

第四步：单击【规划求解】按钮，得到如图 10—4 所示的规划求解结果.

	A	B	C	D	E
1	目标函数系数	10	18		
2	决策变量	7.142857143	28.5714286		
3	约束条件			约束条件左端的值	约束条件右端的值
4		5	2	92.85714286	170
5		2	3	100	100
6		1	5	150	150
7		1	0	7.142857143	0
8		0	1	28.57142857	0
9	目标函数值		585.71429		

图 10—4　结果显示

从图 10—4 中我们可以看出，当甲产品生产 7.14 件，乙产品生产 28.57 件时，获得的最大利润为 585.71 万元.

对于第二个问题，要判断某种产品是否值得投产，我们需要得到生产这种产品的各种资源的影子价格，而要求影子价格，只需要求生产计划问题的对偶问题即可. 利用本章第一节对偶问题的相关知识，我们得到模型（10.3）的对偶问题为

$$\min w = 170x + 100y + 150z$$

$$\text{s.t.}\begin{cases}5x + 2y + z \geqslant 10\\ 2x + 3y + 5z \geqslant 18\\ x \geqslant 0, y \geqslant 0, z \geqslant 0\end{cases} \tag{10.4}$$

利用 Excel 求解上述对偶规划问题，可得到如图 10—5 所示的结果.

	A	B	C	D	E	F
1	目标函数系数	170	100	150		
2	决策变量	0	4.571429	0.857143		
3	约束条件				约束条件左端的值	约束条件右端的值
4		5	2	1	10	10
5		2	3	5	18	18
6		1	0	0	0	0
7		0	1	0	4.571428571	0
8		0	0	1	0.857142857	0
9	目标函数值			585.714		

图 10—5　对偶问题结果显示

从图 10—5 可以看出：

（1）钢材的影子价格为 0，即再增加 1 吨钢材，利润不会增加；

（2）煤炭的影子价格为 4.571 万元，即再增加 1 吨煤炭，利润增加 4.571 万元；

（3）设备台时的影子价格为 0.857 万元，即再增加 1 个台时，利润增加 0.857 万元 .

产品 A 的隐含成本为：$0\times1+4.571\times2+0.857\times3=11.713>10$（万元）.

产品 B 的隐含成本为：$0\times2+4.571\times1+0.857\times4=7.999<9$（万元）.

因为产品 A 的隐含成本大于其单位成本，所以 A 产品不生产；产品 B 的隐含成本小于其单位成本，所以 B 产品可以生产.

案例 2　合理成本计算问题

某工厂有甲、乙两个车间工段可生产 A_1，A_2，A_3 三类产品，各工段开工一天生产三类产品的数量、费用以及合同对三类产品的最低需求量见表 10—6. 那么每吨 A_1，A_2 产品的合理成本是多少？

表 10—6　　生产产品相关参数表

定额 a_{ij}（吨/天）		工段		生产合同最低需求量 b（吨）
		甲	乙	
产品 A_i	A_1	2	7	20
	A_2	1	1	5
	A_3	8	2	16
费用（元/天）		1 000	2 000	

问题分析　本案例是要计算 A_1，A_2 的机会成本，也就是 A_1，A_2 的影子价格. 由本章第一节的知识我们知道，要求影子价格，首先需要求出原问题的对偶问题，然后通过求解该对偶问题得到 A_1，A_2 的影子价格. 原问题受到的限制条件只有一个：生产合同最低需求量.

解决方案：

(1) 决策变量：设 x_1，x_2 分别为工段甲、乙开工的天数.

(2) 目标函数：设满足生产合同的最低费用为 z 元，因为工段甲的费用为 1 000 元/天，工段乙的费用为 2 000 元/天，则目标函数为

$$z = 1\,000x_1 + 2\,000x_2$$

(3) 约束条件：生产合同最低需求量. 生产合同对 A_1 的最低需求量为 20 吨，甲、乙两个工段开工一天生产 A_1 的产品数量分别为 2，7，所以有如下约束条件：

$$2x_1 + 7x_2 \geqslant 20$$

同理，对产品 A_2 和 A_3，有

$$x_1 + x_2 \geqslant 5$$

$$8x_1 + 2x_2 \geqslant 16$$

非负约束：因为开工的天数不可能为负数，所以有 $x_1 \geqslant 0$，$x_2 \geqslant 2$.

综上所述，我们可得数学规划模型为

$$\min z = 1\,000x_1 + 2\,000x_2$$

$$\text{s. t.}\begin{cases}2x_1 + 7x_2 \geqslant 20\\ x_1 + x_2 \geqslant 5\\ 8x_1 + 2x_2 \geqslant 16\\ x_1 \geqslant 0, x_2 \geqslant 0\end{cases}$$

利用对偶理论，我们得到原问题的对偶线性规划模型为

$$\max w = 20x + 5y + 16z$$

$$\text{s. t.}\begin{cases}2x + y + 8z \leqslant 1\,000\\ 7x + y + 2z \leqslant 2\,000\\ x, y, z \geqslant 0\end{cases}$$

利用 Excel 求解对偶线性规划问题，得到的结果如图 10—6 所示.

	A	B	C	D	E	F
1	目标函数系数	20	5	16		
2	决策变量	**200**	**600**	**0**		
3	**约束条件**				**约束条件左端的值**	**约束条件右端的值**
4		2	1	8	1000	1000
5		7	1	2	2000	2000
6		1	0	0	200	0
7		0	1	0	600	0
8		0	0	1	0	0
9	**目标函数值**			**7000**		

图 10—6　结果显示

由图 10—6 可得，每吨产品 A_1 的合理成本为 200 元，每吨产品 A_2 的合理成本为 600 元.

第三节
进一步学习的数学知识：对偶单纯形法

线性规划的对偶单纯形法是根据对偶问题求解的特点和对称性设计出的一种解法. 本节将简要介绍对偶单纯形法的基本理论以及如何运用对偶单纯形法求解线性规划问题.

对偶单纯形法和单纯形法的主要区别在于：单纯形法在整个迭代过程中，始终保持原问题的可行性，即常数列大于等于 0；对偶单纯形法则是在整个迭代过程中，始终保持对偶问题的可行性，即全部检验数大于等于 0. 在运用对偶单纯形法求解线性规划问题时，不需要引入人工变量，但是必须先给定原问题的一个对偶可行的基本解.

下面介绍对偶单纯形法的求解步骤.

第一步：给定一个初始对偶可行的基本解.

将原问题引入附加变量化为标准型. 为了得到对偶可行的基本解，不需要引入人工变量，只要将每个约束方程两端同时乘以 -1 即可，并实现所有检验数大于等于 0，但常数列中含有负元素.

例如，利用对偶单纯形法求解下列规划模型

$$\min z = 4x_1 + 3x_2 + 8x_3$$

$$\text{s. t.} \begin{cases} x_1 + x_3 \geqslant 2 \\ x_2 + 2x_3 \geqslant 5 \\ x_j \geqslant 0 (j = 1,2,3) \end{cases}$$

将之化为标准型，得

$$\min z = 4x_1 + 3x_2 + 8x_3 + 0x_4 + 0x_5$$

$$\text{s. t.} \begin{cases} x_1 + x_3 - x_4 = 2 \\ x_2 + 2x_3 - x_5 = 5 \\ x_j \geqslant 0 (j = 1,2,3,4,5) \end{cases}$$

然后分别将每个约束方程两端同乘以 -1，得

$$\min z = 4x_1 + 3x_2 + 8x_3 + 0x_4 + 0x_5$$

$$\text{s.t.}\begin{cases}-x_1-x_3+x_4=-2\\-x_2-2x_3+x_5=-5\\x_j\geqslant 0(j=1,2,3,4,5)\end{cases}$$

从而可得表 10—7：

表 10—7 **对偶单纯形表**

基变量	x_1	x_2	x_3	x_4	x_5	b'
x_4	−1	0	−1	1	0	−2
x_5	0	−1	−2	0	1	−5
σ_j	4	3	8	0	0	0

第二步：最优性检验.

若线性常数列 $b'\geqslant 0$，则停止计算，现行对偶可行的基本解即是最优解；否则，转下一步. 从表 10—7 可知，常数列 b' 的两个值都小于 0，从而线性对偶可行的基本解不是最优解.

第三步：确定换出变量.

将现行常数列 b' 中最小的负元素所在行的基变量换出，令

$$b'_r=\min_i\{b'_i \mid b'_i<0\}$$

即第 r 行约束式对应的基变量为换出变量. 从表 10—7 中我们知道，$b'_2=\min_i(-2,-5)=-5$，故 $r=2$，从而 x_5 为换出变量.

第四步：确定换入变量.

在换出变量所在的第 r 行约束式中，找出各非基变量列中系数为负的那些元素，用相应的检验数分别除以这些负元素，所得各负比值中最大者所在列即为换入列，换入列所对应的变量即为换入变量. 若各非基变量列中没有系数为负的元素，则停止计算，原问题无可行解. 在表 10—7 中，由第三步可知，第 2 行为换出变量所在行，从而 $\max\left(\frac{3}{-1},\frac{8}{-2}\right)=-3$，即 x_2 所在列为换入变量列，故 x_2 为换入变量.

在对偶单纯形法中，确定换入变量的规则称为**最大负比值规则**.

选取新的基变量为 x_2，x_4，根据第九章求基本可行解的方法，令各非基变量等于 0，可以得到一个新的基本可行解（0,5,0,−2,0），并且可以得到如表 10—8 所示的结果.

表 10—8 **对偶单纯形表**

基变量	x_1	x_2	x_3	x_4	x_5	b'
x_4	−1	0	−1	1	0	−2
x_2	0	1	2	0	−1	5
σ_j	4	0	2	0	3	−15

从表 10—8 可知，常数列 b' 仍有一个值小于 0，从而线性对偶可行的基本解不是最优解，需要进行第二次迭代.

根据换入变量、换出变量原则，选定 x_4 为换出变量，x_3 为换入变量. 结果见表 10—9.

表 10—9　对偶单纯形表

基变量	x_1	x_2	x_3	x_4	x_5	b'
x_3	1	0	1	−1	0	2
x_2	−2	1	0	2	−1	1
σ_j	2	0	0	2	3	−19

表 10—9 中的常数列 $b'>0$，根据最优性检验条件，停止迭代，此时的对偶可行基本解即是最优解.

通过上面的实例，我们可以把单纯形法的过程与对偶单纯形法的过程归纳如表 10—10 所示.

表 10—10　单纯形法与对偶单纯形法

单纯形法　←对偶	问题　对偶单纯形法
从一个初始基可行解出发	从一个初始正则解出发
检验数可正可负 ↓ 保持右边常数非负(即解的可行性)	右边常数可正可负 ↓ 保持检验数非正(即解的正则性)
检验数均⩽0，即为最优解	检验数均⩾0，即为最优解

从表 10—10 中可以看出，对偶单纯形法的实质就是对原问题的对偶问题运用单纯形法求解.

例 10.1　用对偶单纯形法求解：

$$\min z = 3x_1 + 16x_2$$

$$\text{s.t.}\begin{cases} x_1 + x_2 \geqslant 2 \\ x_1 + 4x_2 \geqslant 3 \\ x_1 \geqslant 0, x_2 \geqslant 0 \end{cases}$$

解　把原问题化为标准型，如下：

$$\min z = 3x_1 + 16x_2 + 0x_3 + 0x_4$$

$$\text{s.t.}\begin{cases} x_1 + x_2 - x_3 = 2 \\ x_1 + 4x_2 - x_4 = 3 \\ x_i \geqslant 0 (i = 1,2,3,4) \end{cases} \tag{10.5}$$

第一步：将每个约束方程两端同乘以−1，得到：

$$\min z = 3x_1 + 16x_2 + 0x_3 + 0x_4$$

$$\text{s. t.}\begin{cases} -x_1 - x_2 + x_3 = -2 \\ -x_1 - 4x_2 + x_4 = -3 \\ x_i \geqslant 0(i = 1,2,3,4) \end{cases} \tag{10.6}$$

第二步：最优性检验.

因为常数列 b' 的两个值都小于 0，所以线性对偶可行的基本解不是最优解.

第三步：确定换出变量.

由模型（10.6）我们可得如表 10—11 所示的结果.

表 10—11　　对偶单纯形表

基变量	x_1	x_2	x_3	x_4	b'
x_3	−1	−1	1	0	−2
x_4	−1	−4	0	1	−3
σ_j	3	16	0	0	0

从表 10—11 可知 $\min\limits_i(-2, -3) = -3$，即 $r=2$，从而选取 x_4 为换出变量.

第四步：确定换入变量.

根据最大负比值规则我们有 $\max\left(\dfrac{3}{-1}, \dfrac{16}{-4}\right) = -3$，从而选取 x_1 为换入变量.

选取新的基变量为 x_1，x_3，根据第九章求基本可行解的方法，令各非基变量等于 0，可以得到一个新的基本可行解（3，0，1，0），并且可以得到如表 10—12 所示的结果.

表 10—12　　对偶单纯形表

基变量	x_1	x_2	x_3	x_4	b'
x_3	0	3	1	−1	1
x_1	1	4	0	−1	3
σ_j	0	−3	0	3	−9

上表中的常数列 $b'>0$，根据最优性检验条件，停止迭代，此时的对偶可行基本解即是最优解.

习题十

1. 写出下列线性规划的对偶问题.

(1) $\max z = 3x_1 + 2x_2 + x_3$

$$\text{s. t.}\begin{cases} x_1+x_2+2x_3\leqslant 5 \\ 4x_1+2x_2-x_3\leqslant 7 \\ 3x_1+2x_2+x_3\leqslant 9 \\ x_i\geqslant 0 \ (i=1,\ 2,\ 3) \end{cases};$$

(2) $\min z=x_1-2x_2-3x_3$

$$\text{s. t.}\begin{cases} 3x_1-x_2+2x_3\leqslant 5 \\ 2x_1-4x_2-x_3\geqslant 7 \\ -x_1+2x_2+4x_3=10 \\ x_1\geqslant 0,x_2\geqslant 0,x_3\ \text{无约束} \end{cases}.$$

2. 用对偶单纯形法求解线性规划问题.

(1) $\min z = 5x_1 + 2x_2 + 4x_3$

$$\text{s. t.}\begin{cases} 3x_1+x_2+2x_3\geqslant 7 \\ 6x_1+3x_2+5x_3\geqslant 12 \\ x_i\geqslant 0 \ (i=1,\ 2,\ 3) \end{cases};$$

(2) $\max z=2x_1+2x_2+4x_3$

$$\text{s. t.}\begin{cases} 2x_1+3x_2+5x_3\geqslant 2 \\ 3x_1+x_2+7x_3\leqslant 3 \\ x_1+4x_2+6x_3\leqslant 5 \\ x_i\geqslant 0(i=1,2,3) \end{cases}.$$

3. 应用 Excel 求下列问题的最优解，并求出相应的影子价格.

(1) $\max z = x_1 + x_2 + 3x_3$

$$\text{s. t.}\begin{cases} 2x_1+x_2+2x_3\leqslant 2 \\ 3x_1+2x_2+x_3\leqslant 13 \\ x_i\geqslant 0 \ (i=1,\ 2,\ 3) \end{cases};$$

(2) $\max z=6x_1+2x_2+10x_3+8x_4$

$$\text{s. t.}\begin{cases} 5x_1+6x_2+6x_3-4x_4\leqslant 20 \\ 3x_1-3x_2+2x_3+8x_4\leqslant 25 \\ 4x_1-2x_2+x_3+3x_4\leqslant 10 \\ x_i\geqslant 0(i=1,2,3,4) \end{cases}.$$

4. 某厂生产 A，B，C 三种产品，其所需的劳动力、材料等有关数据见表 10—13. 要求：(1) 确定获利最大的产品生产计划；(2) 如果设计一种新产品 D，单位劳动力消耗为 8 单位，材料消耗为 2 单位，每件可获利 3 元，确定该种产品是否值得生产.

表 10—13　　生产产品所需劳动力、材料等有关数据

产品 / 消耗定额 / 资源	A	B	C	可用单位
劳动力	6	4	5	45
材料	3	2	4	30
产品利润（元/件）	2	1	3	

5. 某厂生产甲、乙、丙三种产品，分别经过 A，B，C 三种设备加工. 已知生产单位产品所需的设备台时数、设备的现有加工能力及每件产品的利润见表 10—14：

表 10—14　　生产单位产品的相关数据

	甲	乙	丙	设备能力（台时）
A	1	1	1	100
B	10	4	5	600
C	2	2	6	300
单位产品利润（元）	10	6	4	

要求：

（1）建立线性规划模型，求该厂获利最大的生产计划.

（2）如有一种新产品丁，加工一件需设备 A，B，C 的台时各为 1、4、3 小时，预期每件的利润为 8 元，是否值得安排生产？

（3）如合同规定该厂至少生产 10 件产品丙，试确定最优生产计划.

第十一章

概率计算与成果因素分析

名言：成功呈概率分布，关键是你能不能坚持到成功开始呈现的那一刻.

——安东尼·罗宾

故事：美国的乐透彩票上印有数字 1～54，由买者任意选择 6 个数字涂黑，经电脑记录后就算成交. 开奖时，6 个数字全部填对为第一大奖，5 个数字猜对为二等奖……未中奖的奖金则挪到下一次作为累积奖金，越积越多. 据计算，获第一大奖的概率为 2 580万分之一. 到目前为止，获得最高奖金的是 1988 年佛罗里达州的一位 63 岁的女士，她得到了 5 500 万美元的巨额奖金. 当时，她拿出一份报纸，从第一页到第六页各找出一个新闻记事上的数字来，然后按序涂在彩票上. 她就是这样发了大财，这真可谓“点数成金”.

这个故事表明：虽然我们经常可以看到中大奖的新闻，但若以概率来计算，中大奖的机会微乎其微，与其相信运气，不如相信科学的概率论知识.

第一节
彩票设计问题及解决方案

一、问题引入

引例　近年来，“彩票飓风”席卷中华大地，巨额奖金的诱惑使得越来越多的人加入彩民的行列. 目前流行的彩票主要有传统型和乐透型两种类型.

传统型彩票采用“10 选 6+1”方案：先从 6 组 0～9 号球中摇出 6 个基本号码，每组摇出 1 个，然后从 0～4 号球中摇出 1 个特别号码，构成中奖号码；投注者从 0～9 中任选 6 个基本号码（可重复），从 0～4 中任选 1 个特别号码，构成一注，根据单注号码与中奖号码相符的个数多少及顺序确定中奖等级. 下面我们以中奖号码“abcdef+g”为例说明中奖等级，如表 11—1 所示（X 表示未选中的号码）.

表 11—1　　传统型彩票中奖等级情况表

中奖等级	10 选 6+1（6+1/10）		
	基本号码	特别号码	说　明
一等奖	abcdef	g	选 7 中 6+1
二等奖	abcdef		选 7 中 6
三等奖	abcdeX　Xbcdef		选 7 中 5
四等奖	abcdXX　XbcdeX　XXcdef		选 7 中 4
五等奖	abcXXX　XbcdXX　XXcdeX　XXXdef		选 7 中 3
六等奖	abXXXX　XbcXXX　XXcdXX　XXXdeX　XXXXef		选 7 中 2

乐透型彩票有多种不同的玩法. 比如“33 选 7”的方案：先从 01～33 号码球中一个一个地摇出 7 个基本号码，再从剩余的 26 个号码球中摇出 1 个特别号码，构成中奖号码；投注者从 01～33 号码中任选 7 个组成一注（不可重复），根据单注号码与中奖号码相符的个数多少确定相应的中奖等级，不考虑号码顺序. 又如“36 选 6+1”的方案：先从 01～36 号码球中一个一个地摇出 6 个基本号码，再从剩下的 30 个号码球中摇出 1 个特别号码，构成中奖号码；投注者从 01～36 号码中任选 7 个组成一注（不可重复），根据单注号码与中奖号码相符的个数多少确定相应的中奖等级，不考虑号码顺序. 这两种方案的中奖等级

如表 11—2 所示.

表 11—2　　乐透型彩票中奖等级情况表

中奖等级	33 选 7 (7/33)			36 选 6+1 (6+1/36)		
	基本号码	特别号码	说　明	基本号码	特别号码	说　明
一等奖	●●●●●●●		选 7 中 7	●●●●●●	★	选 7 中 6+1
二等奖	●●●●●●○	★	选 7 中 6+1	●●●●●●		选 7 中 6
三等奖	●●●●●●○		选 7 中 6	●●●●●○	★	选 7 中 5+1
四等奖	●●●●●○○	★	选 7 中 5+1	●●●●●○		选 7 中 5
五等奖	●●●●●○○		选 7 中 5	●●●●○○	★	选 7 中 4+1
六等奖	●●●●○○○	★	选 7 中 4+1	●●●●○○		选 7 中 4
七等奖	●●●●○○○		选 7 中 4	●●●○○○	★	选 7 中 3+1

说明：●为选中的基本号码，★ 为选中的特别号码，○ 为未选中的号码.

以上两种类型的总奖金比例一般为销售总额的 50%，投注者单注金额为 2 元，单注若已得到高级别的奖就不再兼得低级别的奖. 现在常见的销售规则及相应的奖金设置方案如表 11—3 所示，其中一、二、三等奖为高项奖，后面的为低项奖. 低项奖奖金固定，高项奖按比例分配，但一等奖单注保底金额为 60 万元，封顶金额为 500 万元. 各高项奖奖金的计算方法为：

[(当期销售总额×总奖金比例)－低项奖奖金总额]×单项奖比例

根据这些方案的具体情况，通过综合分析各种奖项出现的可能性、奖项和奖金额的设置以及对彩民的吸引力等因素，评价各方案的合理性.

表 11—3　　奖金设置方案

序号	奖项方案	一等奖比例	二等奖比例	三等奖比例	四等奖金额	五等奖金额	六等奖金额	七等奖金额	备注
1	6+1/10	50%	20%	30%	50	按序			
2	6+1/10	60%	20%	20%	300	20	5	按序	
3	6+1/10	65%	15%	20%	300	20	5		按序
4	6+1/10	70%	15%	15%	300	20	5		按序
5	7/29	60%	20%	20%	300	30	5		
6	6+1/29	60%	25%	15%	200	20	5		
7	7/30	65%	15%	20%	500	50	15	5	
8	7/30	70%	10%	20%	200	50	10	5	
9	7/30	75%	10%	15%	200	30	10	5	
10	7/31	60%	15%	25%	500	50	20	10	
11	7/31	75%	10%	15%	320	30	5		
12	7/32	65%	15%	20%	500	50	10		
13	7/32	70%	10%	20%	500	50	10		
14	7/32	75%	10%	15%	500	50	10		
15	7/33	70%	10%	20%	600	60	6		

续前表

序号	奖项方案	一等奖 比　例	二等奖 比　例	三等奖 比　例	四等奖 金　额	五等奖 金　额	六等奖 金　额	七等奖 金　额	备　注
16	7/33	75%	10%	15%	500	50	10	5	
17	7/34	65%	15%	20%	500	30	6		
18	7/34	68%	12%	20%	500	50	10	2	
19	7/35	70%	15%	15%	300	50	5		
20	7/35	70%	10%	20%	500	100	30	5	
21	7/35	75%	10%	15%	1 000	100	50	5	
22	7/35	80%	10%	10%	200	50	20	5	
23	7/35	100%	2 000	20	4	2			无特别号码
24	6+1/36	75%	10%	15%	500	100	10	5	
25	6+1/36	80%	10%	10%	500	100	10		
26	7/36	70%	10%	20%	500	50	10	5	
27	7/37	70%	15%	15%	1 500	100	50		
28	6/40	82%	10%	8%	200	10	1		
29	5/60	60%	20%	20%	300	30			

问题分析　传统型彩票采用“10 选 6+1”方案，每注彩票填写 6 个基本号码和 1 个特别号码，其中 6 个基本号码是从 6 个分别装着 0～9 号球的箱子里摇出的，1 个特别号码是从一个装有 0～4 号球的箱子里摇出的，因此，这种摇奖的方法允许号码重复的球出现，而且要按顺序排列. 乐透型彩票有多种不同的形式. 如“33 选 7”方案：从 01～33 号球中摇出 7 个基本号码，再从剩下的 26 个号码球中摇出 1 个特别号码，特别号码用来确定二、四、六等奖；投注者从 01～33 号码中任选 7 个号码组成一注（不可重复），根据单注号码与中奖号码相符的个数确定相应的中奖等级，不考虑号码顺序. 基于上述描述，给出问题的基本假设如下：

（1）传统型彩票要求基本号码是连号，如“XbcdXf”表示与基本号码相符合的是“bcd”，首尾相连的情况视为不连续，如“aXXXXf”视为无奖；

（2）传统型彩票的抽奖号码可以重复，而乐透型彩票中不管是“7/33”还是“6+1/36”的形式，投注者的抽取号码不允许重复；

（3）单注投注金额为 2 元，总奖金为当期销售总额的 50%，且此比例固定不变；

（4）低项奖单注奖金固定，高项奖金额按比例分配为浮动值，但一等奖单注保底金额为 60 万元，封顶金额为 500 万元；

（5）假定各个不同方案均是在公正公平的原则下实施的，且彩民购买和兑奖的方便程度相同.

二、典型问题解决方案

传统型彩票中奖概率：记 p_i 为各个奖项的中奖概率，经过对表 11—1 的分析，利用古典概率的相关知识，很容易就可以求出各奖项出现的概率，见表 11—4.

表 11—4　　传统型彩票各奖项中奖概率

中奖等级	中奖概率
一等奖	$p_1=\frac{1}{10^6\times 5}=2.00\times 10^{-7}$
二等奖	$p_2=\frac{C_4^1}{10^6\times 5}=8.00\times 10^{-7}$
三等奖	$p_3=\frac{2\times C_9^1}{10^6}=1.80\times 10^{-5}$
四等奖	$p_4=\frac{2\times C_9^1C_{10}^1+C_9^1C_9^1}{10^6}=2.61\times 10^{-4}$
五等奖	$p_5=\frac{2\times C_9^1C_{10}^1C_{10}^1+2\times C_9^1C_9^1C_{10}^1}{10^6}=3.420\times 10^{-3}$
六等奖	$p_6=\frac{2\times C_9^1C_{10}^1C_{10}^1C_{10}^1+3\times C_9^1C_9^1C_{10}^1C_{10}^1-(3\times C_9^1C_9^1+2\times C_9^1)}{10^6}=4.2039\times 10^{-2}$

乐透型彩票中奖概率：记 p_i 为各个奖项的中奖概率，经过对表 11—2 的分析（这里只计算“33 选 7”及“36 选 6+1”两种情形），利用古典概率的相关知识，可以求出各奖项出现的概率，见表 11—5.

表 11—5　　乐透型彩票各奖项中奖概率

33 选 7		36 选 6+1	
中奖等级	中奖概率	中奖等级	中奖概率
一等奖	$p_1=\frac{C_7^7}{C_{33}^7}=2.341\times 10^{-7}$	一等奖	$p_1=\frac{1}{C_{36}^7}=1.198\times 10^{-7}$
二等奖	$p_2=\frac{C_7^6}{C_{33}^7}=1.639\times 10^{-6}$	二等奖	$p_2=\frac{C_{29}^1}{C_{36}^7}=3.474\times 10^{-6}$
三等奖	$p_3=\frac{C_7^6C_{25}^1}{C_{33}^7}=4.096\times 10^{-5}$	三等奖	$p_3=\frac{C_6^5C_{29}^1}{C_{36}^7}=2.084\times 10^{-5}$
四等奖	$p_4=\frac{C_7^5C_1^1C_{25}^1}{C_{33}^7}=1.229\times 10^{-4}$	四等奖	$p_4=\frac{C_6^5C_{29}^2}{C_{36}^7}=2.918\times 10^{-4}$
五等奖	$p_5=\frac{C_7^5C_{25}^2}{C_{33}^7}=1.475\times 10^{-3}$	五等奖	$p_6=\frac{C_6^4C_{29}^2}{C_{36}^7}=7.295\times 10^{-4}$
六等奖	$p_6=\frac{C_7^4C_1^1C_{25}^2}{C_{33}^7}=2.458\times 10^{-3}$	六等奖	$p_6=\frac{C_6^4C_{29}^3}{C_{36}^7}=6.566\times 10^{-3}$
七等奖	$p_7=\frac{C_7^4C_{25}^3}{C_{33}^7}=0.0188$	七等奖	$p_7=\frac{C_6^3C_{29}^3}{C_{36}^7}=8.755\times 10^{-3}$

进一步分析，表 11—3 中各方案奖项获奖概率及获奖总概率 $p=\sum p_i$ 的计算如表 11—6 所示．我们不难发现：对所列的 29 种彩票奖金设置方案，方案 23 获奖总概率最大，对彩民最具吸引力.

表 11—6　　各种方案的各个奖项获奖概率及获奖总概率

序号	方案	p_1 (10^{-7})	p_2 (10^{-6})	p_3 (10^{-5})	p_4 (10^{-4})	p_5 (10^{-3})	p_6 (10^{-2})	p_7	$p=\sum_i p_i$
1—4	6+1/10	2	0.8	1.8	2.61	3.42	4.203 9	……	0.045 695
5	7/29	6.407 05	4.484 94	9.418 4	2.825 5	2.825 5	0.470 92	0.029 825	0.037 742
6	6+1/29	6.407 05	1.409 6	8.457 3	8.880 2	2.220 0	1.480 0	0.019 734	0.037 742
7—9	7/30	4.912 07	3.438 45	7.564 6	2.269 4	2.382 8	0.397 14	0.026 476	0.033 137
10—11	7/31	3.802 90	2.662 03	6.122 7	1.836 8	2.020 5	0.336 75	0.023 572	0.029 208
12—14	7/32	2.971 01	2.079 71	4.991 3	1.497 4	1.722	0.287 00	0.021 047	0.025 832
15—16	7/33	2.340 80	1.638 56	4.096 4	1.228 9	1.474 7	0.245 78	0.018 843	0.022 941
17—18	7/34	1.858 87	1.301 21	3.383 1	1.014 9	1.268 7	0.211 45	0.016 916	0.020 436
19—22	7/35	1.487 09	1.040 97	2.810 6	0.843 18	1.096 1	0.182 69	0.015 224	0.018 261
23	7/35	1.487 09	29.147	118.05	170.51	106.57	……	……	0.124 83
24—25	6+1/36	1.197 94	3.474 02	2.084 4	2.918 2	0.729 54	0.656 59	0.008 755	0.016 367
26	7/36	1.197 94	0.838 556	2.348 0	0.704 39	0.950 92	0.158 49	0.013 736	0.016 367
27	7/37	0.971 30	0.679 911	1.971 7	0.591 52	0.828 13	0.138 02	0.012 422	0.014 710
28	6/40	2.605 3	1.563 2	5.158 4	1.289 6	2.063 4	0.275 12	0.028 428	0.033 425
29	5/60	1.831	0.915 57	4.943 7	0.988 74	2.620 2	0.262 02	0.045 416	0.050 806

第二节
使用 Excel 进行概率计算

一、彩票的中奖概率

1. 典型案例

某地发行福利彩票，每张彩票的号码是 7 个数字的无序数组. 开奖时，用一个摇奖机，里面装有分别写上 01，02，…，35 的 35 个小球，充分搅拌这些小球一分钟，从出口处掉出一个小球，记下小球上的数字，摇出的小球不放回摇奖机中，重复刚才的做法，一直到产生一个 7 个数字的无序数组，记作 a. 设有一、二、三等奖，规定：彩票号码与 a 完全一样时，得一等奖；有 6 个数字一样时，得二等奖；有 5 个数字一样时，得三等奖.

试问：买一张彩票，中一、二、三等奖的概率各是多少?

2. 解决方案

根据题意，将问题转化为一个袋子中有 35 个彩球，其中红球 7 个，白球 28 个，每次随机地取出一只，第一次取到的球不放回袋中，第二次从剩余的球中再取一球，共取 7 次，求取到 7 球中全是红球、有 6 个红球和有 5 个红球的概率. 经过转换，问题变为无放回的随机抽样（超几何分布），根据其概率分布（详见本章第四节）即可计算出相应的概率值.

3. 解决办法

利用 Excel 中的超几何分布函数（HYPGEOMDIST 函数）可计算出相应参数下超几何分布的概率.

4. 使用 Excel 的求解步骤

第一步：新建一个工作表，输入表头“应用超几何分布函数 HYPGEOMDIST 求概率”.

第二步：分别单击 C2、E2、C3 和 E3 单元格，输入已知参数：$N=35$，$M=7$，$n=7$，$x=7$.

第三步：运用 HYPGEOMDIST 函数求 7 个球中全为红球的概率，在 B5 单元格输入“=HYPGEOMDIST（E3，C3，E2，C2)”，结果如图 11—1 所示.

B5　=HYPGEOMDIST(E3,C3,E2,C2)

	A	B	C	D	E
1	应用超几何分布函数HYPGEOMDIST求概率				
2		N	35	M	7
3		n	7	x	7
4					
5	7个球全是红球的概率	1.48709E-07			

图 11—1　应用超几何分布求概率

利用相同的原理可求得 $x=6$ 及 $x=5$ 的概率值.

说明：HYPGEOMDIST 函数返回超几何分布. 给定样本容量、样本总体容量和样本总体中成功的次数，HYPGEOMDIST 函数返回样本取得给定成功次数的概率. 其语法为：

HYPGEOMDIST（sample_s，number_sample，population_s，number_pop）

其中，sample_s 为样本中成功的次数，number_sample 为样本容量，population_s 为样本总体中成功的次数，number_pop 为样本总体的容量.

在熟悉超几何分布函数的基础上，可以绘制超几何分布的概率分布图. 继续上述问题，可以求得各种情形下的中奖概率. 具体操作如下：

第一步：新建 Excel 工作表，输入"超几何分布函数概率分布图".

第二步：分别单击 C2、E2 和 C3 单元格，输入已知参数：$N=35$，$M=7$，$n=7$.

第三步：设定样本中中奖的号码个数 x 序列. 在 B6—B13 单元格中输入 x 为 0，1，…，7 的取值.

第四步：求不同的 x 对应的概率. 单击 C6 单元格，输入"＝HYPGEOMDIST（B6，$C$3，$E$2，$C$2)"，再次单击 C6 单元格，将鼠标至于 C6 单元格右下角，当光标变为小黑十字时拖曳至 C13 单元格，求出其他 x 对应的概率值，如图 11—2 所示.

C6　=HYPGEOMDIST(B6,$C$3,$E$2,$C$2)

	A	B	C	D	E
1		超几何分布函数概率分布图			
2		N	35	M	7
3		n	7		
4					
5		x	概率		
6		0	0.176077995		
7		1	0.392173716		
8		2	0.306918561		
9		3	0.106568945		
10		4	0.017051031		
11		5	0.001180456		
12		6	2.91471E-05		
13		7	1.48709E-07		

图 11—2　超几何分布概率分布图

二、保险赔付概率

1. 典型案例

某保险公司在一天内承保了 5 000 张相同年龄、为期一年的寿险保单，每人一份. 在合同有效期内若投保人死亡，则公司需赔付 3 万元. 设在一年内，该年龄段的死亡率为 0.001 5，且各投保人是否死亡相互独立. 求该公司对于这批投保人的赔付总额不超过 30 万元的概率.

2. 解决方案

死亡人数 X 服从 $B(5\ 000, 0.001\ 5)$ 的二项分布（详见本章第四节），根据泊松定理，当 n 很大、p 很小时，二项分布的概率值可由参数为 $\lambda=np$ 的泊松分布的概率值近似取得，此案例中 $\lambda=5\ 000\times0.001\ 5=7.5$，通过泊松分布（详见本章第四节）的概率分布函数可求得相应的概率值.

3. 解决办法

利用 Excel 中的泊松分布函数（POISSON 函数）可计算出相应参数下的概率.

4. 使用 Excel 的求解步骤

第一步：新建 Excel 工作表，输入表头“应用泊松分布函数 POISSON 求概率值”.

第二步：分别单击 C2、E2 单元格，输入已知参数 $\lambda=7.5$，$x=10$.

第三步：求该公司对于这批投保人的赔付总额等于 30 万元（即死亡人数为 10 个）的概率. 单击 C4 单元格，输入“=POISSON（E2，C2，0）”.

第四步：求该公司对于这批投保人的赔付总额小于等于 30 万元的概率. 单击 C6 单元格，输入“=POISSON（E2，C2，1）”，结果如图 11—3 所示.

C6 =POISSON(E2,C2,1)

	A	B	C	D	E
1	应用泊松分布函数POISSON求概率值				
2		λ	7.5	x	10
3					
4	赔付金额等于30万元的概率		0.08583		
5					
6	赔付金额小于等于30万元的概率		0.862238		

图 11—3　应用 POISSON 分布函数求概率值

说明：POISSON 函数返回泊松分布，通常用于预测一段时间内事件发生的次数，比如 1 分钟内通过收费站的车辆的数量. 其语法为：

POISSON（x，mean，cumulative）

其中，x 为事件数；mean 为期望值；cumulative 为逻辑值，确定所返回的概率分布形式．cumulative 如果为 TRUE（即为 1），POISSON 函数返回泊松累积分布概率，即随机事件发生的次数在 0 到 x 之间（包含 0 和 x）；如果为 FALSE（即为 0），则返回泊松概率密度函数，即随机事件发生的次数恰好为 x.

为了更好地理解泊松分布，下面说明如何绘制泊松分布的概率分布图和概率分布函数图. 继续保险赔付概率问题，计算赔付金额为 0～45 万元间不同金额下的概率，步骤如下：

第一步：新建 Excel 工作表，输入表头“泊松分布的概率分布图”.

第二步：单击 C2 单元格，输入已知参数 $\lambda=7.5$.

第三步：采用序列填充方法生成“赔付金额”与“死亡人数”序列. 由于保单有 5 000 张，此处选定求 x 取值为 0，1，…，15，即赔付金额取值为 0，3，…，45 的概率. 死亡人数为 15 人以上的概率仍然存在，但极小.

第四步：运用 POISSON 函数求出不同赔付金额对应的概率. 单击 C4 单元格，输入“=POISSON（B4，$C$2，0)”，再次单击 C4 单元格，拖曳至 C19 单元格，求出其他死亡人数对应的概率值；单击 D4 单元格，输入“=POISSON（B4，$C$2，1)”，再次单击 D4 单元格，拖曳至 D19 单元格，求出其他死亡人数对应的累积概率值，结果如图 11—4 所示.

D4　=POISSON(B4,$C$2,1)

	A	B	C	D
1	泊松分布的概率分布图			
2		λ	7.5	
3	赔付金额	死亡人数	概率	累积概率
4	0	0	0.000553084	0.000553084
5	3	1	0.004148133	0.004701217
6	6	2	0.015555498	0.020256715
7	9	3	0.038888745	0.05914546
8	12	4	0.072916396	0.132061856
9	15	5	0.109374595	0.241436451
10	18	6	0.136718243	0.378154694
11	21	7	0.146483832	0.524638526
12	24	8	0.137328593	0.661967119
13	27	9	0.114440494	0.776407613
14	30	10	0.08583037	0.862237983
15	33	11	0.058520707	0.920758691
16	36	12	0.036575442	0.957334132
17	39	13	0.021101217	0.978435349
18	42	14	0.011304223	0.989739572
19	45	15	0.005652112	0.995391684

图 11—4　POISSON 分布概率分布图

根据图 11—4 中所给的不同赔付金额下的累积概率值，保险公司可估算出应向投保人收取多少保费.

第三节
可能性与机遇问题典型案例

案例 1　车床故障维修问题

某车间有 160 台同型号的自动车床独立工作，每台车床发生故障的概率都是 0.01，假设发生故障时每台车床必须由 1 名技师处理. 求：

(1) 若由 1 名技师负责维修 20 台车床，求车床发生故障时不能及时维修的概率；

(2) 若由 3 名技师共同负责维修 80 台车床，求车床发生故障时不能及时维修的概率.

问题分析　用 X 表示同一时刻发生故障的车床数. 第一种情形，X 服从 B (20，0.01) 的二项分布，车床发生故障时不能及时维修即同时有 2 台或 2 台以上发生故障；第二种情形，X 服从 B (80，0.01) 的二项分布，车床发生故障时不能及时维修即同时有 4 台或 4 台以上发生故障. 根据二项分布的概率分布，可分别计算这两种情形下车床发生故障时不能及时维修的概率.

解决方案：

第一步：新建 Excel 工作表，输入标题“应用二项分布 BINOMDIST 函数求概率”.

第二步：分别单击单元格 C2，C3，C4，输入已知参数值：$N=20$，$p=0.01$，$x=1$.

第三步：求车床发生故障时不能及时维修的概率. 首先求同时出现故障台数小于等于 1 的概率，在单元格 C5 中输入“=BINOMDIST (C4，C2，C3，1)”；然后求由 1 名技师负责维修 20 台车床时发生故障不能及时维修的概率，单击单元格 C6，输入“=1－C5”即可求得.

用同样的方法可求得由 3 名技师共同负责维修 80 台车床时发生故障不能及时维修的概率，计算结果如图 11—5 所示.

说明：BINOMDIST 函数返回二项式分布的概率值. 其语法为：

BINOMDIST (number _ s，trials，probability _ s，cumulative)

其中，number _ s 为试验成功的次数，trials 为独立试验的次数，probability _ s 为每次试验中成功的概率，cumulative 含义同前.

不难发现，在后一种情形下，尽管任务增加了（每名技师平均维修约 27 台），但工作

	A	B	C
	C5		=BINOMDIST(C4,C2,C3,1)
1	应用二项分布BINOMDIST函数求概率		
2		N	20
3		p	0.01
4		x	1
5	同时出现故障台数小于等于1的概率		0.983141
6	1个技师时发生故障不能及时维修的概率		0.016859
7			
8		N	80
9		p	0.01
10		x	3
11	同时出现故障台数小于等于3的概率		0.991341
12	3个技师时发生故障不能及时维修的概率		0.008659

图 11—5　应用二项分布函数求概率

效率不仅没有降低，反而提高了（相应的概率更小）. 这个案例表明概率方法可以用来讨论经济学中的某些问题，以更有效、更合理地配置资源.

案例 2　排队等候问题

顾客在某银行窗口等待服务的时间（单位：min）服从指数分布，平均等待时间为 5 min. 某顾客在窗口等待服务，若超过 10 min，他就离开，该顾客一个月要到银行 5 次，以 Y 表示该顾客一个月内未等到服务而离开窗口的次数. 写出 Y 的分布情况，求出 $Y\geqslant 1$ 的概率.

问题分析　等待时间 X 服从 $\lambda=5$ 的指数分布，则 X 的分布函数为

$$f(x)=\begin{cases}\dfrac{1}{5}e^{-x/5}, & x>0\\ 0, & 其他\end{cases}$$

先求出 $X>10$ 的概率 p，则 Y 服从 $B(6, p)$ 的二项分布.

解决方案：

第一步：新建 Excel 工作表一，输入标题“应用指数分布 EXPONDIST 函数求概率”.

第二步：分别单击单元格 C2，E2，输入已知参数：$1/\lambda=0.2$，$x=10$.

第三步：利用 EXPONDIST 函数求等待时间小于 10 min 的概率. 在单元格 C3 中输入“= EXPONDIST（E2，C2，1）”，得到等待时间小于 10 min 的概率，如图 11—6 所示，则等待时间大于 10 min 的概率为 1－0.864 7=0.135 3.

说明：EXPONDIST 函数返回指数分布．其语法为：

EXPONDIST（x，lambda，cumulative）

其中，x 为函数的数值，lambda 为参数值．

C3 =EXPONDIST(E2,C2,1)

	A	B	C	D	E
1	运用指数分布EXPONDIST函数求概率				
2		$1/\lambda$	0.2	x	10
3	等待时间小于10 min的概率		0.864665		

图 11—6　应用指数分布函数求概率

第四步：新建 Excel 工作表二，输入标题“应用二项分布 BINOMDIST 函数求概率分布”．

第五步：分别单击单元格 C2，E2，输入已知参数 $p=0.135\,3$，$N=5$．

第六步：利用 BINOMDIST 函数求“未等到服务而离开窗口的次数”的概率分布．在 B4—B9 单元格建立“未等到服务而离开窗口的次数”的序列 0，1，…，5，在单元格 C4 中输入“=BINOMDIST（B4，$E$2，$C$2，0）”，通过拖曳求出其他次数对应的概率值，计算结果如图 11—7 所示．

C4 =BINOMDIST(B4,$E$2,$C$2,0)

	A	B	C	D	E
1	应用二项分布BINOMDIST函数求概率分布				
2		p	0.1353	N	5
3		未等到服务而离开窗口的次数	概率		
4		0	0.483423		
5		1	0.3782071		
6		2	0.1183565		
7		3	0.0185193		
8		4	0.0014489		
9		5	4.534E-05		

图 11—7　应用二项分布函数求概率分布

那么，$P(Y \geqslant 1) = 1 - P(Y = 0) = 1 - 0.4834 = 0.5166$.

案例 3　合理的订货量问题

一个零售商销售与计算机有关的产品．他最热卖的一种商品就是惠普激光打印机，平均每周需要 200 台，从向厂家订货到货物运抵所需时间为 1 周，每周的需求量是随机变量，且以往的数据表明周需求量标准差为 30 台．如果商品缺货，那么他会失去这笔生意以及其他可能相关的买卖，他希望每周缺货的概率不超过 6%，那么他每次应该订多少货？

问题分析　根据题意，打印机每周的销售量服从 $N(200，30)$ 的正态分布，问题是需要求出每周的缺货概率不超过 6%对应的订货量临界值，即 94%概率下对应的临界值.

解决方案：

第一步：新建 Excel 工作表，输入标题“正态分布函数”.

第二步：分别单击单元格 C2、E2，输入已知参数：$\mu=200$，$\sigma=30$.

第三步：计算不超过 6%对应的订货量临界值（即 94%概率下对应的临界值）．在单元格 C3 中输入“=NORMINV（0.94，C2，E2)”，计算结果如图 11—8 所示.

C3　　fx　=NORMINV(0.94,C2,E2)

	A	B	C	D	E
1	正态分布函数				
2		μ	200	σ	30
3	不超过6%对应的订货量临界值		246.6432		

图 11—8　正态分布临界值

所以，若他希望每周缺货的概率不超过 6%，则应该订货 247 台.

说明：NORMINV 函数返回指定平均值和标准差的正态累积分布的反函数．其语法为：

NORMINV（probability，mean，standard _ dev)

其中，probability 为正态分布的概率值，mean 为正态分布的算术平均值，standard _ dev 为正态分布的标准差.

第四节
进一步学习的数学知识：概率初步

一、随机事件及其概率

1. 随机试验

一般地，称满足下述三个条件的实验为一个随机试验，记作 E：

(1) 试验可以在相同的情形下重复进行；

(2) 试验的所有可能结果是明确可知的，并且不止一个；

(3) 每次试验总是恰好出现这些可能结果中的一个，但在一次试验之前却不能肯定这次试验会出现哪一个结果.

2. 基本事件和样本空间

随机试验的每一个可能结果，称为基本事件（样本点）；它们的全体，称为基本空间（样本空间）. 常用 ω 表示基本事件，用 Ω 表示样本空间. 从集合角度看，基本事件又是样本空间的一个元素，可记作 $\Omega=\{\omega\}$.

由若干个基本事件组成的事件称为复杂事件. 无论是基本事件还是复杂事件，它们在试验中发生与否，都带有随机性，所以都叫做随机事件或简称为事件，记作大写字母A，B…

3. 必然事件与不可能事件

因为 Ω 是由所有基本事件所组成的，所以在一次试验中，必然要出现 Ω 中的某一基本事件 ω，也就是在试验中，Ω 必然会发生，因此又用 Ω 来表示必然事件. 相应地，空集 $\varnothing$ 可看作 Ω 的子集，在一次试验中，不可能有 $\omega\in\varnothing$，也就是说 $\varnothing$ 不可能发生，所以 $\varnothing$ 是不可能事件. 例如：一个盒子中有 10 个完全相同的球，分别标以号码 1，2，…，10，从中任取一球，令 $i=$ {取得的球标号为 i}，则 $\Omega=\{1, 2, \cdots, 10\}$.

4. 事件的关系与运算

(1) 包含关系：如果事件 A 发生必然导致事件 B 发生，则称 B 包含 A，并记为 $A\subset B$ 或 $B\supset A$.

(2) 相等关系：如果 $A\subset B$ 与 $B\subset A$ 同时成立，则称 A 与 B 相等，记作 $A=B$.

(3) 两事件的和（或并）事件：事件 A 与 B 中至少有一个发生，这样的事件称作事件 A 与 B 的和（或并），记作 $A\cup B$.

(4) 两事件的积（或交）事件：事件 A 与 B 同时发生，这样的事件称作事件 A 与 B 的积（或交），记作 $A\cap B$（或 AB）.

(5) 两事件的差事件：事件 A 发生而 B 不发生，这样的事件称作事件 A 与 B 的差，记作 $A-B$.

(6) 互不相容事件或互斥事件：若事件 A 与 B 不能同时发生，也就是说 AB 是不可能事件，即 $AB=\varnothing$，则称事件 A 与 B 互不相容（或互斥）.

(7) 对立事件或逆事件：若事件 A 与 B 互不相容，且它们的和为必然事件，即 $AB=\varnothing$ 且 $A\cup B=\Omega$，则称 A 与 B 为对立事件或互为逆事件，事件 A 的逆事件记作 $\overline{A}$.

5. 概率

事件 A 的概率是描述事件 A 在试验中出现的可能性大小的一种度量，记事件 A 出现的可能性大小为 $P(A)$，$P(A)$ 称为事件 A 的概率.

概率的统计定义：在相同的条件下，重复进行 n 次试验，当试验次数 n 很大时，事件 A 发生的频率稳定地在一个常数 P 附近摆动，通常 n 越大，摆动幅度越小，则称常数 P 为事件 A 的概率，记作 $P(A)$.

6. 古典概型

若随机试验 E 具有下述特征：

(1) 样本空间的基本事件数只有有限个，不妨设为 n 个，并记为 ω_1，ω_2，…，ω_n；

(2) 每个基本事件出现的可能性是相等的，即有

$$P(\omega_1)=P(\omega_2)=\cdots=P(\omega_n)$$

则称这种等可能性的数学模型为古典概型.

例 11.1　设有 n 个人，每个人都等可能地被分配到 N 个房间中的任意一间去住（$n\leqslant N$），求下列事件的概率：

(1) 指定的 n 个房间各有一个人住；

(2) 恰好有 n 个房间，每间各住一个人.

解　因为每一个人有 N 个房间可供选择，所以 n 个人共有 N^n 种选择，它们是等可能的.

在问题 (1) 中，指定的 n 个房间各有一个人住，其可能总数为 n 个人的全体排列 $n!$，于是指定的 n 个房间各有一个人住的概率为

$$P_1=\frac{n!}{N^n}$$

在问题 (2) 中，n 个房间可以在 N 个房间中任意选取，总数共有 C_N^n 个，对选定的 n 个房间，按前述的讨论可知有 $n!$ 种分配方式，所以恰好有 n 个房间，其中各住一个人的概率为

$$P_2=\frac{C_N^n n!}{N^n}=\frac{N!}{N^n(N-n)!}$$

二、概率的性质与运算法则

1. 概率的性质

（1）非负性：对任一事件 A，有 $0\leqslant P(A)\leqslant 1$.

（2）规范性：$P(\Omega)=1$，$P(\varnothing)=0$.

（3）可列可加性：若随机事件 A_1，A_2，…两两互斥，则

$$P(\bigcup_{i=1}^{\infty} A_i)=\sum_{i=1}^{\infty} P(A_i)$$

以上三条性质是概率的基本性质，是概率运算的基础，常称其为概率的公理化定义.

2. 概率的加法法则

法则一：若事件 A 与 B 为两个互斥事件，即 $A\cap B=\varnothing$，则

$$P(A\cup B)=P(A)+P(B)$$

法则二：对于任意两个随机事件 A 与 B，有

$$P(A\cup B)=P(A)+P(B)-P(A\cap B)$$

3. 条件概率与独立事件

（1）条件概率：

引例：某个班级有学生 40 人，其中有共青团员 15 人，全班分成 4 个小组，第一小组有学生 10 人，其中共青团员 4 人. 如果要在班级里任选一人当学生代表，那么这个代表恰好在第一小组内的概率是多少？现在要在班级里任选一个共青团员当团员代表，这个代表恰好在第一小组内的概率是多少？

分析：如果设 $A=$｛在班内任选一个学生，该学生属于第一小组｝，$B=$｛在班内任选一个学生，该学生是共青团员｝，可以看到，对于第一个问题，求得的是 $P(A)$，而对于第二个问题，是在已知事件 B 发生的附加条件下，求 A 发生的概率，记作 $P(A\mid B)$. 于是有

$$P(A\mid B)=\frac{4}{15}=\frac{4/40}{15/40}=\frac{P(AB)}{P(B)}$$

称 $P(A\mid B)$ 为在已知事件 B 发生的条件下，事件 A 发生的**条件概率**.

（2）乘法公式：

条件概率 $P(A\mid B)$ 与概率 $P(B)$、$P(AB)$ 有以下关系

$$P(A\mid B)=\frac{P(AB)}{P(B)}$$

由上式可知，对任意两个事件 A、B，若 $P(B)>0$，则有

$$P(AB)=P(B)P(A\mid B)$$

称上式为概率的**乘法公式**.

（3）独立性：

若事件 A、B 满足 $P(AB)=P(A)P(B)$，则称事件 A、B 相互独立.

4. 全概率公式及贝叶斯公式

(1) 全概率公式：设 n 个事件 A_1，A_2，…，A_n 互不相容，$P(A_i)>0$ ($i=1, 2, \cdots, n$)，事件 B 满足 $B\subset A_1+A_2+\cdots+A_n$，则

$$P(B)=\sum_{i=1}^{n}P(A_i)P(B\mid A_i)$$

称为**全概率公式**.

(2) 贝叶斯公式：设 n 个事件 A_1，A_2，…，A_n 互不相容，$P(A_i)>0$ ($i=1, 2, \cdots, n$)，事件 B 满足 $B\subset A_1+A_2+\cdots+A_n$，则

$$P(A_i\mid B)=\frac{P(A_i)P(B\mid A_i)}{\sum_{j=1}^{n}P(A_j)P(B\mid A_j)}$$

称为**贝叶斯公式**（后验概率公式）. 该公式是在观察到事件 B 发生的条件下，寻找导致 B 发生的每个原因 A_i 的概率.

例 11.2　某考生回答一道 4 选 1 的考题，假设他知道正确答案的概率为 1/2，而他不知道正确答案时猜对的概率应该为 1/4. 考试结束后发现他答对了，那么他知道正确答案的概率是多大呢？

解　分别定义事件 $A=\{$该考生答对了$\}$，$B=\{$该考生知道正确答案$\}$，根据已知条件有 $P(B)=\frac{1}{2}$，$P(\bar{B})=1-\frac{1}{2}=\frac{1}{2}$，$P(A\mid\bar{B})=\frac{1}{4}$，$P(A\mid B)=1$. 利用贝叶斯公式计算得到

$$P(B\mid A)=\frac{P(B)P(A\mid B)}{P(B)P(A\mid B)+P(\bar{B})P(A\mid\bar{B})}=\frac{\frac{1}{2}\times 1}{\frac{1}{2}\times 1+\frac{1}{2}\times\frac{1}{4}}=0.8$$

三、离散型随机变量及其分布

1. 随机变量

如果随机事件 X 的所有可能取值 x_1，x_2，…，x_n 都能列举出来，而且 X 的可能取值 x_1，x_2，…，x_n 具有确定概率 $P(x_1)$，$P(x_2)$，…，$P(x_n)$，其中 $P(x_i)=P(X=x_i)$ 称为概率函数，则 X 称为 $P(X)$ 的随机变量.

如果随机变量 X 的所有可能取值都可以逐个列举出来，则称 X 为离散型随机变量. 例如，在一批产品中取到次品的个数、一家餐馆营业一天的顾客人数等.

如果随机变量 X 的所有可能取值不可以逐个列举出来，而是取数轴上某一区间内的任一点，则称 X 为连续型随机变量. 例如，一批电子元件的寿命、某班期末考试的及格率等.

2. 概率分布

列出随机变量 X 的所有可能取值 x_1，x_2，…，x_n，以及取每个值的概率 p_1，p_2，…，

p_n，并用表格的形式表现出来，称为离散型随机变量的概率分布，如表 11—7 所示.

表 11—7　　概率分布表

$X=x_i$	x_1	x_2	…	x_n
$P(X=x_i)=p_i$	p_1	p_2	…	p_n

其中，$P(X=x_i)=p_i$ 是 X 的概率函数，且 $\sum_{i=1}^{n} p_i=1$.

3. 常见的离散型随机变量及其分布

(1) 两点分布：

设离散型随机变量 X 的分布列为

X	0	1
$P(x)$	p	$1-p$

其中，$0<p<1$，则称 X 服从两点分布，亦称 X 服从 (0—1) 分布，简记为 $X\sim$ (0—1) 分布.

两点分布可用来描述一切只有两种可能结果的随机试验. 例如，掷一枚硬币是正面还是反面、产品质量是否合格、卫星的一次发射是否成功等试验.

(2) 二项分布：

若离散型随机变量 X 的分布列为

$$P(X=x)=C_n^x p^x q^{n-x}, x=0,1,2,\cdots,n$$

其中，$0<p<1$，$q=1-p$，则称 X 服从参数为 n，p 的二项分布，简称 X 服从二项分布，记为 $X\sim B(n, p)$.

二项分布是离散型随机变量概率分布中重要的分布之一，具有广泛的应用. 例如，质量管理中不合格产品数控制图和不合格率控制图的绘制、一些抽样检验方案的制定，都是以二项分布为理论依据的.

例 11.3　小明是一名学生，正在学习一门统计课程. 但是，小明不是一名优秀的学生，课前不看教科书，课后不做家庭作业，还经常缺课，他想靠运气通过下次小测验. 小测验包括 10 道选择题，每道题目有 5 个答案，其中只有 1 个是正确的，小明对每道题目都是猜测答案. 那么：

(1) 小明 1 道题目都没答对的概率是多少?

(2) 小明猜对 2 道题答案的概率是多少?

解　这个试验包括 10 次相同的试验，每次都有 2 种可能的结果（答对或答错），我们将答对题目定义为成功. 因为小明是猜测答案，所以成功的概率是 $\frac{1}{5}$. 另外，试验之间是相互独立的，因为他对于某道题目答案的猜测对其他题目答案的猜测没有影响. 以上几点告诉我们，这个试验是一个 $n=10$，$p=0.2$ 的二项分布试验，则有：

(1) 小明 1 道题目都没答对的概率为

$$P(X=0)=C_{10}^{0}(0.2)^0(1-0.2)^{10-0}=0.107\,4$$

(2) 小明猜对 2 道题答案的概率为

$$P(X=2)=C_{10}^{2}(0.2)^{2}(1-0.2)^{10-2}=0.3020$$

利用二项分布的公式可以计算 X 等于某个值的概率. 比如在上例中，我们感兴趣的是 X 的取值是 0 和 2. 在很多情况下，我们希望能得到随机变量小于或者等于某个值的概率，即我们想求 $P(X\leqslant x)$，这样的概率称为累积概率. 例如在上例中，若求小明没通过此次测验的概率，规定答对的题目比率低于 50%，那么也就是说，当答对的题目数小于或等于 4 个时，则认为没通过. 因为

$$P(X\leqslant 4)=P(0)+P(1)+P(2)+P(3)+P(4)=0.9672$$

所以如果小明对每道题目都是猜测答案，那么他不及格的概率为 96.72%.

(3) 超几何分布：

对于二项分布，由于每次试验相互独立，其可以看作有放回的抽样（每次试验后将抽取的样本重新放回总体中）对应的分布，而无放回对应的抽样样本的分布即为超几何分布. 而如果样本总体足够大，超几何分布即可等同于二项分布，因为有无放回将不再影响对应的概率分布. 超几何分布对应的概率函数为

$$P(X=x)=\frac{C_{M}^{x}C_{N-M}^{n-x}}{C_{N}^{n}}$$

其中，x 为样本中符合条件的数目，n 为样本数目，M 为总体中符合条件的数目，N 为总体数目.

超几何分布是抽样过程中一种常用的分布，因为许多情况下抽样不能放回. 例如，某班 35 名同学中共有 20 名男生和 15 名女生，则随机选出 10 名同学参加问卷调查时，选出女生的不同人数对应的概率即为超几何分布，因为每次选出后不能再放回总体中.

(4) 泊松分布：

设离散型随机变量 X 的所有可能取值为 0，1，2，…，n，且取各个值的概率为

$$P(X=x)=\frac{\lambda_{x}\mathrm{e}^{-\lambda}}{x!},\ x=0,1,2,\cdots,n$$

其中，$\lambda>0$，且为常数，则称 X 服从参数为 λ 的泊松分布，记为 $X\sim P(x,\lambda)$.

当 n 较大、p 较小时，以 n，p 为参数的二项分布的概率值可由参数为 $\lambda=np$ 的泊松分布概率值近似取得.

泊松分布是重要的离散型随机变量的概率分布之一，有广泛的应用. 例如，来到某售票口买票的人数、进入商店的顾客数、放射性物质放射出的质点数、显微镜下在某观察范围内的微生物数、母鸡的产蛋量等，这些随机变量都可利用泊松分布.

四、连续型随机变量及其概率分布

1. 概率密度与分布函数

由于连续型随机变量可以取某一区间或整个实数轴上的任意一个值，因此不能像对待离散型随机变量那样列出每一个值及其相应的概率，通常我们用数学函数的形式和分布函

数的形式来描述. 当对连续型随机变量用函数 $f(x)$ 来表示时，我们将 $f(x)$ 称为概率密度函数. 概率密度函数应满足下述两个条件：(1) $f(x)\geqslant 0$，(2) $\int_{-\infty}^{+\infty} f(x)=1$.

需要指出的是，$f(x)$ 并不是一个概率，即 $f(x)\neq P(X=x)$，$f(x)$ 称为概率密度函数，而 $P(X=x)$ 在连续分布的条件下概率为零. 在连续分布的情况下，以曲线下的面积表示概率，如随机变量 X 在 a 与 b 之间的概率可以写成

$$P(a<X<b)=\int_a^b f(x)\mathrm{d}x$$

2. 常见的连续型随机变量及其分布

(1) 均匀分布：

若随机变量 X 在有限区间 $[a, b]$ 内取值，且概率密度函数为

$$f(x)=\begin{cases}\dfrac{1}{b-a}, & a<X<b\\ 0\quad, & \text{其他}\end{cases}$$

则称随机变量 X 服从 $[a, b]$ 上的**均匀分布**.

(2) 指数分布：

如果随机变量 X 具有如下的概率密度函数

$$f(x)=\begin{cases}\lambda \mathrm{e}^{-\lambda x}, & x\geqslant 0(\lambda>0)\\ 0\quad, & \text{其他}\end{cases}$$

则称随机变量 X 服从参数为 λ 的**指数分布**.

指数分布是用于描述等待某一特定事件发生所需时间的一种连续型概率分布，例如，某些产品的寿命、两辆汽车先后到达某加油站的间隔时间，这些随机变量通常可以认为只取非负值，因而常用近似地服从指数分布来描述.

(3) 正态分布：

如果随机变量 X 的概率密度函数为

$$f(x)=\frac{1}{\sqrt{2\pi}\sigma}\mathrm{e}^{-\frac{(x-\mu)^2}{2\sigma^2}}\qquad(-\infty<x<+\infty)$$

其中，$-\infty<\mu<+\infty$，$\sigma>0$，则称随机变量X 服从参数为 μ,σ^2 的正态分布. 特别地，当 $\mu=0$，$\sigma=1$ 时，称随机变量 X 服从标准正态分布. 标准正态分布概率密度函数曲线见图 11—9.

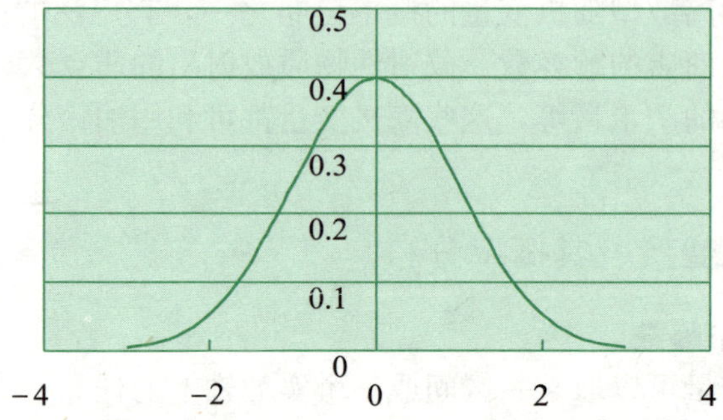

图 11—9 标准正态分布概率密度函数曲线

正态分布是概率论中最重要的一种分布，经验表明，许多实际问题中的变量，如测量误差、射击时弹着点与靶心间的距离、热力学中理想气体的分子速度、某地区成年男子的身高等，都可以认为服从正态分布. 进一步的理论研究表明，一个变量如果受到大量微小的、独立的随机因素的影响，那么这个变量一般是正态变量.

习题十一

1. 假定某支股票的收益率呈正态分布，对应的正态分布的均值为5%，标准差为2%. 试确定：

(1) 股票收益率小于或等于4%的概率；

(2) 股票获得收益率有80%的可能性不超过某值，求该临界收益率.

2. 一名会计专业的学生正努力确定他打算申请公司的数量. 根据他的工作经历和成绩，他所申请的公司70%会给他接收函. 这名学生决定只申请4家公司，问：他一封接收函也收不到的概率是多少?

3. 某超市的结账处完成一项服务所花费的时间服从服务率为15个/每小时的指数分布. 一个顾客来到结账处，求下列时间的概率：

(1) 完成这项服务所花费时间少于5分钟；

(2) 这个顾客从到来到离开结账处所用的时间超过10分钟；

(3) 完成这项服务所花费的时间在5分钟到8分钟之间.

4. 某厂家生产的产品优质率为70%，厂家将产品送往质监部门去检测，质监部门总共抽取的产品件数是15. 试计算15件检测品中各种优质件数的概率.

5. 某商店对某种家用电器的销售采用先使用后付款的方式. 记使用寿命为 X（以年计)，规定：

$X\leqslant 1$，　　一台付款1 500元

$1<X\leqslant 2$，　　一台付款2 000元

$2<X\leqslant 3$，　　一台付款2 500元

$X>3$，　　一台付款3 000元

设寿命 X 服从指数分布，概率密度函数为

$$f(x)=\begin{cases}\dfrac{1}{10}\mathrm{e}^{-x/10}, & x>0\\ 0, & x\leqslant 0\end{cases}$$

试求该商店一台电器收费 Y 的数学期望.

6. 假定现有25种样本股票的交易数据，其中属于上海证券交易所的有15种，属于深圳证券交易所的有10种. 为减少工作量，现需要从这25种股票中选出10种进行详细研究，则10种股票中有5种属于上海证券交易所的概率有多大?

第十二章

经济预测与趋势分析

名言：在终极的分析中，一切知识都是历史；在抽象的意义下，一切科学都是数学；在理性的基础上，所有的判断都是统计学.

——C. R. 劳

故事：第二次世界大战期间，盟军承认德国坦克的战斗力优于己方，但问题是德国到底生产了多少坦克，因为了解坦克的数量可以帮助盟军评估获胜几率. 为了解决该问题，盟军一开始动用了传统的情报收集方法：间谍活动、拦截和破译轴心国通讯，以及审讯俘虏. 根据这些手段，盟军估计，从 1940 年 6 月到 1942 年 9 月，德国军工厂每月生产 1 400 辆坦克. 将该数目与实际数目比较：轴心国在斯大林格勒战役的 8 个月时间内共动用了 1 200 辆坦克，显然每月1 400辆是过高估计. 因此盟军开始寻找通过其他方法进行推算，他们最后找到了重要线索：序列号. 盟军缴获的每辆坦克都有一个独特的序列号，序列号显然有一个模式，代表了坦克生产订单. 基于这些数据，盟军创建了一个数学模型去判断德国的坦克生产速度，他们发现德国在 1940 年夏天到 1942 年秋天期间，每月生产坦克 255 辆. 根据战后获得的德国内部统计数字，坦克的真实生产速度是每月 256 辆，仅仅差了 1 辆.

这个故事表明：依据实际数据资料，根据统计学的相关理论，建立预测模型，就可以得到比较准确的预测数据. 盟军打败德军，盟军的统计学家功不可没.

第一节
顾客市场分布与预测问题及解决方案

一、问题引入

引例　某大型牙膏制造企业为了更好地拓展产品市场，有效地管理库存，公司董事会要求销售部门根据市场调查资料，找出公司生产的牙膏的销售量与销售价格、广告投入等之间的关系，从而预测出在不同价格和广告费用下的销售量. 为此，销售部的研究人员收集了过去 30 个销售周期（每个销售周期为 4 周）公司生产的牙膏的销售量、销售价格、投入的广告费用，以及同期其他厂家生产的同类牙膏的市场平均销售价格等数据，见表 12—1. 试根据这些数据，分析牙膏销售量与其他因素的关系，为制定价格策略和广告投入策略提供数量依据.

表 12—1　　牙膏销售量与销售价格、广告费用等数据

销售周期	本公司销售价格（元）	其他厂家平均价格（元）	广告费用（百万元）	价格差（元）	销售量（百万支）
1	3.85	3.80	5.50	−0.05	7.38
2	3.75	4.00	6.75	0.25	8.51
3	3.70	4.30	7.25	0.60	9.52
4	3.70	3.70	5.50	0.00	7.50
5	3.60	3.85	7.00	0.25	9.33
6	3.60	3.80	6.50	0.20	8.28
7	3.60	3.75	6.75	0.15	8.75
8	3.80	3.85	5.25	0.05	7.87
9	3.80	3.65	5.25	−0.15	7.10
10	3.85	4.00	6.00	0.15	8.00
11	3.90	4.10	6.50	0.20	7.89
12	3.90	4.00	6.25	0.10	8.15

续前表

销售周期	本公司销售价格（元）	其他厂家平均价格（元）	广告费用（百万元）	价格差（元）	销售量（百万支）
13	3.70	4.10	7.00	0.40	9.10
14	3.75	4.20	6.90	0.45	8.86
15	3.75	4.10	6.80	0.35	8.90
16	3.80	4.10	6.80	0.30	8.87
17	3.70	4.20	7.10	0.50	9.26
18	3.80	4.30	7.00	0.50	9.00
19	3.70	4.10	6.80	0.40	8.75
20	3.80	3.75	6.50	−0.05	7.95
21	3.80	3.75	6.25	−0.05	7.65
22	3.75	3.65	6.00	−0.10	7.27
23	3.70	3.90	6.50	0.20	8.00
24	3.55	3.65	7.00	0.10	8.50
25	3.60	4.10	6.80	0.50	8.75
26	3.65	4.25	6.80	0.60	9.21
27	3.70	3.65	6.50	−0.05	8.27
28	3.75	3.75	6.75	0.00	7.67
29	3.80	3.85	5.80	0.05	7.93
30	3.70	4.25	6.80	0.55	9.26

说明：价格差指其他厂家平均价格与本公司销售价格之差.

问题分析 由于牙膏是生活必需品，对大多数顾客来说，在购买同类产品时更多地会在意不同品牌之间的价格差异，而不是它们的价格本身，因此在研究各个因素对销售量的影响时，用价格差代替本公司销售价格和其他厂家平均价格更为合适. 另外，销售量与广告费用之间也存在某种数量关系，这种数量关系是否可以用方程式来描述呢？答案是肯定的，经过计算可以得到：

销售量＝7.814 1＋2.665 2×其他厂家平均价格与本公司销售价格之差

销售量＝1.796 0＋1.015 4×广告费用

二、典型问题解决方案

问题 1　牙膏的销售量

针对本节引例中所提出的问题，确定解决方案.

解决方案：

记本公司牙膏销售量为 y，其他厂家平均价格与本公司销售价格之差（即价格差）为 x_1，本公司投入的广告费用为 x_2，其他厂家平均价格和本公司销售价格分别为 x_3 和 x_4，

则 $x_1=x_3-x_4$. 为了大致地分析 y 与 x_1 及 x_2 的关系，首先利用表 12—1 的数据分别作出 y 对 x_1 及 x_2 的散点图，如图 12—1 和图 12—2 所示.

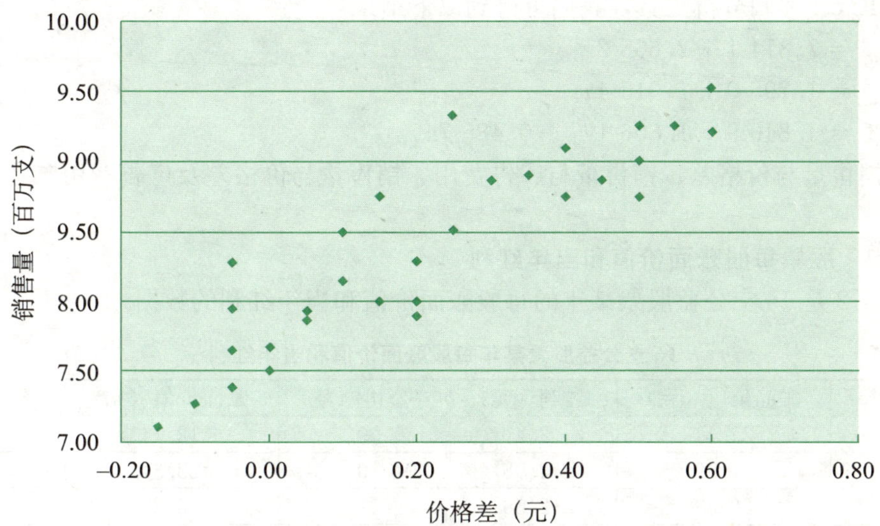

图 12—1 销售量对价格差散点图

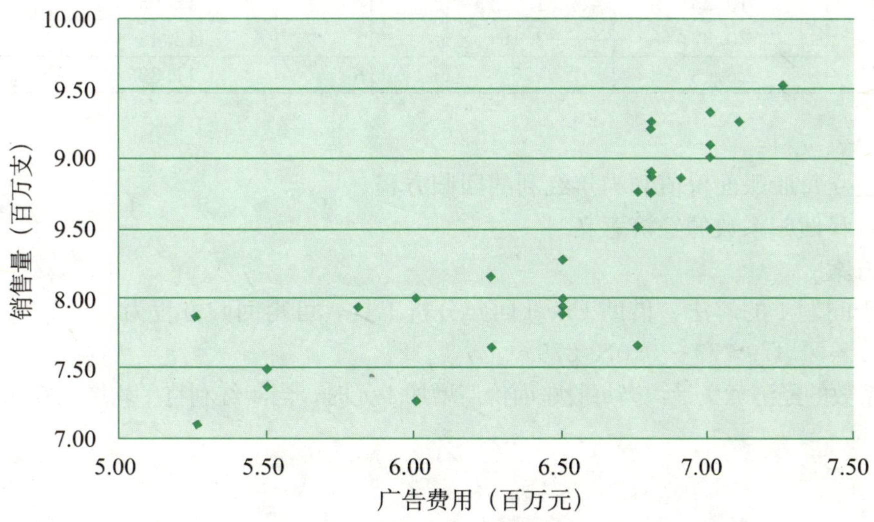

图 12—2 销售量对广告费用散点图

从图 12—1 及图 12—2 中可以发现，随着 x_1，x_2 的增加，y 的值有比较明显的线性增长趋势，可用线性回归模型

$$y=\beta_0+\beta_1 x_1+\varepsilon$$

$$y=\beta_0+\beta_1 x_2+\varepsilon$$

来拟合（其中 ε 是随机误差）. 我们也可以用 y 与 x_1，x_2 的二元线性回归模型

$$y = \beta_0 + \beta_1 x_1 + \beta_2 x_2 + \varepsilon$$

来拟合销售量与价格差及广告费用之间的数量关系.

借助 Excel 回归分析工具，我们可得到以下结果

$$\hat{y} = 7.8141 + 2.6652x_1$$

$$\hat{y} = 1.7960 + 1.0154x_2$$

$$\hat{y} = 4.8469 + 1.8061x_1 + 0.4857x_2$$

分别表示销售量与价格差、销售量与广告费用、销售量与价格差及广告费用二者之间的线性关系.

问题 2　股票每股账面价值和当年红利

表 12—2 是 16 支公益股票某年的每股账面价值和当年红利的数据.

表 12—2　　16 支公益股票某年每股账面价值和当年红利

公司序号	账面价值（元）	红利（元）	公司序号	账面价值（元）	红利（元）
1	22.44	2.4	9	12.14	0.8
2	20.89	2.98	10	23.31	1.94
3	22.09	2.06	11	16.23	3
4	14.48	1.09	12	0.56	0.28
5	20.73	1.96	13	0.84	0.84
6	19.25	1.55	14	18.05	1.8
7	20.37	2.16	15	12.45	1.21
8	26.43	1.6	16	11.33	1.07

根据上表资料：

(1) 建立每股账面价值和当年红利的回归方程；

(2) 解释回归系数的经济意义.

解决方案：

类似于问题 1 的解法，借助 Excel 回归分析工具，可得回归方程为

$$\hat{y} = 0.479775 + 0.072876x$$

回归系数的经济意义是：当每股账面价值增加 1 元时，当年红利将平均增加 0.072 876 元.

第二节
使用 Excel 进行经济预测

一、典型案例

已有研究表明，一种股票的收益率同市场（market）的收益率相关. 表 12—3 中给出了 2004 年 6 月的 22 个交易日中长江电力（代码 600900）的收益率和整个市场的收益率数据，试根据数据得到长江电力收益率同市场收益率的线性方程，并给出线性拟合图.

表 12—3　　2004 年 6 月的 22 个交易日中长江电力的收益率与市场的收益率数据

日期	600900	market	日期	600900	market
20040601	0.018 994	0.017 149	20040616	0.006 92	0.004 821
20040602	−0.012 18	−0.006 2	20040617	−0.018 33	−0.020 63
20040603	−0.006 73	−0.016 47	20040618	−0.029 17	−0.009 31
20040604	−0.001 13	0.000 09	20040621	−0.001 2	0.008 833
20040607	−0.010 17	−0.014 74	20040622	0.022 864	0.010 841
20040608	−0.011 42	−0.012 37	20040623	0.002 353	−0.008 96
20040609	0.002 309	−0.023 17	20040624	−0.002 35	−0.007 72
20040610	−0.008 07	−0.001 85	20040625	−0.022 35	−0.022 08
20040611	0.004 646	0.002 238	20040628	0.006 017	−0.016 77
20040614	−0.016 19	−0.025 03	20040629	0.021 531	0.012 602
20040615	0.018 801	0.018 278	20040630	−0.007 03	−0.009 72

二、解决方案

根据表 12—3 所提供的数据，按照统计及回归分析的有关理论知识，建立长江电力收益率同市场收益率的线性回归方程.

通过利用 Excel 提供的数据分析工具、LINEST 函数及散点图和趋势线可得到回归方程.

三、Excel 演算步骤

1. 应用 Excel 的回归分析工具

第一步：新建工作表，输入表头“应用回归分析工具进行回归分析”，输入表 12—3 中的 22 个交易日的日期及收益率数据.

第二步：单击【工具】→【数据分析】，在出现的【数据分析】对话框中选择“回归”，如图 12—3 所示，单击【确定】.

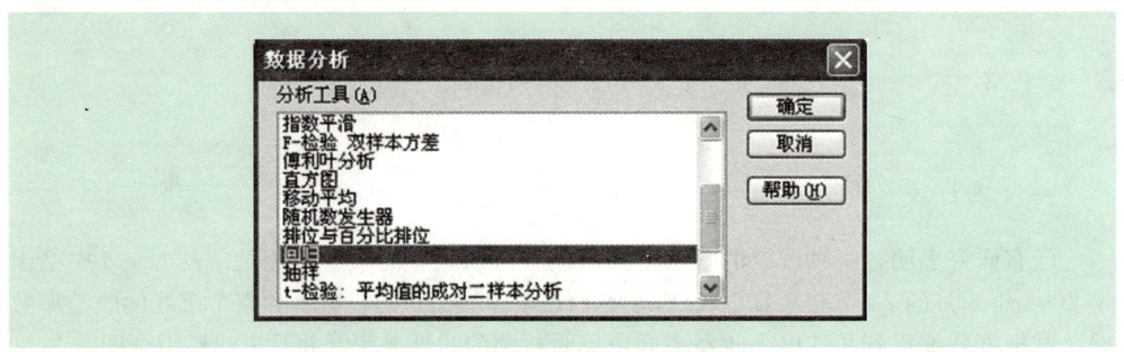

图 12—3 【数据分析】对话框

第三步：在出现的【回归】对话框中，单击“Y 值输入区域”后的折叠按钮，选择 B3∶B25 单元格；单击“X 值输入区域”后的折叠按钮，选择 C3∶C25 单元格. 选中“标志”复选框、“新工作表组”单选框和“线性拟合图”复选框，如图 12—4 所示，点击【确定】.

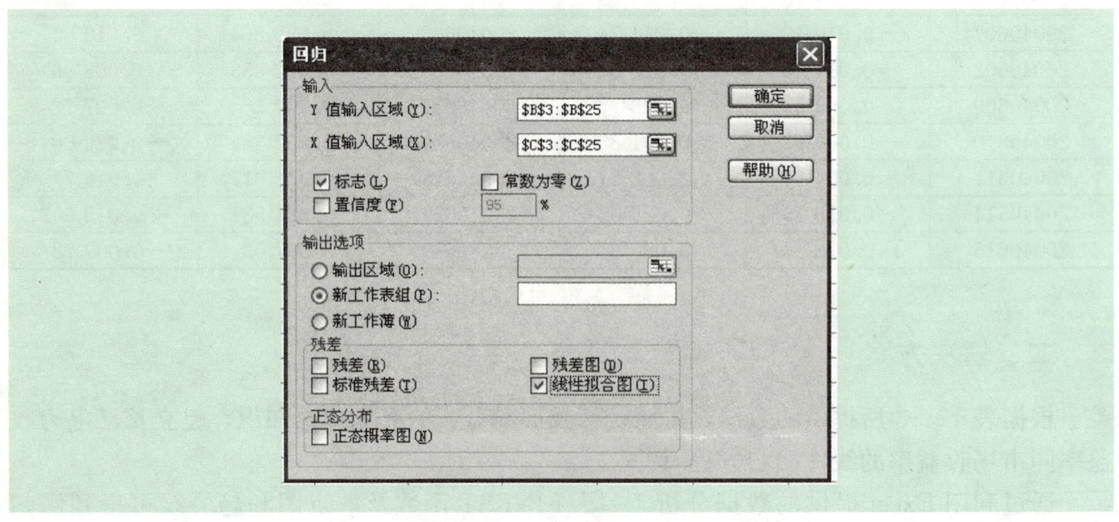

图 12—4 【回归】对话框

第四步：得到回归分析结果的汇总输出（SUMMARY　OUTPUT），如图 12—5 所示.

	A	B	C	D	E	F	G	H	I
1	SUMMARY OUTPUT								
2									
3	回归统计								
4	Multiple	0.742145							
5	R Square	0.550779							
6	Adjusted	0.528318							
7	标准误差	0.009754							
8	观测值	22							
9									
10	方差分析								
11		df	SS	MS	F	gnificance F			
12	回归分析	1	0.002333	0.002333	24.5215	7.68E-05			
13	残差	20	0.001903	9.51E-05					
14	总计	21	0.004236						
15									
16		Coefficien	标准误差	t Stat	P-value	Lower 95%	Upper 95%	下限 95.0%	上限 95.0%
17	Intercept	0.002424	0.002256	1.074538	0.295375	-0.00228	0.00713	-0.00228	0.00712957
18	market	0.792329	0.160004	4.951918	7.68E-05	0.458566	1.126093	0.458566	1.1260927

图 12—5　回归分析结果汇总输出

第五步：得到回归分析结果中的线性拟合图（Line Fit Plot），如图 12—6 所示.

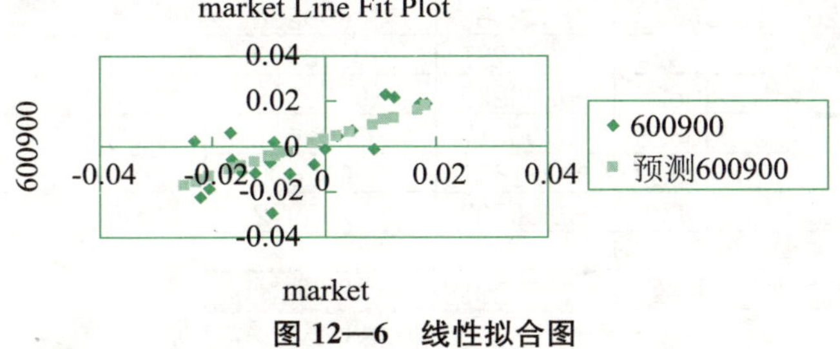

图 12—6　线性拟合图

从图 12—5 的回归汇总输出可以看出，对应的回归方程为

长江电力收益率＝0.002 4＋0.792 3×市场收益率

2. 应用 LINEST 函数进行回归分析

第一步：新建工作表，输入表头“应用 LINEST 函数进行回归分析”，输入表 12—3 中的 22 个交易日的日期及收益率数据.

第二步：选中 B27—C27 单元格，输入“＝LINEST（B4：B25，C4：C25，1，1）”，按下【Ctrl】＋【Shift】＋【Enter】组合键，结果如图 12—7 所示.

从图 12—7 可以看出，回归方程为

长江电力收益率＝0.002 4＋0.792 3×市场收益率

3. 应用散点图和趋势线进行回归分析

第一步：新建工作表，输入表头“应用散点图和趋势线进行回归分析”，输入表 12—3 中 22 个交易日的日期及收益率数据.

	A	B	C	D
1	应用LINEST函数进行回归分析			
2				
3	日期	600900	market	
4	20040601	0.018994	0.017149	
5	20040602	-0.01218	-0.0062	
6	20040603	-0.00673	-0.01647	
7	20040604	-0.00113	0.00009	
8	20040607	-0.01017	-0.01474	
9	20040608	-0.01142	-0.01237	
10	20040609	0.002309	-0.02317	
11	20040610	-0.00807	-0.00185	
12	20040611	0.004646	0.002238	
13	20040614	-0.01619	-0.02503	
14	20040615	0.018801	0.018278	
15	20040616	0.00692	0.004821	
16	20040617	-0.01833	-0.02063	
17	20040618	-0.02917	-0.00931	
18	20040621	-0.0012	0.008833	
19	20040622	0.022864	0.010841	
20	20040623	0.002353	-0.00896	
21	20040624	-0.00235	-0.00772	
22	20040625	-0.02235	-0.02208	
23	20040628	0.006017	-0.01677	
24	20040629	0.021531	0.012602	
25	20040630	-0.00703	-0.00972	
26				
27	回归系数	0.79232918	0.002423982	

B27 {=LINEST(B4:B25,C4:C25,1,1)}

图 12—7　应用 LINEST 函数进行回归分析

第二步：单击【插入】→【图表】，在出现的【图表向导-4 步骤之 1-图表类型】对话框中，在“标准类型”选项卡中的“图表类型”列表框中选择“XY 散点图”，在“子图表类型”中单击选中“散点图”，单击【下一步】按钮.

第三步：在出现的【图表向导-4 步骤之 2-图表源数据】对话框中，单击“数据区域”选项卡中数据区域后的折叠按钮，选择 B4：B25 单元格区域，选中“系列产生在”的【列】单选按钮. 选择“系列”选项卡，在“名称”后的文本框中输入“长江电力收益率同市场收益率散点图”，单击“X 值”后的折叠按钮，选择 C4：C25 单元格区域，完成后单击【下一步】按钮.

第四步：在出现的【图表向导-4 步骤之 3-图表选项】对话框中，在“数值（X）轴”下的文本框中输入“市场收益率”，在“数值（Y）轴”下的文本框中输入“长江电力收益率”. 取消网格线显示，取消图例显示，点击【下一步】按钮.

第五步：在出现的【图表向导-4 步骤之 4 -图表位置】对话框中，单击选中【作为其中的对象插入】单选按钮，单击【完成】按钮. 生成的散点图如图 12—8 所示.

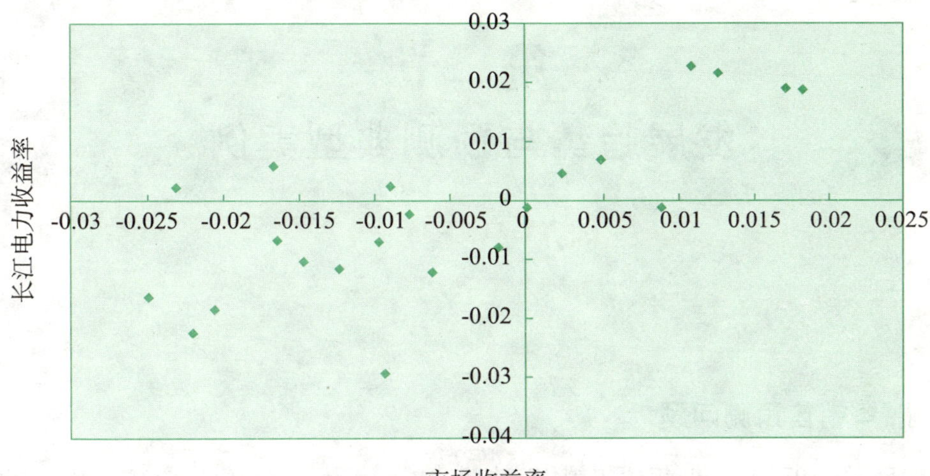

图 12—8　长江电力收益率同市场收益率散点图

第六步：右击散点图中的蓝色散点，选择“添加趋势线”，在出现的【添加趋势线】对话框的“类型”选项卡中，在“趋势预测/回归分析类型”选项区域中单击“线性”选项图标. 在“选项”选项卡中，选中【自动设置】按钮，选中【显示公式】复选框，单击【确定】按钮. 最终回归分析结果如图 12—9 所示.

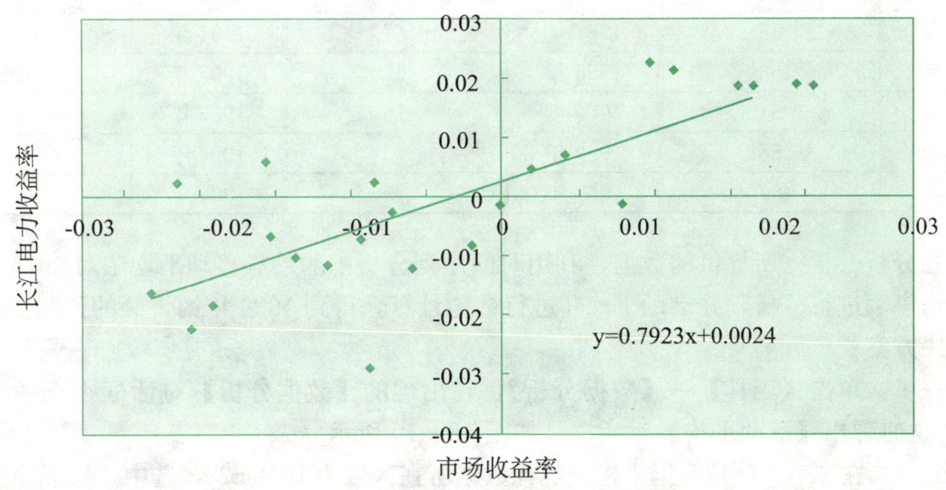

图 12—9　回归分析函数输出图

从图 12—9 中可以看出，长江电力收益率同市场收益率的回归方程为：

$$y = 0.7923x + 0.0024$$

第三节
发展趋势与预测典型案例

案例 1　销售预测问题

已知某商场 1978—1998 年的年销售额如表 12—4 所示，试预测 1999 年该商场的年销售额.

表 12—4　　某商场 1978—1998 年年销售额

年份	销售额（万元）	年份	销售额（万元）	年份	销售额（万元）
1978 年	32	1985 年	64	1992 年	84
1979 年	41	1986 年	69	1993 年	86
1980 年	48	1987 年	67	1994 年	87
1981 年	53	1988 年	69	1995 年	92
1982 年	51	1989 年	76	1996 年	95
1983 年	58	1990 年	73	1997 年	101
1984 年	57	1991 年	79	1998 年	107

问题分析　根据所提供的数据，利用时间序列分析中的趋势移动平均法对 1978—1998 年的年销售额进行分析，并借助 Excel 进行数值计算，得到 1999 年销售额的预测值.

解决方案：

第一步：单击【工具】→【数据分析】，在出现的【数据分析】对话框中选择“移动平均”，这时弹出【移动平均】对话框，如图 12—10 所示.

第二步：在“输入区域”框中指定统计数据所在区域为 B1∶B22，选中“标志位于第一行”复选框，在“间隔”框内输入移动平均的项数为 5，在“输出区域”框中指定输出数据所在区域为 C2∶C22，选中“图表输出”复选框，如图 12—10 所示.

第三步：单击【确定】，得到计算结果及实际值与移动平均值的曲线图，选定 C22，按住“+”型符号拖至 C23 单元格，即可得到 1999 年的预测值，如图 12—11 所示.

从图 12—11 中可以看出，1999 年销售额的预测值为 98.75 万元.

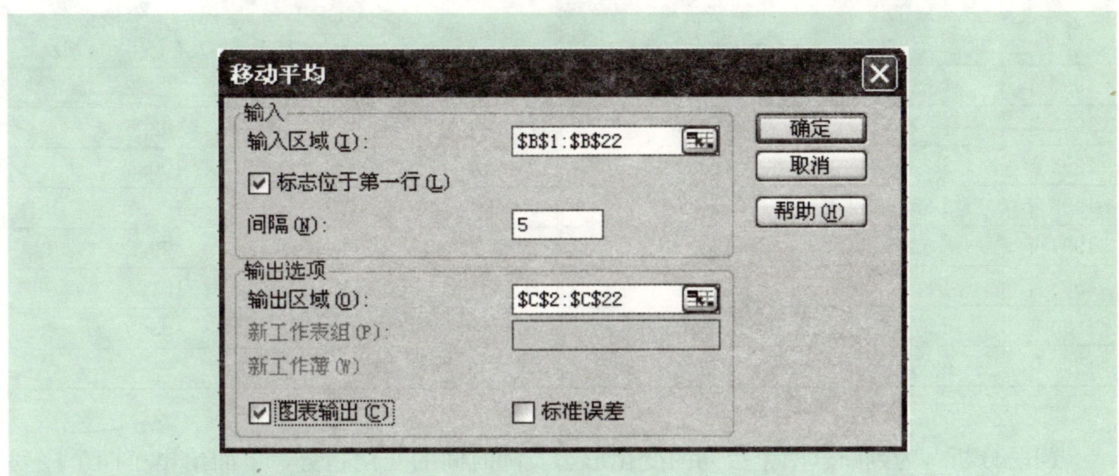

图 12—10　【移动平均】对话框

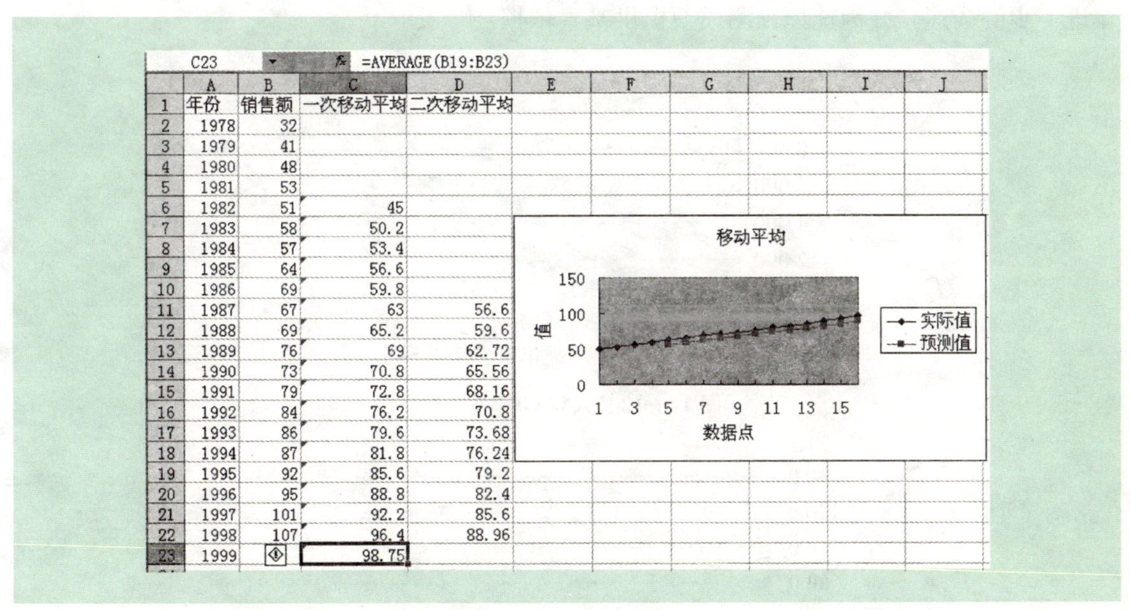

C23　=AVERAGE(B19:B23)

	A	B	C	D
1	年份	销售额	一次移动平均	二次移动平均
2	1978	32		
3	1979	41		
4	1980	48		
5	1981	53		
6	1982	51	45	
7	1983	58	50.2	
8	1984	57	53.4	
9	1985	64	56.6	
10	1986	69	59.8	
11	1987	67	63	56.6
12	1988	69	65.2	59.6
13	1989	76	69	62.72
14	1990	73	70.8	65.56
15	1991	79	72.8	68.16
16	1992	84	76.2	70.8
17	1993	86	79.6	73.68
18	1994	87	81.8	76.24
19	1995	92	85.6	79.2
20	1996	95	88.8	82.4
21	1997	101	92.2	85.6
22	1998	107	96.4	88.96
23	1999		98.75	

图 12—11　移动平均的计算结果及实际值与移动平均值的曲线图

案例 2　人均 GDP 和居民消费价格指数预测

表 12—5 给出了我国 1990—2004 年人均 GDP 和居民消费价格指数的时间序列，要求预测 2005 年的人均 GDP 和居民消费价格指数.

表 12—5　　人均 GDP 和居民消费价格指数的时间序列

年份	人均 GDP（元）	居民消费价格指数（%）（上年=100）	年份	人均 GDP（元）	居民消费价格指数（%）（上年=100）
1990 年	1 634	103.1	1998 年	6 308	99.2
1991 年	1 879	103.4	1999 年	6 551	98.6
1992 年	2 287	106.4	2000 年	7 086	100.4
1993 年	2 939	114.7	2001 年	7 651	100.7
1994 年	3 923	124.1	2002 年	8 214	99.2
1995 年	4 854	117.1	2003 年	9 111	101.2
1996 年	5 576	108.3	2004 年	10 561	103.9
1997 年	6 054	102.8			

资料来源：http：//www.stats.gov.cn/.

问题分析　为判断这两个数列的变化形态及随时间的变化趋势，下面给出了两个序列的图形. 从图 12—12 及图 12—13 可以看出，人均 GDP 序列呈现一定的线性趋势，居民消费价格指数序列则没有任何趋势，呈现出一定的随机波动. 通过观察和分析图形，有助于作进一步的描述，并为选择预测模型提供基本依据.

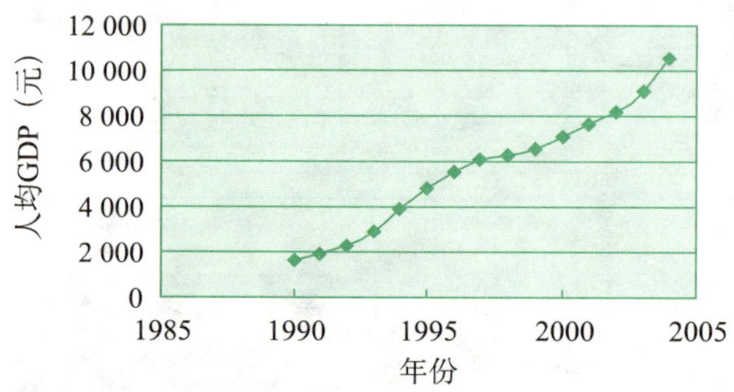

图 12—12　人均 GDP 序列图

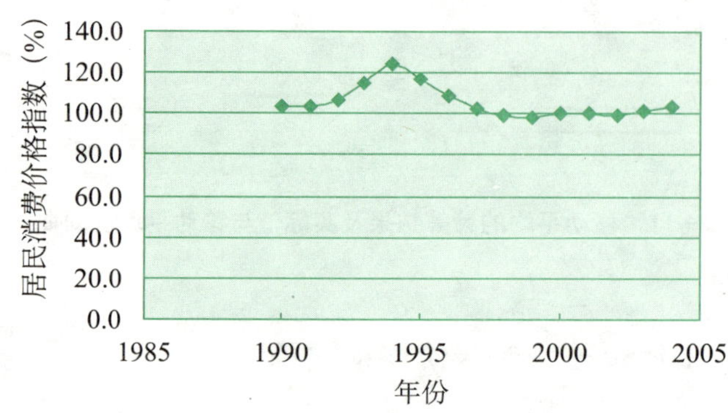

图 12—13　居民消费价格指数序列图

解决方案：

(1) 利用指数平滑法（详见本章第四节）预测居民消费价格指数.

第一步：单击【工具】→【数据分析】，在出现的【数据分析】对话框中选择“指数平滑”，出现【指数平滑】对话框，如图 12—14 所示.

第二步：在输入框中指定输入参数，如图 12—14 所示.

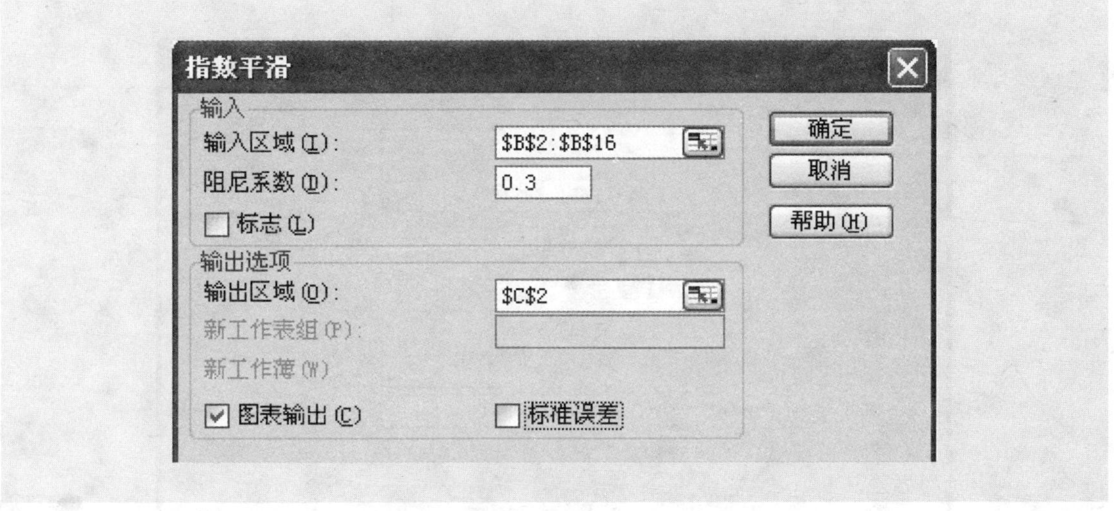

图 12—14　【指数平滑】对话框

第三步：单击【确定】，得到一次指数平滑值，如图 12—15 所示.

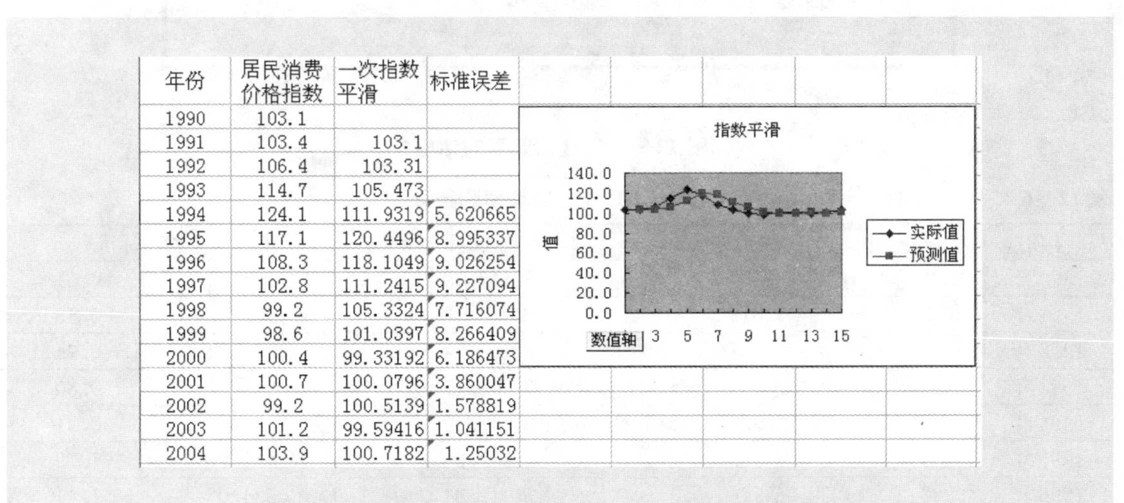

年份	居民消费价格指数	一次指数平滑	标准误差
1990	103.1		
1991	103.4	103.1	
1992	106.4	103.31	
1993	114.7	105.473	
1994	124.1	111.9319	5.620665
1995	117.1	120.4496	8.995337
1996	108.3	118.1049	9.026254
1997	102.8	111.2415	9.227094
1998	99.2	105.3324	7.716074
1999	98.6	101.0397	8.266409
2000	100.4	99.33192	6.186473
2001	100.7	100.0796	3.860047
2002	99.2	100.5139	1.578819
2003	101.2	99.59416	1.041151
2004	103.9	100.7182	1.25032

图 12—15　指数平滑结果输出图

由图 12—15 所得结果可得，2005 年居民消费价格指数预测值为

$$\hat{y}_{2005}=0.3\times 103.9+(1-0.3)\times 100.7=101.66$$

(2) 利用线性趋势方程预测人均 GDP.

第一步：单击【工具】→【数据分析】，在出现的【数据分析】对话框中选择“回归”，出现【回归】对话框，如图 12—16 所示.

第二步：在输入及输出区域填入相应的值，如图 12—16 所示；得到的输出结果如表 12—6、表 12—7 和图 12—17 所示.

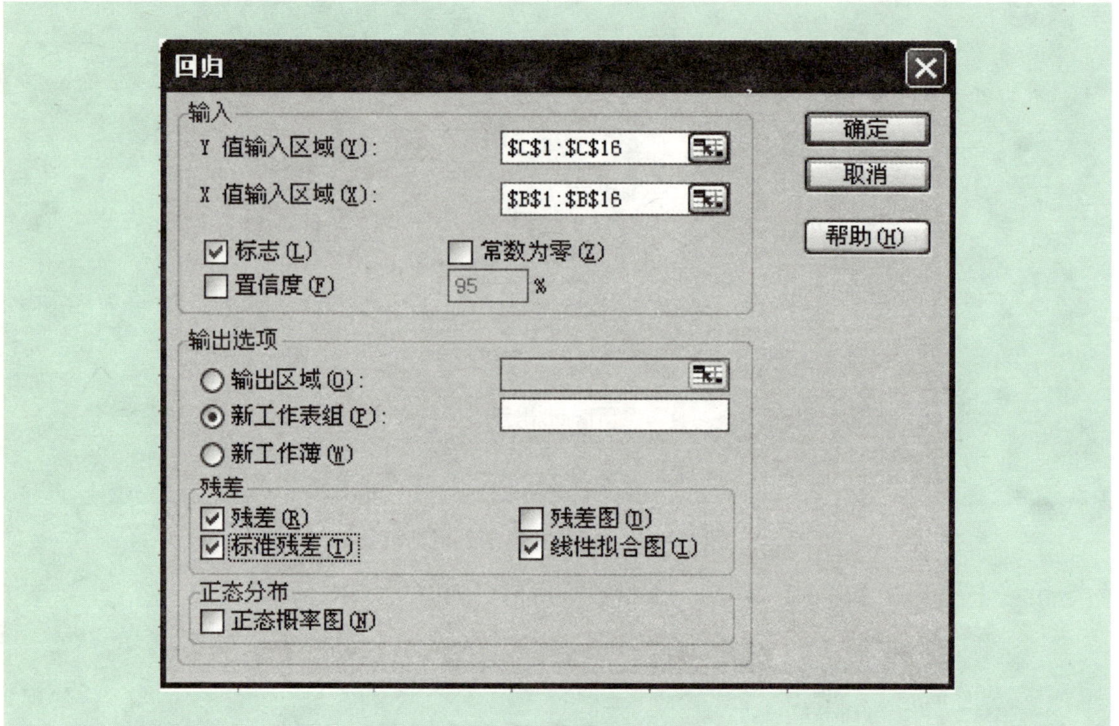

图 12—16 【回归】对话框

表 12—6 人均 GDP 线性趋势预测结果

年份	t	人均 GDP（元）	预测人均 GDP（元）	残差	标准残差
1990 年	1	1 634	1 442.39	191.61	0.51
1991 年	2	1 879	2 042.32	−163.32	−0.43
1992 年	3	2 287	2 642.24	−355.24	−0.94
1993 年	4	2 939	3 242.17	−303.17	−0.80
1994 年	5	3 923	3 842.09	80.91	0.21
1995 年	6	4 854	4 442.02	411.98	1.09
1996 年	7	5 576	5 041.94	534.06	1.41
1997 年	8	6 054	5 641.87	412.13	1.09
1998 年	9	6 308	6 241.79	66.21	0.18
1999 年	10	6 551	6 841.72	−290.72	−0.77

续前表

年份	t	人均 GDP（元）	预测人均 GDP（元）	残差	标准残差
2000 年	11	7 086	7 441.64	－355.64	－0.94
2001 年	12	7 651	8 041.57	－390.57	－1.03
2002 年	13	8 214	8 641.49	－427.49	－1.13
2003 年	14	9 111	9 241.42	－130.42	－0.35
2004 年	15	10 561	9 841.34	719.66	1.90

表 12—7　　人均 GDP 线性回归计算结果

	Coefficients	标准误差	t Stat	P-value	Lower 95%	Upper 95%	下限 95.0%	上限 95.0%
Intercept	842.47	213.04	3.95	0.00	382.22	1 302.71	382.22	1 302.71
t	599.93	23.43	25.60	0.00	549.31	650.54	549.31	650.54

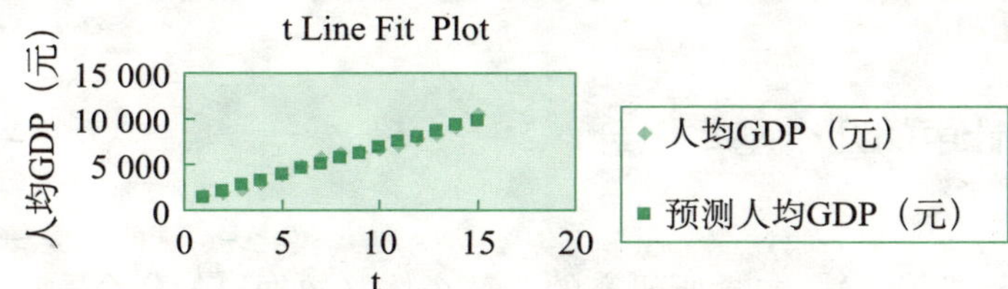

图 12—17　人均 GDP 线性拟合图

所以，线性趋势回归方程为

$$\hat{y}_t = 842.47 + 599.93t$$

将 $t=16$ 代入线性趋势回归方程可得 2005 年人均 GDP 的预测值，即

$$\hat{y}_{2005} = 842.47 + 599.93 \times 16 = 10\ 441.35\ （元）$$

第四节
进一步学习的数学知识：数理统计

数理统计学是数学的一个分支，它的任务是研究怎样用有效的方法去收集和使用带有随机性影响的数据. 本节将介绍一些数理统计的基本概念和理论.

一、数理统计中的几个基本概念

1. 总体和样本

(1) **总体** (population)：包含所研究的全部个体（数据）的集合，称为总体.

(2) **样本** (sample)：从总体中抽取的一部分元素的集合，称为样本.

(3) **样本容量** (sample size)：构成样本的元素的数目，称为样本容量，或称为样本量.

从总体中抽取一部分元素作为样本，目的是要根据样本提供的有关信息去推断总体的特征. 例如，我们从一批灯泡中随机抽取 100 个，这 100 个灯泡就构成了一个样本，然后根据这 100 个灯泡的平均使用寿命去推断这一批灯泡的平均使用寿命.

2. 参数和统计量

(1) **参数** (parameter)：用来描述总体特征的概括性数字度量，称为参数.

参数是研究者想要了解的总体的某种特征值. 我们所关心的参数通常有总体平均数、标准差、总体比例等. 在统计学中，总体参数通常用希腊字母表示. 例如，总体平均数用 μ 表示，总体标准差用 σ 表示，总体比例用 π 表示，等等.

(2) **统计量** (statistic)：用来描述样本特征的概括性数字度量，称为统计量.

统计量是根据样本数据计算出来的一个量，它是样本的函数. 通常我们所关心的统计量有样本平均数、样本标准差、样本比例等. 样本统计量通常用英文字母来表示，例如，样本平均数用 $\bar{x}$ 表示，样本标准差用 s 表示，样本比例用 p 表示等.

二、常用的描述性统计量

1. 算术平均数

一组数据相加后除以数据的个数所得到的结果，称为**算术平均数**，也称**均值**

(mean). 设一组样本数据为 x_1，x_2，…，x_n，样本容量为 n，则样本算术平均数用 $\bar{x}$ 表示，计算公式为

$$\bar{x}=\frac{x_1+x_2+\cdots+x_n}{n}=\frac{1}{n}\sum_{i=1}^{n}x_i$$

2. 众数

一组数据中出现次数最多的变量值，称为**众数**（mode)，用 M_0 表示. 利用 Excel 中的 MODE 函数可以计算一组数值型数据的众数.

3. 中位数

一组数据排序后处于中间位置上的变量值，称为**中位数**（median)，用 M_e 表示. 设一组数据为 x_1，x_2，…，x_n，按从小到大的顺序排序后为 $x_{(1)}$，$x_{(2)}$，…，$x_{(n)}$，则中位数为

$$M_e=\begin{cases}x_{(\frac{n+1}{2})}, & n\text{ 为奇数}\\ \dfrac{1}{2}\{x_{\frac{n}{2}}+x_{(\frac{n}{2}+1)}\}, & n\text{ 为偶数}\end{cases}$$

利用 Excel 中的 MEDIAN 函数可以计算一组数值型数据的中位数.

4. 方差和标准差

(1) **方差**（variance)：各变量值与其平均数之差平方的平均数，称为方差. 设样本方差为 S^2，则样本方差的公式为

$$S^2=\frac{1}{n-1}\sum_{i=1}^{n}(x_i-\bar{x})^2$$

样本方差是用样本数据个数减 1 后除离差平方和，其中样本数据个数减 1 即 $n-1$ 称为**自由度**（degree of freedom).

(2) **标准差**（standard deviation)：方差开方后即得到标准差. 在对实际问题进行分析时更多地是使用标准差，计算公式为

$$S=\sqrt{S^2}=\sqrt{\frac{1}{n-1}\sum_{i=1}^{n}(x_i-\bar{x})^2}$$

方差（或标准差）能较好地反映出数据的离散程度，是实际中应用最广泛的离散程度测量值. 利用 Excel 中的 STDEV 函数可以计算一组数值型数据的样本标准差.

三、参数估计

参数估计（parameter estimation）就是用样本统计量去估计总体的参数. 例如，用样本平均数 $\bar{x}$ 去估计总体均值 μ，用样本方差 S^2 去估计总体方差 σ^2，等等. 如果将总体参数用一个符号 θ 来表示，而用于估计总体参数的统计量用 $\hat{\theta}$ 表示，参数估计就是用 $\hat{\theta}$ 来估计 θ. 参数估计的方法主要有两种：点估计和区间估计.

1. 点估计

用样本估计量值 $\hat{\theta}$ 直接作为总体参数 θ 的估计值，称为参数的**点估计**（point estimate). 例如，用样本均值 $\overline{x}$ 直接作为总体均值 μ 的估计值. 假定我们要估计一个班学生考试成绩的平均分数，根据一个抽出的随机样本计算的平均分数为 80 分，我们就用 80 分作为全班考试成绩的平均分数的一个估计值，这就是点估计.

2. 区间估计

在点估计的基础上，给出总体参数估计的一个范围，称为参数的**区间估计**（interval estimate). 总体参数的估计区间通常是由样本统计量加减抽样误差而得到的. 与点估计不同的是，在进行区间估计时，根据样本统计量的抽样分布能够对样本统计量与总体参数的接近程度给出一个概率度量.

在区间估计中，由样本统计量所构造的总体参数的估计区间称为**置信区间**（confidence interval). 由于统计学家在某种程度上确信这个区间会包含真正的总体参数，因此取名为置信区间. 如果我们抽取了许多不同的样本，比如说抽取 100 个样本，根据每一个样本构造一个置信区间，这样，由 100 个样本构造的总体参数的 100 个置信区间中，有 95% 的区间包含了总体参数的真值，则值 95%被称为置信水平（confidence level). 下面以总体均值的区间估计为例进行讨论.

（1）正态总体、方差已知，或非正态总体、大样本（$n \geqslant 30$).

如果总体服从正态分布且 σ^2 已知，或者总体不服从正态分布但是抽取的是大样本，样本均值 $\overline{x}$ 的抽样分布均为正态分布，其数学期望为总体均值 μ，方差为 σ^2/n. 而样本均值经过标准化后的随机变量则服从标准正态分布，即

$$z=\frac{\overline{x}-\mu}{\sigma/\sqrt{n}}\sim N(0,1)$$

根据正态分布的性质可以构造出总体均值 μ 在$1-\alpha$置信水平下的置信区间为

$$(\overline{x}-z_{\frac{\alpha}{2}}\frac{\sigma}{\sqrt{n}},\quad \overline{x}+z_{\frac{\alpha}{2}}\frac{\sigma}{\sqrt{n}})$$

其中，$z_{\frac{\alpha}{2}}$ 是正态分布上单侧面积为 $\alpha/2$ 时的 z 值. 若总体方差 σ^2 未知，只要在大样本情况下，上式总体方差 σ^2 可用样本方差 S^2 代替，这时总体均值 μ 在 $1-\alpha$ 置信水平下的置信区间为

$$(\overline{x}-z_{\frac{\alpha}{2}}\frac{S}{\sqrt{n}},\quad \overline{x}+z_{\frac{\alpha}{2}}\frac{S}{\sqrt{n}})$$

（2）正态总体、方差未知，小样本（$n<30$).

如果总体服从正态分布，方差 σ^2 未知，而且是在小样本的情况下，需要用样本方差 S^2 代替 σ^2，这时样本均值经过标准化后的随机变量则服从自由度为（$n-1$）的 t 分布，即

$$t=\frac{\overline{x}-\mu}{S/\sqrt{n}}\sim t(n-1)$$

这时则需要应用 t 分布来建立总体均值 μ 的置信区间，根据 t 分布建立的总体均值 μ 在 $1-\alpha$ 置信水平下的置信区间为

$$(\overline{x}-t_{\frac{\alpha}{2}}\frac{S}{\sqrt{n}},\quad \overline{x}+t_{\frac{\alpha}{2}}\frac{S}{\sqrt{n}})$$

四、假设检验

首先对总体参数提出某种假设，然后利用样本信息判断假设是否成立的过程，称为**假设检验**（hypothesis test）. 通常将研究者想搜集证据予以支持的假设称为**备择假设**（alternative hypothesis），或称研究假设，用 H_1 表示；通常将研究者想搜集证据予以反对的假设称为**原假设**（null hypothesis），或称零假设，用 H_0 表示.

设 μ 为总体参数（这里代表总体均值），μ_0 为假设的参数的具体数值，我们可将假设检验的基本形式总结如表 12—8 所示.

表 12—8　　假设检验的基本形式

假设	双侧检验	单侧检验	
		左侧检验	右侧检验
原假设	$H_0:\mu=\mu_0$	$H_0:\mu\geqslant\mu_0$	$H_0:\mu\leqslant\mu_0$
备择假设	$H_1:\mu\neq\mu_0$	$H_1:\mu<\mu_0$	$H_1:\mu>\mu_0$

根据样本观测结果计算得到的，并据以使原假设和备择假设作出决策的某个样本统计量，称为**检验统计量**（test statistic）.

$$\text{标准化检验统计量}=\frac{\text{点估计量}-\text{假设值}}{\text{点估计量的抽样标准差}}$$

假设检验的步骤为：

第一步：陈述原假设 H_0 和备择假设 H_1.

第二步：确定一个适当的检验统计量，并利用样本数据计算出其具体数值.

第三步：确定一个适当的显著性水平 α（一般为 0.05），并计算出其临界值，指定拒绝域.

第四步：将统计量的值与临界值进行比较，并作出决策：若统计量的值落在拒绝域内，拒绝原假设 H_0，否则不拒绝原假设 H_0（也可以直接利用 P 值作出决策）.

1. 一个总体参数的检验

（1）总体均值的检验.

在大样本情况下，样本均值的抽样分布近似服从正态分布，其抽样标准差为 $\sigma/\sqrt{n}$，将样本均值 $\overline{x}$ 经过标准化后即可得到检验的统计量. 总体均值的检验统计量为

$$z=\frac{\overline{x}-\mu_0}{\sigma/\sqrt{n}}$$

当总体方差 σ^2 未知时，可用样本方差 S^2 代替总体方差，此时，总体均值的检验统计量为

$$z=\frac{\overline{x}-\mu_0}{S/\sqrt{n}}$$

例 12.1 一种灌装饮料采用自动生产线生产，每罐的容量是 255 mL，标准差是 5 mL. 为检验每罐容量是否符合要求，质检人员在某天生产的饮料中随机抽取了 40 罐进行检验，测得每罐平均容量为 255.8 mL. 取显著性水平 $\alpha=0.05$，检验该天生产的饮料容量是否符合标准要求.

解 本问题属于双侧检验问题，原假设和备择假设为

$$H_0:\mu=255,\ H_1:\mu\neq 255$$

计算统计量的具体数值为

$$z=\frac{255.8-255}{5/\sqrt{40}}=1.01$$

根据给定的显著性水平 $\alpha=0.05$，查阅标准正态分布表（见附录一）得 $z_{\alpha/2}=z_{0.025}=1.96$，由于 $|z|=1.01<z_{\alpha/2}=1.96$，所以，不拒绝原假设. 检验结果表明：样本提供的证据还不足以推翻原假设，说明该天生产的饮料符合标准要求.

（2）总体比例的比较.

在比例检验中，统计量 z 的计算公式为

$$z=\frac{p-\pi_0}{\sqrt{\dfrac{\pi_0(1-\pi_0)}{n}}}$$

式中，p 为样本比例，π_0 为总体比例 π 的假设值.

2. 两个总体均值之差的检验

当两个总体均服从正态分布或虽然两个总体的分布形式未知，但两个总体的样本量均较大，且方差 σ_1^2，σ_2^2 已知时，检验统计量 z 的计算公式为

$$z=\frac{(\overline{x}_1-\overline{x}_2)-(\mu_1-\mu_2)}{\sqrt{\dfrac{\sigma_1^2}{n_1}+\dfrac{\sigma_2^2}{n_2}}}$$

式中，μ_1 为总体 1 的均值，μ_2 为总体 2 的均值.

五、线性回归

1. 变量间相关关系的描述与度量

（1）**散点图**（scatter diagram）：用坐标的水平轴代表变量 x，纵轴代表因变量 y，每组数据 (x_i, y_i) 在坐标系中用一个点表示，n 组数据在坐标系中形成的 n 个点称为散点，由坐标及其散点形成的二维数据图称为散点图. 散点图的做法见本章图 12—1 和图 12—2. 散点图是描述变量之间关系的一种直观方法，从中可以大体上看出变量之间的关系形态及关系强度.

（2）**相关系数**（correlation coefficient）：根据样本数据计算的对两个变量之间线性关系强度的度量值称为相关系数. 相关系数若是根据总体全部数据计算的，称为总体相关系

数，记为 ρ；若是根据样本数据计算的，则称为样本相关系数，记为 r. 样本相关系数的计算公式为

$$r=\frac{\sum(x-\bar{x})(y-\bar{y})}{\sqrt{\sum(x-\bar{x})^2\sum(y-\bar{y})^2}}$$

可以证明，相关系数的取值范围在 $+1$ 和 -1 之间. 若 $0<r\leqslant 1$，表明 x 与 y 之间存在正线性相关关系；若 $-1<r\leqslant 0$，表明 x 与 y 之间存在负线性相关关系. 当 $|r|\geqslant 0.8$ 时，两个变量可视为高度相关；当 $0.5\leqslant|r|<0.8$ 时，两个变量可视为中度相关；当 $0.3\leqslant|r|<0.5$ 时，两个变量可视为低度相关；当 $|r|<0.3$ 时，说明两个变量之间的相关程度极弱，可视为不线性相关. 但这种解释必须建立在对相关系数的显著性进行检验的基础之上.

2. 一元线性回归

当只涉及一个自变量时称为一元回归，若因变量 y 与自变量 x 之间为线性关系时称为一元线性回归. 对于具有线性关系的两个变量，可以用一个线性方程来表示它们之间的关系，只涉及一个自变量的一元线性回归模型可表示为

$$y=\beta_0+\beta_1x+\varepsilon$$

式中，ε 是被称为误差项的随机变量，它反映了除 x 和 y 之间的线性关系之外的随机因素对 y 的影响，是不能由 x 和 y 之间的线性关系所解释的变异性；β_0 和 β_1 称为模型的参数，用最小二乘法可以估计 β_0 和 β_1 的值 $\hat{\beta}_0$ 和 $\hat{\beta}_1$，计算公式为

$$\begin{cases}\hat{\beta}_1=\dfrac{n\sum\limits_{i=1}^{n}x_iy_i-\sum\limits_{i=1}^{n}x_i\sum\limits_{i=1}^{n}y_i}{n\sum\limits_{i=1}^{n}x_i{}^2-(\sum\limits_{i=1}^{n}x_i)^2}\\ \hat{\beta}_0=\bar{y}-\hat{\beta}_1\bar{x}\end{cases}$$

3. 多元线性回归

在许多实际问题中，影响因变量的因素往往有多个，这种一个因变量同多个自变量的回归问题就是多元线性回归. 设所研究的对象 y 受多个因素 x_1，x_2，…，x_k 的影响，假定各个影响因素与 y 的关系是线性的，则可建立多元线性回归模型

$$y=\beta_0+\beta_1x_1+\beta_2x_2+\cdots+\beta_kx_k+\varepsilon$$

利用最小二乘法，估计的回归方程一般式为

$$\hat{y}=\hat{\beta}_0+\hat{\beta}_1x_1+\hat{\beta}_2x_2+\cdots+\hat{\beta}_kx_k$$

上式中，$\hat{\beta}_0$，$\hat{\beta}_1$，…，$\hat{\beta}_k$ 的计算过程比较复杂，一般借助计算机完成.

六、时间序列分析和预测

在生活和工作中经常需要作出预测，例如，预测一只股票价格的走势、预测下一年度的销售额等. 研究**时间序列**（time series）的主要目的之一就是进行预测，这种预测主要是根据已有的时间序列数据预测未来的变化.

时间序列是由同一现象在不同时间上的相继观察值排列而成的序列，可分为平稳序列和非平稳序列两大类. 下面简单介绍几种时间序列的预测方法.

1. 简单平均法

根据过去已有的 t 期观察值，通过简单平均来预测下一期的数值的预测方法，称为**简单平均法**（simple average）. 设时间序列已有的 t 期观察值为 Y_1，Y_2，…，Y_t，则第 $t+1$ 期的预测值 F_{t+1} 为

$$F_{t+1}=\frac{1}{t}(Y_1+Y_2+\cdots+Y_t)=\frac{1}{t}\sum_{i=1}^{t}Y_i$$

当到了第 $t+1$ 期后，有了第 $t+1$ 期的实际值，便可计算出第 $t+1$ 期的预测误差为

$$e_{t+1}=Y_{t+1}-F_{t+1}$$

于是，第 $t+2$ 期的预测值为

$$F_{t+2}=\frac{1}{t+1}(Y_1+Y_2+\cdots+Y_t+Y_{t+1})=\frac{1}{t+1}\sum_{i=1}^{t+1}Y_i$$

2. 移动平均法

通过对时间序列逐期递移求得平均数作为趋势值或预测值的预测方法，称为**移动平均法**（moving average），其方法有简单移动平均法和加权移动平均法.

简单移动平均法是将最近的 k 期数据加以平均，作为下一期的预测值. 设移动间隔为 k（$1<k<t$），则第 t 期的移动平均值为

$$\bar{Y}_t=\frac{Y_{t-k+1}+Y_{t-k+2}+\cdots+Y_{t-1}+Y_t}{k}=\bar{Y}_{t-1}+\frac{Y_t-Y_{t-k}}{k}$$

通过简单移动平均法得到的移动平均值是对时间序列的平滑结果，通过这些平滑值就可以描述出时间序列的变化形态或趋势. 当然. 也可以用它来进行预测.

所以第 $t+1$ 期的简单移动平均预测值为

$$F_{t+1}=\bar{Y}_t=\frac{Y_{t-k+1}+Y_{t-k+2}+\cdots+Y_{t-1}+Y_t}{k}$$

3. 指数平滑法

指数平滑法（exponential smoothing）是对过去的观察值加权平均进行预测的一种方法，该方法使得第 $t+1$ 期的预测值等于第 t 期的实际观察值与第 t 期的预测值的加权平均值. 指数平滑法有一次指数平滑法、二次指数平滑法、三次指数平滑法等，这里主要介绍一次指数平滑法，其预测模型为

$$F_{t+1}=\alpha Y_t+(1-\alpha)F_t$$

式中，Y_t 为第 t 期的实际观察值；F_t 为第 t 期的预测值；α 为平滑系数（$0<\alpha<1$）.

4. 线性趋势预测法

线性趋势（linear trend）是指现象随着时间的推移而呈现出稳定增长或下降的线性变化规律. 当现象的发展按线性趋势变化时，可以用下列线性趋势方程来描述

$$\hat{Y}_t=b_0+b_1t$$

式中，两个系数 b_0 与 b_1 通常按线性回归中的最小二乘法求得.

习题十二

1. 某家电厂商需要知道在一定的广告费用投入下对应的销售额，从所有销售额相似的地区中随机选取 12 个地区，分别统计该地区的广告费用和销售额数据，如表 12—9 所示，试预测当投入广告费用为 500 万元时的销售额.

表 12—9　　广告费用和销售额数据　　单位：万元

地区	广告费用	销售额	地区	广告费用	销售额
1	210	3 100	7	360	4 500
2	250	3 300	8	380	4 750
3	290	3 850	9	400	5 200
4	300	4 050	10	450	5 600
5	330	4 200	11	470	5 800
6	350	4 400	12	480	5 900

2. 表 12—10 是一家旅馆过去 18 个月的营业额数据.

表 12—10　　某旅馆过去 18 个月的营业额数据

月份	营业额（万元）	月份	营业额（万元）
1	295	10	473
2	283	11	470
3	322	12	481
4	355	13	449
5	286	14	544
6	379	15	601
7	381	16	587
8	431	17	644
9	424	18	660

要求：

(1) 用 3 期移动平均法预测第 19 个月的营业额；

(2) 采用指数平滑法，分别用平滑系数 $\alpha=0.3$ 和 $\alpha=0.5$ 预测各月的营业额，分析预测误差，说明用哪一个平滑系数预测更合适；

(3) 建立一个趋势方程，预测各月的营业额，计算出估计标准误差.

3. 一家房地产评估公司想对某城市的房地产销售价格与地产的评估价、房产的评估价及使用面积，建立一个模型，以便对销售价格作出合理预测. 为此，该公司收集了 20 栋住宅楼的房地产评估数据（见表 12—11）. 试用 Excel 进行多元回归，写出估计的多元回归方程.

表 12—11　　20 栋住宅楼的房地产评估数据

房地产编号	销售价格（元/平方米）	地产估价（万元）	房产估价（万元）	使用面积（平方米）
1	6 980	596	4 497	18 730
2	4 850	900	2 780	7 280
3	5 550	950	3 144	11 260
4	6 200	1 000	3 959	12 650
5	44 650	1 800	7 283	22 140
6	4 500	850	2 732	9 120
7	3 800	800	2 986	8 990
8	8 300	2300	4 775	18 030
9	5 900	810	3 912	12 040
10	4 750	900	2 935	17 250
11	4 050	730	4 012	10 800
12	4 000	800	3 168	15 290
13	9 700	2 000	5 751	24 550
14	4 550	800	2 345	11 510
15	4 090	800	2 089	11 730
16	8 000	1 050	5 625	19 600
17	5 600	400	2 086	13 440
18	3 700	450	2 261	9 880
19	5 000	340	3 595	10 760
20	2 240	150	578	9 620

4. 一家电气销售公司的管理人员认为，每月的销售额是广告费用的函数，并想通过广告费用对月销售额做出估计. 表 12—12 是近 8 个月的销售额与广告费用数据.

表 12—12　　近 8 个月的销售额与广告费用数据

月销售额 y(万元)	电视广告费用 X_1(万元)	报纸广告费用 X_2(万元)
96	5	1.5
90	2	2
95	4	1.5
92	2.5	2.5
95	3	3.3
94	3.5	2.3
94	2.5	4.2
94	3	2.5

要求：

（1）通过将电视广告费用作自变量，月销售额作因变量，建立估计的回归方程；

（2）通过将电视广告费用和报纸广告费用作自变量，月销售额作因变量，建立估计的回归方程；

（3）对于上述问题（1）和问题（2）所建立的估计方程，电视广告费用的系数是否相同？请对其回归系数进行解释.

5. 根据本章第三节表 12—5 中的居民消费价格指数数据，分别取移动间隔 $k=3$ 和 $k=5$，用 Excel 计算各期的居民消费价格指数的平滑值（预测值），计算出预测误差，并将原序列和预测后序列绘制成图形进行比较.

6. 随机抽取 10 家航空公司，对其最近一年的航班正点率和顾客的投诉次数进行调查，所得数据如表 12—13 所示：

表 12—13　　最近一年的航班正点率和顾客的投诉次数数据

航空公司编号	航班正点率（%）	投诉次数（次）
1	81.8	21
2	76.6	58
3	76.6	85
4	75.7	68
5	73.8	74
6	72.2	93
7	71.2	72
8	70.8	122
9	91.4	18
10	68.5	125

要求：

（1）绘制散点图，说明二者之间的关系形态.

（2）用航班正点率作自变量，顾客投诉次数作因变量，求出估计的回归方程，并解释回归系数的意义.

（3）如果航班的正点率为 80%，估计顾客的投诉次数.

第十三章

博弈论与最佳策略分析

名言：要想在现代社会做一个有文化的人，你必须对博弈论有一个大致的了解.

——保罗·萨缪尔森

故事：齐国的大将田忌，很喜欢赛马．他和齐威王约定进行赛马比赛，赛马规则为：双方各出三匹马，一对一地进行三场比赛，并且要求相同等级的马之间进行比赛，三场比赛中赢两场者为胜．实际上，他们各自的马按实力分为上、中、下三等，在同等级的马中，齐威王的马都分别比田忌的马略胜一筹，但田忌的上等马比齐威王的中等马和下等马都要好，而田忌的中等马比齐威王的下等马要好一些．根据上面的比赛规则，最后的比赛结果是0∶3，田忌失败了．孙膑知道后，对田忌胸有成竹地说，我有办法能让你赢齐威王，你就照我设计的方案办吧．

一声锣响，比赛再一次开始了．第一局比赛，孙膑安排田忌的下等马对齐威王的上等马，田忌输了；第二局比赛，孙膑以田忌的上等马对齐威王的中等马，田忌赢了；第三局比赛，孙膑以田忌的中等马对齐威王的下等马，田忌又赢了．最后，田忌赢了齐威王．还是同样的马匹，只是调换了比赛的出场顺序，就达到了转败为胜的效果．

田忌赛马的故事充分表明：只要合理利用手中掌握的信息和资源，注重排兵布阵的方法策略，弱者就可能战胜强者，成为最终的胜利者．这是典型的博弈思维的展现．

第一节
薪酬调整与资源配置的最佳策略

一、问题引入

引例　两个孩子怎样分配得到的一个橙子?

有一个在犹太人中广为流传的经典故事. 两个孩子得到了一个橙子，但是在分配问题上两个人吵来吵去，最终达成一致意见：由一个孩子负责切橙子，而另一个先选橙子. 最后两个孩子按照商定的办法各自取得了一半橙子，高高兴兴地拿回了家. 第一个孩子回到家，把半个橙子的皮剥掉了扔进了垃圾桶，把果肉放到果汁机里榨果汁喝；另一个孩子回到家，却把半个橙子的果肉挖掉扔进了垃圾桶，把橙子皮留下来磨碎了，混在面粉里做蛋糕吃.

问题分析　从上面的故事我们可以看出，虽然两个孩子各自拿到了一半橙子，获得了看似公平的分配，但是他们各自得到的东西却没有能够物尽其用. 这说明，他们事先并没有做好沟通，也就是说两个孩子并没有申明各自利益所在，没有事先申明价值，导致双方盲目追求形式上和立场上的公平，结果双方各自的利益并没有达到最大化.

在社会生活中，很多“橙子”也是这样被分配和消耗掉的. 人们争持不下并且由此造成两败俱伤的根本原因之一，就在于各方的行动策略都是相互独立的，由于缺乏协调，而失去很多共赢的机会.

我们试想，如果两个孩子充分交流达成按各自所需分配的共识，或许会有多种解决方案. 可能的一种情况就是想办法将皮和果肉分开，一个拿到果肉去榨果汁，另一个拿到果皮去做蛋糕. 分橙子的故事是使人们了解到通过沟通交流合作来进行资源配置能够带来收效，以及它是比公平更能实现利益最大化的机制.

二、典型问题解决方案

案例 1　企业对员工的薪酬策略

问题： 面临同行业的几家企业单位的竞争，要不要调整本企业员工的薪酬?

在研究企业对员工的薪酬中，为方便起见，先假定一些前提（博弈前提）. 首先，假设博弈的参与企业是同行业内几家实力和薪资水平相当的企业，并且企业把员工薪酬当做成本来处理；其次，博弈参与者是企业核心员工中的优秀人才，且普遍觉得所在企业的薪酬水平偏低，有跳槽的倾向.

解决方案：

在这样的博弈前提下，企业可以选择提高公司的薪酬水平，这样不仅可以留住企业原有的核心员工，还可以吸引同行业内其他有跳槽倾向的核心员工进入该企业，这样企业就能人才济济，发展势头更好，但是对企业而言增加了支付成本；如果该企业选择薪酬不变，而其他企业选择了提高薪酬标准，那么该企业的员工就会跳槽到其他企业去，这样对企业而言不仅流失了人才，还助长了存在竞争关系的同行业内其他企业的发展势头；如果企业与同行业内的其他企业联手，一起提高薪酬水平，同样可以留住现有人才，还可以把其他行业的人才吸引过来，然而，这样保留和收获优秀员工要付出高额的薪酬成本.

实际上，提高薪酬留住优秀人才的策略，对企业而言都不是最优策略. 那么什么是企业的最优策略呢？因为任何一家企业都希望自己的利益最大化，所以最优策略是选择薪酬水平不变. 基于这样的出发点，这一行业内的所有企业都会选择保持员工的薪酬水平不变. 所以同一行业内的所有企业对员工的薪酬水平保持不变就意味着企业的薪酬成本不会增加，同时核心员工在本行业内也找不到可供跳槽的薪酬水平提高的企业.

当然，员工从自己利益最大化的角度出发，为了薪酬的提高只能选择转行，这样的情况的优点是人才并没有流向竞争对手的企业，缺点是优秀的人才流向了其他行业. 这种策略很明显是一种损害员工的利益、降低企业成本的策略. 这种企业都对员工薪酬保持不变以及因此而导致优秀人才流向其他行业的结局被称为企业薪酬的纳什均衡.

概念 13.1 在经济学中，**均衡**指的是一个得以维持的结果，或者说均衡是所有行为主体不得不接受（可能愿意也可能不愿意）而又不可能有更好的结果.

概念 13.2 如果一个策略组合（相对其他的策略）能够同时使得所有人都得到最好的结果，则称这个策略组合是**纳什均衡**.

可见，纳什均衡就是每个博弈方的策略都是针对其他博弈方策略或策略组合的最佳对策. 在两个人博弈的情况下，就是“给定你的策略，我的策略是我最好的策略；给定我的策略，你的策略也是你最好的策略”. 在纳什均衡中有两个关键点：一是每一个参与者，二是所有的策略. 例如，在两个被抓住的囚徒（同案犯）中，两个囚徒均选择坦白就是一个纳什均衡. 富人、穷人在防盗问题中选择巡逻或不巡逻的策略中的纳什均衡就是富人选择巡逻，穷人选择不巡逻.

案例 2　公共资源配置的最佳策略

问题： 农户该养多少只羊？

设某村庄有 n 个农户，该村有一片大家可以自由放牧羊群的公共草地. 由于这片草地的面积有限，因此只能让不超过某一数量的羊群吃饱. 如果在这片草地上放牧羊只的实际数量超过这个限度，则每只羊都无法吃饱，导致所有的羊只能勉强生存或饿死. 假设这些农户在夏天才到公共草地放羊，而每年春天决定养羊的数量，同时各农户决定养羊数的决策是同时作出的；再假设所有农户都清楚这片公共草地最多能养多少只羊，以及在羊只总数的不同水平下每只羊的产出. 这就构成了 n 个农户之间关于养羊数的一个博弈的问题.

解决方案：

在此博弈中，博弈方就是 n 个农户，他们各自的策略空间就是他们可能选择的养羊数目 $q_i(i=1,2,\cdots,n)$ 的取值范围. 当各户养羊数为 $q_1,q_2,\cdots,q_n$ 时，在公共草地上放牧羊只的总数为 $Q=q_1+q_2+\cdots+q_n$. 由前面的条件可知，每只羊的产出应是羊只总数 Q 的减函数 $V=V(Q)$. 假设购买和照料每只羊的成本对每个农户来说都是 c，则农户 i 养 q_i 只羊的利益函数为

$$u_i=q_iV(Q)-q_ic=q_iV(q_1+q_2+\cdots+q_n)-q_ic$$

为了使讨论简便和能得到直观的结论，我们假定 $n=3$，即只有 3 个农户，每只羊的产出函数为 $V=100-Q=100-(q_1+q_2+q_3)$，放牧每只羊的成本为 $c=4$. 这时 3 个农户的得益函数分别为

$$u_1=q_1[100-(q_1+q_2+q_3)]-4q_1$$
$$u_2=q_2[100-(q_1+q_2+q_3)]-4q_2$$
$$u_3=q_3[100-(q_1+q_2+q_3)]-4q_3$$

由于羊的数量不是连续的，因此上述函数不是连续函数，但我们可以将上述函数当成连续函数来处理.

求 3 个农户各自对其他 2 个农户策略（养羊数）的反应函数，得

$$q_1=R_1(q_1,q_2)=48-\frac{1}{2}q_2-\frac{1}{2}q_3$$

$$q_2=R_2(q_1,q_3)=48-\frac{1}{2}q_1-\frac{1}{2}q_3$$

$$q_3=R_3(q_1,q_2)=48-\frac{1}{2}q_1-\frac{1}{2}q_2$$

3 个反应函数的交点（q_1^*，q_2^*，q_3^*）就是博弈的纳什均衡. 我们将 q_1^*，q_2^*，q_3^* 代入 3 个反应函数，并解联立方程组，即得 $q_1^*=q_2^*=q_3^*=24$. 再将 $q_1^*=q_2^*=q_3^*=24$ 代入 3 个农户的得益函数，则得 $u_1^*=u_2^*=u_3^*=576$，此为 3 个农户独立同时决定各自在公共草地放羊 24 只时，每户所能得到的利益.

为了对公共资源的利用效率作出评价，可讨论总体利益最大时的最佳羊只数量. 设在该草地上羊只的总数为 Q，则总得益函数为

$$u=Q(100-Q)-4Q=96Q-Q^2$$

使总得益 u 最大的养羊数 Q^* 必使总得益函数的导数为 0，即

$$96-2Q=0$$

解之得 $Q^*=48$，将 $Q^*=48$ 代入上面的总得益函数，得 $u^*=2\ 304$. 这结果比 3 个农户各自独立决定自己的养数时 3 个农户得益的总和 1 728 大了许多，而此时的养羊数 $Q^*=48$ 比 3 个农户各自独立决定养羊的只数 $3\times24=72$ 小. 因此 3 个农户独立决策时实际上使草地处于过度放牧的情况，浪费了资源，农户也没有获得最好的收益. 如果各农户能将羊数限制在 $48/3=16$ 只，则他们都能得到更多的利益. 实际上，他们面临的也是一种囚徒困境的局面，因此很难实现这种理想的合作结果.

在公共资源利用方面常会出现这样的悲剧，原因是每个可以利用公共资源的人都相当于面临一种囚徒困境：在总体上有加大利用资源的可能（至少加大利用者自身还能增加得益）时，自己加大利用而他人不加大利用则自己得利，自己加大利用而其他人也加大利用则自己不至于吃亏，最终是所有人都加大利用资源直至再加大只会减少利益的纳什均衡水平，而这个水平肯定比实现资源最佳利用效率，同时也是个人最佳效率的水平要低.

公共资源的悲剧在我国有许多类似的例子. 如在我国受风沙、沙漠化威胁的地区，当地居民关于保护还是毁坏防护林带的选择，就可看做一种公共资源的博弈问题：每个人都想，如果只有自己砍几棵树，只要别人不砍就无关紧要，自己却可得利；而如果其他人都砍而只有自己不砍，则防护林也保护不了，还不如自己也砍. 最后的结论是砍总是合算的. 大家都这样想的结果是，防护林带完全被破坏，整个地区都被沙漠吞没，人人被迫背井离乡，最终倒霉的还是自己.

第二节
囚徒困境中的合作与背叛

囚徒在困境中，是选择合作还是背叛呢？这是本节分析讨论的主要问题. 囚徒困境案例是博弈论中最典型和最著名的案例之一.

一、囚徒的背叛选择

案例　有一天，一名富翁在家中被杀，财物被盗. 警方在此案的侦破过程中，抓到两名犯罪嫌疑人甲和乙，并从他们的住处搜出被害人家中丢失的财物. 但是，他们都否认曾杀过人，辩称是先发现富翁被杀，然后只是顺手牵羊偷了点东西. 为了得到更多、更充分的证据来指控两个嫌疑人的罪行，警方将两人分别关在两个独立且不能互通消息的房间进行隔离审讯，同时给他们选择的机会：如果他们两人都不坦白（或称为相互合作），保持沉默，则两人各判监 1 年；如果两人都选择了坦白（或称为相互背叛），则两人各判监 5 年；如果其中一人坦白，而另一人保持沉默，则坦白者作为证人将会无罪释放，另一人将会判监 12 年. 囚徒困境模型如表 13—1 所示.

表 13—1　　囚徒困境模型

犯罪嫌疑人	乙坦白	乙不坦白
甲坦白	两人同服刑 5 年	甲立即获释 乙服刑 12 年
甲不坦白	甲服刑 12 年 乙立即获释	两人同服刑 1 年

这是一个有策略和利益依存关系的典型博弈问题，每个博弈方选择自己的策略时，必须考虑另一方所有可能的选择，而且要针对不同的选择对自己利益的不同影响，作出自己的最佳策略选择.

囚徒甲会进行这样的分析和推理："若乙不招，我若招了，就会立即获得自由，我若不招，却要坐牢 1 年；若乙招了，我若不招，则要坐牢 12 年，我若招了，则只坐 5 年牢.

显然无论乙招还是不招，我的最佳选择都是招供.”自然，乙也会进行同样的推理，作出招供的选择.

于是，两个囚徒不约而同地都作出了招供的选择，这对他们每个人来说都是最佳策略，即最符合他们个体理性的选择. 按照博弈论的说法，这是本问题的唯一平衡点，只有在这一点上，任何一人单方面改变选择，都会得到较差的结果.

为什么聪明的囚犯无法得到最好的结果呢？两人都招供，对两个人而言并不是集体最优的选择. 无论对哪个人来说，两个人都不招供要比两个人都招供好得多. 这就是在完全信息下的静态博弈囚徒困境，是对理想的人类社会活动的最形象的比喻.

二、商场价格战的囚徒困境

囚徒困境之所以成为博弈最经典的案例之一，是因为需要面临背叛与合作的两难选择，这种两难的困境，在政治、经济、生活领域都广泛存在. 我们经常会遇到各种各样的价格大战，如彩电价格大战、空调价格大战、饮料价格大战等，这些困境中的价格大战的结局就是纳什均衡.

1. 两败俱伤的价格战

在日常生活中，我们经常会遇到各种各样的商家价格大战，为了争夺更多的市场，商家之间拼得你死我活. 事实上，我们可以解释商家价格大战的结局也是纳什均衡，而且价格战的结果是谁都没有钱赚，因为价格战中博弈双方的利润正好是零. 竞争的结果对厂商来说是灾难性的，价格战对厂商而言意味着自我毁灭. 价格战模型如表 13—2 所示.

表 13—2　　厂商之间的价格战模型

生产厂家（列）/ 利润 / 生产厂家（行）	乙厂商竞争削价	乙厂商维持原价
甲厂商竞争削价	甲乙双方利润均受损	甲利润减少 乙零利润
甲厂商维持原价	甲零利润 乙利润减少	甲乙双方均获利

我们可以从商家价格战中引申出两个问题：一方竞争削价的结果达到了纳什均衡，可能导致一个有效的零利润结局；另一方如果不采取价格战，作为一种双方敌对博弈论，其结果如何呢？每一个企业，都会考虑采取正常价格策略，或者采取高价格策略形成垄断价格，并尽力获取垄断利润. 如果垄断可以形成，那么垄断双方的共同利益将达到最大，这种情况就是由垄断经营所形成的抬高价格. 另一个极端的情况是企业都采用正常的价格，使得双方都可以获得利润.

商家竞争的一条基本准则是把自己的战略建立在假定对手会按其最佳利益采取行动的

基础上. 事实上，完全竞争的均衡就是纳什均衡或非合作博弈均衡. 在这种状态下，每一个厂商或消费者都是按照别人事先定下的价格来进行决策. 在这种均衡中，每一个厂商都希望效用最大化，结果导致了零利润，也就是说价格等于边际成本. 在完全竞争的情况下，非合作行为导致了社会所期望的经济效率状态. 如果厂商采取行动并决定转向价格垄断，那么社会的经济效率就会遭到破坏，这正是 WTO 和各国政府都要求加强反垄断力度的意义所在.

2. 食品行业的价格战

食品作为一种快速消费品，是居民日常生活不可缺少的，因此每到商场总能看到同行业在大打价格促销大战的身影. 2007 年夏，中国食品行业普遍刮起了联合涨价风. 6 月 21 日，伊利、光明、蒙牛等 14 家国内外乳品企业聚集南京签署“乳品企业自律南京宣言”，宣言约定取消特价、降价销售等促销方式，此宣言被认为是一种行业的联合涨价行动；7 月 26 日，多家方便面生产企业也宣布集体涨价 20%～40%. 各企业联合涨价，均以遏制低价、维护行业长远发展为理由.

各企业联合遏制低价竞争的结果会是什么呢？价格联盟刚订立不久，为了占据更多市场份额的商家，就迫不及待地采取变相或者直接降价的手段，种种促销活动再一次把市场变成了硝烟弥漫的战场. 不到 2 个月，各牛奶商家就全部开展了各种变相的降价手段，如“买一箱伊利纯牛奶送 3 袋 250 毫升牛奶”、“蒙牛买一箱送一袋”等.

为什么这些当初如此高调、信誓旦旦的价格联盟在短时间内就烟消云散了呢？这是因为各商家陷入了价格竞争的囚徒困境.

设有甲、乙两个商家面临降价与不降价的选择，假定没有其他因素的影响，只有市场份额和价格左右盈利的多少. 增加市场份额可以增加利润，失去市场份额可以导致利润负增长. 如果双方都不降价，则双方都保持原来的销售利润，增加的盈利为 0；如果双方都降价，则各增－50 个单位的利润；如果一家降价，另一家不降价，则降价的一家扩大了市场份额，盈利增加 100 个单位，而坚持不降价的一家失去了市场，盈利增加－100 个单位. 商家间价格战模型见表 13—3.

表 13—3　　**商家间价格战模型**

商家（列）/ 利润 / 商家（行）	乙商家降价	乙商家维持原价
甲商家降价	甲乙各增加－50 个单位的利润	甲盈利增加 100 个单位 乙盈利增加－100 个单位
甲商家维持原价	甲盈利增加－100 个单位 乙盈利增加 100 个单位	甲乙双方的利润不变， 增加的盈利为 0 个单位

从双方最好的结果来看，就是双方都不降价（相当于囚徒困境中的两个人都不招），但如同囚徒困境一样，不管对方降价还是不降价，我方的最优策略都是降价. 最终结果

是，降价成为每个企业的优势策略，这就是涨价联盟在短时间内烟消云散的原因所在.

三、市场经济下的囚徒困境

1. 囚徒困境中的市场博弈

古典经济学家亚当·斯密告诉人们，以追求个人利益最大化为目的的理性经济人，通过其“自私自利”的经济行为将导致社会福利的最大化；同时，经济博弈理论又告诉人们，在非价格因素和博弈双方信息更贴近现实生活的情况下，个人的理性行为最终导致的结果是社会非理性现象.

市场经济与囚徒困境很相似. 市场经济可以通过“看不见的手”将个人追求最大效益的行为转变为社会公益的行为，这也正是市场经济优越性的体现. 其实该优越性的实现是需要一个前提条件的，这就是：必须用有效的制度安排来排除个人选择损人利己的行为. 没有这个条件，市场经济的优越性就无法充分体现. 在囚徒困境中，博弈双方越走越远，招供的较量愈加激烈. 囚徒困境是一种非合作博弈均衡，在现实生活中，非合作的情况远比合作情况普遍，囚徒困境只是从数学的角度阐明了一个基本事实.

2. 市场经济中的重复博弈

囚徒困境一般情况下是指一次性博弈，也就是俗话说的一锤子买卖. 在一次性博弈中，博弈双方都采取使自己利益最大化的策略（对抗，对抗）. 如果是重复博弈，人们就有了合作的可能性来破解囚徒困境.

重复博弈是指将一个同样结构的博弈多次重复进行. 在重复博弈中，每次博弈的条件、规则和内容都是相同的，但是由于有一个长期利益的存在，因此各博弈方在当前阶段的博弈中要考虑到不能引起其他博弈方在后面阶段的对抗、报复或恶性竞争，即不能像在一次性博弈中那样毫不顾忌其他方的利益.

重复博弈更真实地反映了经济生活中人们合作与对抗的关系，可以用实际例子来说明重复博弈中各方采取策略的道理. 比如，火车站附近的商店卖的东西质量差，餐馆里的饭菜很难吃，而且价格还很贵，服务质量差，对顾客的态度也不友好，原因是顾客多是一次性的过路人，走了以后也难再回头，并且彼此知道，这是一次性博弈，以后双方谁也不会见到谁；然而小区里的饭店的质量、服务可能都很好，价格也很公道，因为他们靠的是回头客，店主原本是为自己的利益考虑，但结果也服务了小区附近的居民，可谓是双赢的结局. 这其中的原因就是，这是重复博弈，店主和小区居民以后还要抬头不见低头见.

重复博弈同样可以用来解释商业行为. 比如，你到菜场去买菜，当你担心上当受骗而犹豫不决时，卖菜的摊主便会对你说：“你放心好了，我每天在这里卖菜，不会骗你的，如果菜不好你回来找我!”他强调自己“每天”在这里买菜，你通常会放下心来，与之成交.

一次性的买卖往往发生在双方以后不再有买卖的机会的情况下，其特点是尽量牟取暴利并带有欺骗性，其原因在于买卖双方很少有重复博弈的机会. 在一次性博弈中，对抗对双方而言是最优策略；在重复博弈中，合作对双方而言是最优策略．而在有限重复博弈中，由于最后一次博弈是确定会出现的，这个“最后一次博弈”可以视为一次性博弈，也就是说，在双方的最后一次博弈中，对抗是最优策略．人们在重复博弈中之所以选择合作，主要是考虑日后还要进行博弈，而在最后一次博弈中则没有以后了，因此不必考虑以后的行为．

需要指出的是，不是所有合作都是对公众有益的，社会必须防止恶意的合作．囚徒的合作就是以损害社会利益或他人利益为结果的，所以必须由警察出面来阻止这种合作的发生，保障社会正义．因此，并非所有的合作都是好事，都应该被提倡和支持．社会上存在利己利人的善意合作，也有相互勾结起来损人利己的恶意合作．前者需要用制度促进，后者则需要用制度来限制．恶意合作随处都可能发生，比如造假者与售假者的合作、协议性垄断以及陷阱式的广告与销售等行为都属于恶意合作．因此，社会经济制度要对合作进行管理和限制，防止损人利己和内耗，最终达到增进全社会福利的目的．

四、活用囚徒困境的对局

在囚徒困境中，博弈的双方都知道每一种策略导致的结果，这种完全信息博弈的理想模式在现实生活中是无法实现的．大量干扰因素的出现使得现实生活不像理论研究那样地纯粹单一，这也给人们提供了一种巧妙设计布局的可能性．人们可以人为地创造一种囚徒困境，迫使对方不得不采取自己希望的行动．

比如当一方处于绝对劣势的环境中时，博弈的结果一般情况下都是倾向于处于优势一方的利益，那么是否意味着处于劣势的一方就要坐以待毙呢？肯定不是．处于劣势的一方可以利用一些外在的干扰因素，通过巧妙地设计布局，人为地将对手陷于自己的布局中来，迫使对手采取对自己有利的行动；还可以将困境转移到对手身上，使自己脱离困境．这些都是掌握囚徒困境理论并活用在生活中的策略．

1. 你跑得比熊快吗

有一则充分体现博弈论道理的寓言故事：两个人到树林里游玩，正当他们兴致勃勃地观赏自然景色时，突然出现一只大黑熊向他们跑来．两个人顿时惊慌失措．其中一个人马上冷静下来，迅速地换上跑鞋．另一个人看着他忙碌，不解地问：“你换鞋有什么用？难道跑得过熊吗？”换跑鞋的人说：“我不是要跑过熊，我只要跑过你就行了．”话音未落，穿跑鞋的人已窜了出去．

这个故事就包含了一个活用囚徒困境对局的道理，有时候困境可能并不能轻易摆脱，但是可以使对手陷入困境中．在面对一个困境时，如果没有十全十美的好办法可以让自己从中脱离，那么就可以考虑拉个垫背的，尽量减轻对自己的伤害．这种策略的理论基础就是淘汰最差者原则．

2. 将自己和别人的利益捆在一起

法国国王路易十一酷好占星学，在宫廷里养了几名占星师，其中一名尤其灵验，让许

多自诩已洞察人生的能人佩服不已. 路易十一本人对他的能力也很赏识.

有一次，这名占星师预言一名贵妇将在三日内死亡. 大家都不以为然，这个预言显然很离奇，那是一个美丽、富有、健康的女人，任何不幸看上去似乎都与她无关. 但不久以后发生的事实证明了预言，那名贵妇意外地死于车祸，受惊的马将她抛出了车厢，她就这样意外地被摔死了. 人们都惊异于这险恶的预言居然灵验了，听闻此事的国王也被吓坏了.

关于这件事人们纷纷议论，如果不是占星师谋杀了贵妇来应验自己的预言，那么就是占星师因为自己的法力与魔鬼有一个约定. 路易十一也开始惴惴不安，因为占星师的法力已经威胁到他本人的安全. 路易十一决定，杀死这个让人害怕的占星师.

路易十一决定召见占星师，并且提前安排了士兵埋伏在宫殿里. 士兵一旦看到国王发出的暗号，就会冲出来抓住占星师，将他刺死. 占星师知道了这个阴谋，还是按时来到了王宫. 面对国王诡异的笑容，他显得十分平静. 胸有成竹的国王决定问他最后一个问题："你自诩能够看清别人的命运，但你知道自己的命运如何吗？告诉我，你能活多久？"占星师看看四周悄然晃动的兵戈，微微思考了一下说："我会在您驾崩前三天去世."

听了这句话，路易十一很久说不出话来，他知道占星师可能在说谎，但他绝不可能为了验证占星师的谎言而让自己蒙上丧失生命的可能性. 他只好停止了那个约定好的行动.

这名占星师不仅保住了自己的性命，而且得到了国王全力的保护. 为了他自己的寿命，国王聘请高明的宫廷医生照顾这名占星师，使其一生享受了荣华富贵. 后来的事实表明，路易十一死的前三天，占星师并没有死，他实际上比路易十一还多活了几年.

占星师的高明之处是将处于劣势的自己和国王捆在一起，让国王依赖自己. 实践表明，一个人的成功与发展，如果能够不对别人施加任何压力，就能让对方心甘情愿地满足你的需求，那么你的影响力就无人可及了. 要想让你的地位和威信达到别人望尘莫及的地步，最好的办法就是让别人感到需要你，或是缺少了你，他的计划就无法运作，他的生活就难以正常进行. 如果你有了这样的能力，那么你的地位就会变得不可替代.

第三节
进一步学习的数学知识：博弈论

博弈论原本是游戏理论，它所涉及的游戏很广．人际关系的互动、球赛或麻将的出招、股市的投资等，都可以用博弈论巧妙地解释．博弈论研究的就是局中人如何采取行动及与对手互动．人生是由一局一局的博弈所组成的，你我都在其中竞相争取高分．可以说，人生就是一场永不休止的博弈游戏，每一步的决策都事关成败．

一、事事有博弈

1. 什么是博弈

博弈就是玩游戏的理论或互动的决策论．人们之间的决策与行为会形成互为影响的关系，一个主体在决策时必须把另一方的反应考虑在内，因而形成互动．博弈是双方在平等的对局中各自利用对方的策略变换自己的策略，以达到取胜的目的．

博弈论是根据信息分析与能力判断，研究多决策主体之间行为的相互作用及其相互平衡，以使收益或效用最大化的一种对策理论．博弈论思想古已有之，我国古代的《孙子兵法》不仅是一部军事著作，而且是最早的一部博弈论专著．

我们学习博弈论就是要把博弈论的精髓拿来为我所用，争取获得每一次竞争和选择的胜利．艰涩的经济术语和数学计算也许会让你头疼，但其中蕴含的道理和思维方法绝对可以让你获益匪浅．实践表明，博弈论的智慧能给你的人生带来影响，让你的每一次选择都更加理性睿智，让你的人生更加精彩辉煌．

2. 博弈是一种策略

博弈这种思想方法的效果是不可估量的，不仅可以运用到比赛或者游戏中，还可以运用到商业和工作生活中，起到帮助人们获得成功的作用．在有限的信息和资源条件下，如何根据对手的行动和心理采取策略，创造更大的价值，使成功和利益最大化，就是学习和研究博弈论的意义所在．

近 20 年来，博弈论在经济学中已经占据了越来越重要的位置，形成了一门独立的热门学科. 一方面，它在商业活动中运用频繁，成为商家之间较量的武器；另一方面，它在政治、外交、军事战略、生物学、计算机科学等领域都有广泛的运用. 可以说，身边的很多行为和现象都能用博弈论来描述. 博弈论不仅仅属于某个领域，而是渗透在生活的各个方面，可谓事事之中皆有博弈.

二、博弈的构成要素

博弈和其他抽象概念一样有着自己的构成要素. 一个博弈事件包括博弈方、行动集、策略、得益、信息和均衡等基本要素，缺少基本要素就无法构成一个完整的博弈体系.

1. 博弈方

博弈方也称局中人或称博弈者，就是所谓的参与方，这是构成博弈最基本的要素. 博弈方是指博弈中能独立决策、独立行动并承担后果的个人或组织，每一个拥有决策权的参与者都是博弈方. 博弈方一般是理性的，可以承担博弈的最终结果. 在囚徒困境中只制定规则、自身不参与决策活动的警方，以及在田忌赛马中虽参与决策但附属于田忌、不是独立决策方且不承担后果的孙膑，都不能算是博弈方.

2. 行动集

规定博弈的参与者可以采取的行动集合就是行动集. 比如田忌赛马中可以选上等、中等和下等的马匹，这个博弈里面构成行动集的就是三种；人在猜硬币的时候可以猜正面和反面，构成行动集的就是两种.

3. 策略

博弈中各博弈方的决策内容称为策略. 博弈中的策略通常是对行为的取舍、对经济活动水平的选择. 各博弈方可以选择的全部策略或策略选择的范围，称为策略空间. 标准的博弈论总是假设人们在布局策略时，不将情感上的因素如道德、良知等考虑在内，只是从理性出发，在充分考虑符合自身利益的基础上进行方案的制定.

4. 得益

一场博弈的最终结果是，博弈方或赢或输，即资源的损益或得失，这就是博弈的得益. 得益是指参与博弈的各个博弈方从博弈中所获得的利益. 它是各博弈方追求的根本目标，也是他们行为和判断的主要依据. 得益可以是利润、收入，也可以是量化的效用、社会效益、福利等，还可以是损失、失败和负效用. 因此，博弈中的得益可以是有正有负的.

5. 信息

博弈都是博弈方在一定环境和既定规则下进行的，博弈中博弈方采取行动所依靠的信息是指：博弈方、行动集、策略空间和信息合起来所构成的游戏规则. 信息分为两种，即完全信息和不完全信息. 完全信息是指信息对于博弈方来说是完全公开的，双方在决策前为对方所知，博弈方甲知道博弈方乙的全部信息，并且甲还知道乙知道自己掌握的信息，就好比下棋一样；不完全信息不仅是指那种绝对意义上的不完全，即由于认识能力的限制，人们不可能知道在任何时候、任何地方发生的任何情况，比如猜剪刀石头布，而且指相对意义上的不完全，即市场经济本身不能够生产出足够的信息并有效地配置它们.

6. 均衡

均衡是指所有博弈方所采取的最佳策略构成的策略组合. 博弈各方虽然追求利益最大化，但同样要遵循均衡理论. 在经济学中，均衡与供求关系相似，是相关量处于稳定值的状态，当商品生产超过市场购买力时价格必然下降，当商品生产难以满足市场需求时价格必然上涨，过高或过低的商品价格都不利于市场经济的稳定发展. 同样道理，博弈论也要符合均衡性，其中最具代表性的均衡是纳什均衡理论.

三、博弈的基本分类

根据博弈结构每个方面的特征可对博弈进行如下基本分类.

1. 合作博弈和非合作博弈

根据博弈方（或参与者）之间能否进行合作，博弈可以分为合作博弈和非合作博弈. 两者之间的区别在于博弈各方之间有没有约束力的合作协议. 合作博弈是关于局中人达成合作时如何分配收益的问题，参与者能够达成一种具有约束力的协议，在这个范围内选择有利于各方的策略，然后进行利益分配，同行业不同企业之间的联合定价盟约就是典型的合作博弈；非合作博弈则是关于参与者在利益相互影响的局势中如何选择自己最大利益的问题，企业同行业中的降价战和广告竞争就是典型的非合作博弈.

2. 静态博弈和动态博弈

根据博弈各方是否同时决策，博弈可以分为静态博弈和动态博弈. 两者之间的区别在于博弈双方作出的策略或行动有无先后之分，以及后行动者是否知道先行动者采取的行动. 静态博弈是指参与者同时选择采取行动，或者虽非同时选择，有先后顺序之分，但后行动者事先并不知道先行动者的策略；动态博弈是指参与者的行动有先后顺序，而且后行动者事先知道先行动者的策略. 囚徒困境就属于典型的静态博弈. 而在一场体育比赛中，运动员出场有先后顺序之分，而且后行动者可以根据先行动者的策略来制定自己的对战方略，这就是动态博弈.

3. 完全信息博弈和不完全信息博弈

按照参与者对其他参与者了解的程度，博弈可以分为完全信息博弈和不完全信息博弈. 两者的区别在于对其他参与者了解程度的深浅. 完全信息博弈是指在博弈过程中，每一位参与者对其他参与者的特征、资源以及策略都有详细的了解和准确的信息；如果参与者对其他参与者的特征、策略空间及收益函数信息了解得不够准确，或者不是对所有参与者的特征、策略空间及收益函数都有准确的了解，在这种情况下进行的博弈就是不完全信息博弈.

另外，博弈根据博弈方得益情况，可以分为零和博弈、常和博弈和变和博弈；根据博弈方的数量，可以分为单人博弈、两人博弈和多人博弈；根据博弈方策略的数量，可以分为有限博弈和无限博弈等.

四、博弈中的纳什均衡

假设有几个局中人参与博弈，在给定其他人策略的条件下，每个局中人选择自己的最优策略（个人最优策略可能依赖于也可能不依赖于他人的策略），从而使自己利益最大化. 所有局中人的最优策略构成一个策略组合. 纳什均衡指的是一种由所有参与人的最优策略组合组成的策略组合.

纳什均衡，从实质上说，是一种非合作博弈状态. 局中每一个参与者都不可能因为改变自己的策略而增加总体收益，于是各方为了实现各自利益的最大化而共同选择了某种最优化策略，并且每个对手之间达到了一种相对意义上的暂时平衡.

纳什均衡达成时，并不意味着博弈双方都处于不动的状态，在顺序博弈中这个均衡是在博弈者连续的动作与反应中达成的. 纳什均衡合作是有利的利己策略，必须符合以下条件：纳什均衡中的参与者是理性的，并且每一个参与者知道其他博弈者也是理性的.

例如，富人与穷人中的纳什均衡解是怎样的呢？在一个村庄内，住着一个富人和一个穷人. 组织夜间巡逻能够有效防止偷盗，但夜间巡逻的成本为 2. 假设富人的财产为 10，穷人的财产为 2. 如果两人都巡逻，那么巡逻成本由两人均摊；如果只有一人巡逻，则巡逻成本由一人承担. 当富人和穷人都巡逻时，富人的收益为 10－1＝9（财产—成本＝收益），穷人的收益为 2－1＝1；当富人巡逻而穷人不巡逻时，富人的收益为 10－2＝8，穷人“搭便车”，财产得保，收益为 2；当富人不巡逻而穷人巡逻时，富人的收益为 10，穷人的收益为 2－2＝0；当两人都不巡逻时，财产被窃贼偷光，收益都为 0. 富人、穷人巡逻得益表如表 13—4 所示.

表 13—4　富人、穷人巡逻得益表

穷人决策 / 收益 / 富人决策	巡逻	不巡逻
巡逻	9，1	8，2
不巡逻	10，0	0，0

从表 13—4 中可以看出，如果富人巡逻，那么穷人的最优策略是“搭富人的便车”而不巡逻. 问题是，在穷人不巡逻的情况下，富人会不会巡逻？答案是肯定的，富人一定会巡逻，因为富人巡逻的收益是 9 或 8，而不巡逻的收益是 10 或 0. 因此该博弈的均衡解是：富人巡逻，穷人不巡逻.

五、典型的博弈案例

典型的博弈案例除了前面介绍过的囚徒困境外，另外介绍以下两个经典博弈案例.

案例 1　赌胜博弈

猜硬币博弈及剪刀石头布博弈等都是赌胜博弈. 在这里只介绍猜硬币博弈.

猜硬币游戏本身非常简单. 两人通过猜硬币的正反赌输赢，其中一人用手盖住一枚硬币，由另一方猜是正面朝上还是反面朝上. 规则是：若猜对，则猜者赢 1 元，盖币者输 1 元；若猜错，则猜者输 1 元，盖币者赢 1 元. 赢 1 元得益为 1，输 1 元得益为－1. 于是可用表 13—5 表示猜硬币博弈问题.

表 13—5　　猜硬币得益表

盖硬币方 \ 收益 \ 猜硬币方	正面	反面
正面	－1，1	1，－1
反面	1，－1	－1，1

表 13—5 中的“盖硬币方”和“猜硬币方”为本博弈的两个博弈方，他们有“正面”和“反面”两种可选择的策略，由于每一方都不会让对方在猜之前知道自己的选择，因此可看作两博弈方同时作决策. 表中的数组元数表示所处行列对应的两博弈方的策略组合下双方各自的得益，其中前一个数字表示盖硬币方的得益，后一个数字表示猜硬币方的得益.

从表 13—5 中也可以发现，猜硬币博弈中没有一个策略组合是双方同时愿意接受的，这样的博弈根本不存在确定性的结果，因此根本不可能有可以预言的博弈结果.

案例 2　斗鸡博弈

斗鸡博弈常常用于一种骑虎难下的局面. 斗鸡时，公鸡的选择是非进即退. 不妨假设两只公鸡如果均选择进攻，则两败俱伤，双方各自损失 2 个单位的收益；如果一方进攻，另外一方退让，则进攻的一方获得 1 个单位的收益，赢得了面子，而退让的一方损失 1 个单位的收益，输掉了面子，但没有双方均进攻时受到的损失大；如果双方均退让，则都输掉面子并损失 1 个单位的收益.

在斗鸡博弈中，两只公鸡可选择进攻或退让. 若退让，则意味着败下阵来，但谁都不愿退让当失败者，因此两者形成僵持不下的局面，胜利的一方可以获得一片新天地，而失败的一方甚至可能会丢掉性命.

在现实生活中，斗鸡博弈处处都存在，比如警察与游行者相遇、收债人与债务人之间等. 在斗鸡博弈中，人们往往被情绪与面子等因素冲昏头脑，以至于出现两败俱伤的局面. 这只不过是逞一时之能，得到的利益及以后的发展都不会是理想结果，甚至还会有被第三方攫取渔翁之利的情况出现. 所以最好的策略是：对方进攻，我就退让；对方退让，我就进攻. 在军事上也可以用这种策略运筹帷幄，“敌进我退，敌退我进”，“打得赢就打，打不赢就跑”，这是毛泽东总结出来的游击战法，也是斗鸡博弈的一种应用. 敌退我不进，会坐失良机；敌进我不退，硬拼也不明智. 打得赢不打，是不敢于胜利的怯懦；而打不赢还不跑，会赔掉革命的本钱.

习题十三

1. 什么是博弈？博弈论研究的内容主要是什么？

2. 举出烟草、餐饮、股市、房地产、广告、电视等行业中竞争策略相互依存的例子.

3. 请观察现实生活，举出现实中囚徒困境的具体例子.

4. 博弈方的策略空间必须是数量空间吗？博弈结果必须是数量或者能够数量化吗？

5. 囚徒困境的博弈中，两个囚徒之所以处于困境，无法得到理想的结果，是因为两个囚徒都不在乎坐牢时间长短本身，只在乎不能比对方坐牢的时间更长吗？

6. 请举出生活中的一次性博弈和重复博弈的例子，并说说你在一次性博弈和重复博弈中将采取什么样的策略.

7. 试举例说明：当生活中出现斗鸡博弈事例时，你将采取什么样的博弈策略呢？

8. 你认为最经典的博弈是哪几个？

9. 博弈有哪些分类方法？有哪些主要类型？

10. 学习博弈论的意义是什么？你认为博弈论对你有帮助吗？如果有帮助，是在工具上还是在思维方法上？

第十四章

权重分析与方案比较

名言：一个成功的决策，等于90%的信息加上10%的直觉.

——S. M. 沃尔森

故事：话说在一个女人当政的国家，女王想要选择一个丈夫．于是她找来两位大臣，让他们各自去物色一个人选．根据传统，这两个人选要在健康、智慧、容貌、口才、个性、门第和声誉等七个方面接受测验，并且采用从“－5”到“5”的等级尺度评分，然后将各个方面的评分加起来，谁总分高，谁就入选．大臣们很快选定了人选，他们一个叫沙尔，一个叫马力克．这两个人在各项能力和品质上的评分结果如下：沙尔的七项得分为2、5、－2、－4、4、2、3，马力克的七项得分为1、－2、4、3、3、2、1．假定评分十分公平，而且上列七个方面具有同等的重要性，那么女王能否选出最佳的一个呢？看来，马力克入选是理所当然的．

然而，对于同样的候选人、同样的信息，如果选择的策略、侧重点不同，选择的结果也就不同．因此，在我们面对选择时，决策的核心并不在于结果的最优，而是决策过程的最优化，只要你的策略合理，结果当然也不会差．

第一节
风险投资项目评估问题及解决方案

一、问题引入

引例　某风险投资公司需要从备选项目 C_1，C_2 和 C_3 中选择一个投资项目，有关人员根据对风险投资因素的分析，经过专家讨论，决定从产品的技术 B_1、市场潜力 B_2、管理 B_3 和领导者素质 B_4 等 4 个方面予以评估，对备选项目进行优劣排序，以制定最佳投资方案.

问题分析　风险投资是指将资金投入具有高度不确定性的企业或项目，并期望通过实现项目的高成长率获得高额中长期收益的一种投资体系. 在风险投资项目运作过程中，项目的评估与决策是最为关键的一环，因为它是提高风险资金利用率和决定风险投资项目成功与否的关键.

对项目进行评估一般可以采用层次分析法，其基本思路是：首先，确定技术、市场潜力、管理和领导者素质 4 个准则在决策者心目中各占多大比重；然后，就每一个准则将 3 个备选项目进行对比，譬如在技术方面，项目 C_1 最好，项目 C_2 次之；最后，将这两个层次的比较判断进行综合，在项目 C_1，C_2 和 C_3 中确定哪个作为最佳投资对象. 那么，如何具体实现这一想法呢？这正是我们要学习的内容.

二、典型问题解决方案

1. 构造层次分析结构

应用层次分析法分析经济、管理等领域的问题，首先要把问题条理化、层次化，构造出一个层次分析结构的模型. 如在上述引例中，可将决策问题分解为 3 个层次：最上层为目标层 A，即选择最佳项目；最下层为方案层 C，有 C_1，C_2 和 C_3 三个可供选择的项目；中间层为准则层 B，有技术 B_1、市场潜力 B_2、管理 B_3 和领导者素质 B_4 等 4 个准则. 各层间的联系用相连的直线表示，如图 14—1 所示.

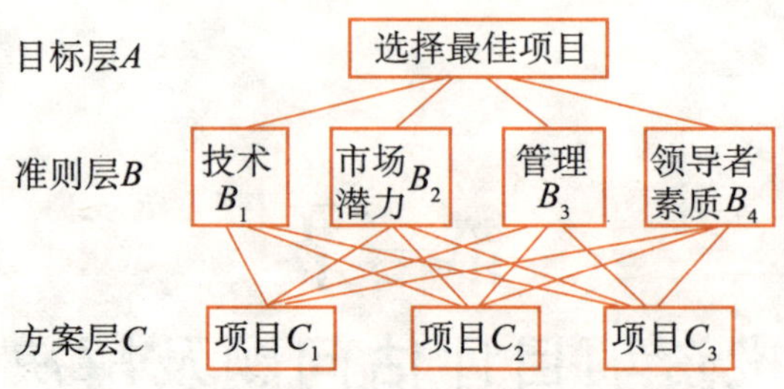

图 14—1　选择最佳项目的层次结构

2. 构造判断矩阵

建立层次结构模型以后，接下来就需要确定各准则对于目标的权重，以及各方案对于每一准则的权重. 但对于大多数复杂的社会经济问题，它们的权重不容易直接获得，而需要寻找适当的方法导出这些权重. 萨蒂（Saaty）等人的做法是通过对诸因素的两两相互对比得到**判断矩阵**（亦称为**成对比较矩阵**），从而得到权重.

假设要比较准则层的 4 个因素 B_1，B_2，B_3和 B_4对于选择投资项目这个目标的重要性，每次取两个因素 B_i和 B_j，用 a_{ij}表示 B_i和 B_j对于目标 A 的重要性之比，全部比较结果记为 $\boldsymbol{A}=(a_{ij})_{4\times4}$，则矩阵 $\boldsymbol{A}$ 就是一个判断矩阵. 显然，对矩阵 $\boldsymbol{A}$ 而言，有

$$a_{ij}=\frac{1}{a_{ji}},a_{ij}>0,a_{ii}=1$$

设某人用成对比较法得到的判断矩阵为

$$\boldsymbol{A}=\begin{pmatrix}1 & 1/3 & 1 & 1/9\\ 3 & 1 & 2 & 1/4\\ 1 & 1/2 & 1 & 1/8\\ 9 & 4 & 8 & 1\end{pmatrix} \tag{14.1}$$

（14.1）式中，$a_{21}=3$ 表示市场潜力 B_2与技术 B_1对于选择投资项目这个目标的重要性之比为 3∶1，对应地有 $a_{12}=1∶3$，其余类似. 可以看出，此人在选择投资项目时，领导者素质因素最重，市场潜力次之.

问题：当比较两个具有不同性质的因素 B_i和 B_j对于上一层因素 A 的影响时，采用什么样的相对标度 a_{ij}较好呢？换句话说，究竟怎样确定 a_{ij}的取值才合理？

萨蒂（Saaty）等人根据心理学家的研究和数值实验结果，提出用 1～9 标度方法，即标度 a_{ij}的取值范围是 1，2，…，9 及 1，1/2，…，1/9，其具体含义如表 14—1 所示.

表 14—1　　1～9 标度 a_{ij} 的含义

标度 a_{ij}	含义	标度 a_{ij}	含义
1	B_i与 B_j同等重要	3	B_i比 B_j稍重要
5	B_i比 B_j重要	7	B_i比 B_j明显重要
9	B_i比 B_j绝对重要		
2，4，6，8	B_i与 B_j的重要性之比介于上述相邻两个等级之间		
1，1/2，…，1/9	若 B_i与 B_j的重要性之比为 a_{ij}，则 B_j与 B_i的重要性之比为 $1/a_{ij}$		

一般地，对于较复杂的决策问题，其判断矩阵是根据表 14—1 经由多位专家（评价者）填写咨询表之后形成的，如（14.1）式.

在风险投资项目评价问题中，我们已经得到了准则层 B 对目标层 A 的判断矩阵，用同样的方法可以构造方案层 C（见图 14—1）对准则层 B 的每一个准则的判断矩阵，不妨设它们为

$$\boldsymbol{B}_1=\begin{pmatrix}1 & 2 & 5\\ 1/2 & 1 & 3\\ 1/5 & 1/3 & 1\end{pmatrix},\quad \boldsymbol{B}_2=\begin{pmatrix}1 & 3 & 2\\ 1/3 & 1 & 1/3\\ 1/2 & 3 & 1\end{pmatrix},$$

$$\boldsymbol{B}_3=\begin{pmatrix}1 & 1 & 2\\ 1 & 1 & 2\\ 1/2 & 1/2 & 1\end{pmatrix},\quad \boldsymbol{B}_4=\begin{pmatrix}1 & 1/7 & 1/3\\ 7 & 1 & 3\\ 3 & 1/3 & 1\end{pmatrix}$$

3. 权重的计算与一致性检验

构造出判断矩阵后，即可依据判断矩阵进行每一层各因素对于上一层因素的权重计算. 我们这里给出一种简单的计算权重的和法的计算步骤.

第一步：将矩阵 $\mathbf{A}$ 的每一列归一化得矩阵 $\widetilde{\mathbf{A}}=(\widetilde{a}_{ij})_n$，其中 $\widetilde{a}_{ij}=a_{ij}/\sum\limits_{i=1}^{n}a_{ij}$.

第二步：对矩阵 $\widetilde{\mathbf{A}}$ 按行求和得 $\widetilde{\omega}_i=\sum\limits_{j=1}^{n}\widetilde{a}_{ij}$.

第三步：将 $\widetilde{\omega}_i$ 归一化得 $\omega_i=\widetilde{\omega}_i/\sum\limits_{i=1}^{n}\widetilde{\omega}_i$ $(i=1, 2, 3, \cdots, n)$，即为所求权重.

对于（14.1）式给出的矩阵 $\mathbf{A}$，计算权重的具体过程如下：

$$\mathbf{A}\xrightarrow{\text{列归一化}}\widetilde{\mathbf{A}}=\begin{pmatrix}0.0714 & 0.0571 & 0.0833 & 0.0748\\ 0.2143 & 0.1714 & 0.1667 & 0.1682\\ 0.0714 & 0.0857 & 0.0833 & 0.0841\\ 0.6429 & 0.6857 & 0.6667 & 0.6729\end{pmatrix}$$

$$\xrightarrow{\text{按行求和}}\widetilde{\boldsymbol{\omega}}=\begin{pmatrix}0.2867\\ 0.7206\\ 0.3246\\ 2.6681\end{pmatrix}\xrightarrow{\text{归一化}}\boldsymbol{\omega}=\begin{pmatrix}0.0717\\ 0.1802\\ 0.0811\\ 0.6670\end{pmatrix}$$

问题：上述权重能否作为准则层 B 对目标层 A 的最终权重呢?

仔细分析（14.1）式给出的判断矩阵 $\mathbf{A}$ 可以发现，既然 B_1 与 B_2 之比为 1∶3，B_1 与 B_3 之比为 1∶1，那么 B_2 与 B_3 之比应该是 3∶1 而不是 2∶1，才能说明成对比较是一致的. 然而，基于客观事物的复杂性以及人的认识的多样性，要求每一个判断都有完全的一致性显然不太可能，但是要求判断矩阵有大体上的一致性却是应该的. 也就是说，一个判断矩阵如果是有效的，就不应该出现诸如“甲比乙绝对重要，乙比丙绝对重要，而丙又比甲绝对重要”的逻辑矛盾. 因此，为了保证应用层次分析法所得到的结论合理，还需要对判断矩阵做一致性检验，具体步骤如下：

第一步：在利用和法求得权重 ω_1，ω_2，…，ω_n 的基础上，计算判断矩阵 **A** 的最大特征值 $\lambda_{\max}$（详见本章第四节）的近似值，计算公式为

$$\lambda_{\max} \approx \frac{1}{n}\sum_{i=1}^{n}\frac{(\boldsymbol{A\omega})_i}{\omega_i}$$

这里，n 为判断矩阵 **A** 的阶数.

第二步：计算一致性指标 CI

$$CI = \frac{\lambda_{\max} - n}{n-1}$$

CI 越大，**A** 的不一致程度越严重.

第三步：查找相应的随机一致性指标 RI，见表 14—2.

表 14—2　　随机一致性指标 *RI* 的数值

n	1	2	3	4	5	6	7	8	9	10	11
RI	0	0	0.58	0.90	1.12	1.24	1.32	1.41	1.45	1.49	1.51

第四步：计算一致性比率 CR，当

$$CR = \frac{CI}{RI} < 0.1$$

时，认为 **A** 的一致性可以接受，否则需要对 **A** 作适当修正或重新进行成对比较.

对于（14.1）式给出的矩阵 **A**，有 $n=4$，$\lambda_{\max}=4.016\ 4$，$CI=0.005\ 5$，$RI=0.90$，$CR=0.006\ 1<0.1$，通过一致性检验，对应的 $\boldsymbol{\omega}$ 可作为权重.

同理，可计算方案层 C（见图 14—1）对准则层 B 的每一个准则的权重、最大特征值 $\lambda_{\max}$、一致性指标 CI 和一致性比率 CR，结果见表 14—3.

4. 组合权重与组合一致性检验

下面的问题是由各准则对目标的权重和各方案对每一准则的权重，计算各方案对目标的权重，称为**组合权重**，组合权重需要沿层次结构自上而下逐层计算. 同时，还需要进行**组合一致性检验**，以确定组合权重是否可以作为最终的决策依据. 组合一致性检验可逐层进行.

在风险投资项目评价问题中（见图 14—1），设准则层 4 个因素对目标的权重为 b_1，b_2，b_3，b_4，方案层 3 个项目对准则层第 j 个因素的权重为 c_{1j}，c_{2j}，c_{3j}（$j=1, 2, 3, 4$），那么项目 i 在目标中的权重为 $b_1c_{11}+b_2c_{12}+b_3c_{13}+b_4c_{14}$，即表 14—3 中第二行和 C_i 所在行数值两两相乘之和. 如项目 C_1 在目标中的组合权重为

$$0.071\ 7\times0.581\ 3+0.180\ 2\times0.524\ 7+0.081\ 1\times0.4+0.667\times0.088\ 2=0.227\ 5$$

从计算公式可知，项目 C_1 的权重实际上是 C_1 在各准则中权重的加权平均. 同理可以算出项目 C_2 和 C_3 在目标中的权重为 0.526 1 和 0.246 4.

相应的组合一致性检验如下：

设方案层 3 个项目对准则层第 j 个因素的一致性指标为 CI_j，随机一致性指标为 RI_j

($j=1, 2, 3, 4$)，则方案层 C 总排序的一致性比率为

$$CR=\frac{b_1CI_1+b_2CI_2+b_3CI_3+b_4CI_4}{b_1RI_1+b_2RI_2+b_3RI_3+b_4RI_4}=0.0126<0.1$$

通过一致性检验.

将上述计算结果汇总成表，如表 14—3 所示.

表 14—3　　风险投资项目评估问题计算结果汇总

准则层 \ 方案层	技术 B_1	市场潜力 B_2	管理 B_3	领导者素质 B_4	总权重
	0.071 7	0.180 2	0.081 1	0.667 0	
项目 C_1	0.581 3	0.524 7	0.400 0	0.088 2	0.227 5
项目 C_2	0.309 2	0.141 6	0.400 0	0.668 7	0.526 1
项目 C_3	0.109 6	0.333 8	0.200 0	0.243 1	0.246 4
λ_{max}	3.003 7	3.053 8	3.000 0	3.007 0	
CI	0.001 8	0.026 9	0.000 0	0.003 5	
CR	0.003 2	0.046 4	0.000 0	0.006 1	0.012 6

通过表 14—3 可以看出，项目 C_2 的权重最大，所以项目 C_2 是最佳选择. 从分析可以看出，层次分析法为风险投资项目的评估与决策提供了有效的工具，其分析结果对于决策者来说非常具有参考价值.

第二节
使用 Excel 求解层次分析法问题

一、判断矩阵的设置和矩阵元素的输入

在 Excel 中输入本章第一节引例中准则层对目标层的判断矩阵，具体步骤如下：

第一步：选定 B3 栏至 E6 栏作为矩形输入区，在主对角线单元格内输入数字 1，以此对角线为界，将右上角单元格对称地设置成左下角单元格的倒数（如在 C3 栏内输入“=1/B4”）.

第二步：选中矩形区，右键进入【设置单元格格式】对话框，依次左击“数字—分数”，将数值形式设为分数.

第三步：在主对角线左下角区域输入成对比较值，得到判断矩阵，如图 14—2 所示.

C3　　f_x　=1/B4

	A	B	C	D	E
1	准则层对目标层的判断矩阵、权重计算及一致性检验				
2		技术B1	市场潜力B2	管理B3	领导者素质B4
3	技术B1	1	1/3	1	1/9
4	市场潜力B2	3	1	2	1/4
5	管理B3	1	1/2	1	1/8
6	领导者素质B4	9	4	8	1

图 14—2　输入判断矩阵

二、权重的计算与一致性检验

求图 14—2 所列判断矩阵各准则对目标的权重并进行一致性检验，具体步骤如下：

第一步：在 F3 栏内输入“=B3/SUM（B$3：B$6)”，利用先向下再向右拖曳的方法将 F3 栏公式复制到 F3 至 I6 的区域，对判断矩阵进行列归一化，结果如图 14—3 所示.

第二步：在 J3 栏输入"＝SUM（F3：I3)"，利用向下拖曳的方法将 J3 栏公式复制到 J3 至 J6 的区域，对归一化的矩阵按行求和，结果如图 14—3 所示.

第三步：在 K3 栏输入"＝J3/SUM（J＄3：J＄6)"，利用向下拖曳的方法将 K3 栏公式复制到 K3 至 K6 的区域，得到各准则对目标的权重，如图 14—3 所示.

K3　　=J3/SUM(J$3:J$6)

	A	B	C	D	E	F	G	H	I	J	K
1						准则层对目标层的判断矩阵、权重计算及一致性检验					
2		技术B1	市场潜力B2	管理B3	领导者素质B4	对判断矩阵进行列归一化				按行求和	权重ω
3	技术B1	1	1/3	1	1/9	0.0714	0.0571	0.0833	0.0748	0.2867	0.0717
4	市场潜力B2	3	1	2	1/4	0.2143	0.1714	0.1667	0.1682	0.7206	0.1802
5	管理B3	1	1/2	1	1/8	0.0714	0.0857	0.0833	0.0841	0.3246	0.0811
6	领导者素质B4	9	4	8	1	0.6429	0.6857	0.6667	0.6729	2.6681	0.6670

图 14—3　准则层对目标层的权重计算

第四步：选中 L3 至 L6 区域，输入公式"＝MMULT（B3：E6，K3：K6)"，按下【Ctrl】＋【Shift】＋【Enter】组合键，得到判断矩阵与权重的乘积结果，如图 14—4 所示.

第五步：在 M3 栏输入"＝L3/K3"，利用向下拖曳的方法将 M3 栏公式复制到 M3 至 M6 的区域，得到 $(\boldsymbol{A\omega})_i/\omega_i$ 的值，如图 14—4 所示.

第六步：在 N3 栏输入"＝SUM（M3：M6）/4"，得到最大特征值，如图 14—4 所示.

第七步：在 N6 栏输入"＝（N3－4）/（4－1)"，得到一致性指标 CI，如图 14—4 所示.

第八步：在 O3 栏输入随机一致性指标 RI，在 O6 栏输入"＝N6/O3"，得到一致性比率 $CR=0.006\ 1<0.1$，通过一致性检验，如图 14—4 所示.

L3　　{=MMULT(B3:E6,K3:K6)}

	A	B	C	D	E	K	L	M	N	O
1			准则层对目标层的判断矩阵、权重计算及一致性检验							
2		技术B1	市场潜力B2	管理B3	领导者素质B4	权重ω	Aω	Aω/ω	λmax	RI
3	技术B1	1	1/3	1	1/9	0.0717	0.2870	4.0043	4.0164	0.9
4	市场潜力B2	3	1	2	1/4	0.1802	0.7242	4.0200	CI=(λ-n)/(n-1)	CR=CI/RI
5	管理B3	1	1/2	1	1/8	0.0811	0.3263	4.0207		
6	领导者素质B4	9	4	8	1	0.6670	2.6818	4.0205	0.0055	0.0061

图 14—4　准则层对目标层的一致性检验

以上是每一层对于上一层权重的计算和一致性检验的过程，其他计算表原理相同. 在 Excel 中，只要先列出一个过程，其余类似的计算过程可以通过复制和少量的修改来完成. 对于风险投资项目评估与决策问题，其方案层对各准则的计算结果如图 14—5 所示.

A1 准则层对目标层的判断矩阵、权重计算及一致性检验

	A	B	C	D	E	F	G	H	I	J	K	L	M
8	方案层对技术准则的判断矩阵、权重计算及一致性检验												
9		项目C1	项目C2	项目C3	对判断矩阵进行列归一化			按行求和	权重ω	Aω	Aω/ω	λmax	RI
10	项目C1	1	2	5	0.5882	0.6000	0.5556	1.7438	0.5813	1.7475	3.0064	3.0037	0.58
11	项目C2	1/2	1	3	0.2941	0.3000	0.3333	0.9275	0.3092	0.9285	3.0035	CI	CR
12	项目C3	1/5	1/3	1	0.1176	0.1000	0.1111	0.3288	0.1096	0.3289	3.0012	0.0018	0.0032
13													
14	方案层对市场潜力准则的判断矩阵、权重计算及一致性检验												
15		项目C1	项目C2	项目C3	对判断矩阵进行列归一化			按行求和	权重ω	Aω	Aω/ω	λmax	RI
16	项目C1	1	3	2	0.5455	0.4286	0.6000	1.5740	0.5247	1.6169	3.0817	3.0538	0.58
17	项目C2	1/3	1	1/3	0.1818	0.1429	0.1000	0.4247	0.1416	0.4277	3.0214	CI	CR
18	项目C3	1/2	3	1	0.2727	0.4286	0.3000	1.0013	0.3338	1.0208	3.0584	0.0269	0.0464
19													
20	方案层对管理准则的判断矩阵、权重计算及一致性检验												
21		项目C1	项目C2	项目C3	对判断矩阵进行列归一化			按行求和	权重ω	Aω	Aω/ω	λmax	RI
22	项目C1	1	1	2	0.4000	0.4000	0.4000	1.2000	0.4000	1.2000	3.0000	3.0000	0.58
23	项目C2	1	1	2	0.4000	0.4000	0.4000	1.2000	0.4000	1.2000	3.0000	CI	CR
24	项目C3	1/2	1/2	1	0.2000	0.2000	0.2000	0.6000	0.2000	0.6000	3.0000	0.0000	0.0000
25													
26	方案层对领导者素质准则的判断矩阵、权重计算及一致性检验												
27		项目C1	项目C2	项目C3	对判断矩阵进行列归一化			按行求和	权重ω	Aω	Aω/ω	λmax	RI
28	项目C1	1	1/7	1/3	0.0909	0.0968	0.0769	0.2646	0.0882	0.2648	3.0018	3.0070	0.58
29	项目C2	7	1	3	0.6364	0.6774	0.6923	2.0061	0.6687	2.0154	3.0139	CI	CR
30	项目C3	3	1/3	1	0.2727	0.2258	0.2308	0.7293	0.2431	0.7306	3.0054	0.0035	0.0061

图 14—5　方案层对各准则的权重及一致性检验

三、组合权重的计算与组合一致性检验

结合图 14—4、图 14—5，用 Excel 求风险投资项目评估问题方案层的 3 个项目在总目标中的权重，具体步骤如下：

第一步：选中 B34 至 E34 区域，输入公式“＝TRANSPOSE（K3：K6）”，按下【Ctrl】＋【Shift】＋【Enter】组合键，复制各准则对目标的权重，如图 14—6 所示.

第二步：在 B35 栏输入“＝I10”，利用向下拖曳的方法将方案层对技术准则的权重复制到 B35 至 B37 的区域，其余三组权重复制方法类似，如图 14—6 所示.

第三步：在 F35 栏输入“＝B＄34＊B35＋C＄34＊C35＋D＄34＊D35＋E＄34＊E35”，利用向下拖曳的方法将 F35 栏公式复制到 F35 至 F37 的区域，得到各方案对目标的组合权重，如图 14—6 所示.

第四步：在 B38 栏输入“＝L12”，在 C38 栏输入“＝L18”，在 D38 栏输入“＝L24”，在 E38 栏输入“＝L30”，得方案层对各准则的一致性指标 CI，在 B39 至 E39 区域输入对应的随机一致性指标 RI，如图 14—6 所示.

第五步：在 F39 栏输入“＝（B34＊B38＋C34＊C38＋D34＊D38＋E34＊E38）/（B34＊B39＋C34＊C39＋D34＊D39＋E34＊E39）”，得到组合一致性比率 $CR=0.0126<0.1$，通过一致性检验，如图 14—6 所示.

	A	B	C	D	E	F
32	组合权重的计算					
33	准则层	技术B1	市场潜力B2	管理B3	领导者素质B4	总权重
34	方案层	0.0717	0.1802	0.0811	0.6670	
35	项目C1	0.5813	0.5247	0.4000	0.0882	0.2275
36	项目C2	0.3092	0.1416	0.4000	0.6687	0.5262
37	项目C3	0.1096	0.3338	0.2000	0.2431	0.2464
38	CI	0.0018	0.0269	0.0000	0.0035	CR
39	RI	0.58	0.58	0.58	0.58	0.0126

图 14—6　组合权重与组合一致性检验

用 Excel 进行层次分析法的计算，如果按照上述方法设计计算步骤，则只需在判断矩阵的一半区域输入或变更数据，其余数据和结果均可以在输入或变更判断矩阵后立即得出. 另外，相似的矩阵和计算区域可以通过复制完成，只需改动少量的单元格.

第三节
涉及权重的典型案例

案例 1　挑选合适的工作

假设经双方恳谈，已经有三家用人单位表示愿意录用某毕业生，该毕业生根据已有信息建立了一个层次结构模型，如图 14—7 所示. 试根据所给的层次结构帮助该毕业生选择一家合适的单位.

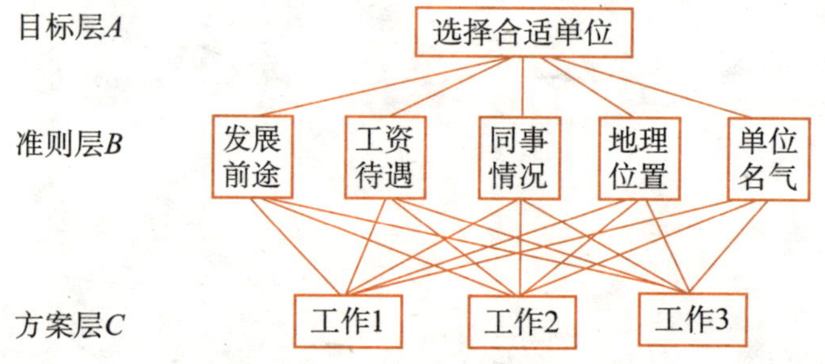

图 14—7　挑选合适工作的层次结构

解决方案：

建立准则层对目标层、方案层对准则层的判断矩阵、权重计算及一致性检验（见表 14—4～表 14—9）.

表 14—4　　准则层对目标层的判断矩阵及权重

	发展前途	工资待遇	同事情况	地理位置	单位名气	权重 ω	λ_{max}	RI
发展前途	1	2	7	5	5	0.470 6	5.158 2	1.12
工资待遇	1/2	1	4	3	3	0.260 0	$CI=(\lambda-n)/(n-1)$	$CR=CI/RI$
同事情况	1/7	1/4	1	1/2	1/3	0.054 4		
地理位置	1/5	1/3	2	1	2	0.115 4		
单位名气	1/5	1/3	3	1/2	1	0.099 5	0.039 6	0.035 3

表 14—5　　方案层对发展前途准则的判断矩阵及权重

	工作 1	工作 2	工作 3	权重 ω	λ_{max}	*RI*
工作 1	1	1/4	1/5	0.098 2	3.024 7	0.58
工作 2	4	1	1/2	0.333 9	*CI*	*CR*
工作 3	5	2	1	0.567 9	0.012 3	0.021 3

表 14—6　　方案层对工资待遇准则的判断矩阵及权重

	工作 1	工作 2	工作 3	权重 ω	λ_{max}	*RI*
工作 1	1	3	1/3	0.243 1	3.007 0	0.58
工作 2	1/3	1	1/7	0.088 2	*CI*	*CR*
工作 3	3	7	1	0.668 7	0.003 5	0.006 1

表 14—7　　方案层对同事情况准则的判断矩阵及权重

	工作 1	工作 2	工作 3	权重 ω	λ_{max}	*RI*
工作 1	1	1/3	5	0.282 8	3.065 5	0.58
工作 2	3	1	7	0.643 4	*CI*	*CR*
工作 3	1/5	1/7	1	0.073 8	0.032 8	0.056 5

表 14—8　　方案层对地理位置准则的判断矩阵及权重

	工作 1	工作 2	工作 3	权重 ω	λ_{max}	*RI*
工作 1	1	1	7	0.466 7	3.000 0	0.58
工作 2	1	1	7	0.466 7	*CI*	*CR*
工作 3	1/7	1/7	1	0.066 7	0.000 0	0.000 0

表 14—9　　方案层对单位名气的判断矩阵及权重

	工作 1	工作 2	工作 3	权重 ω	λ_{max}	*RI*
工作 1	1	7	9	0.797 8	3.007 0	0.58
工作 2	1/7	1	1	0.105 3	*CI*	*CR*
工作 3	1/9	1	1	0.096 9	0.003 5	0.006 1

这样，我们可以得到组合权重计算结果，如表 14—10 所示：

表 14—10　　组合权重计算

	单位名气	发展前途	工资待遇	同事情况	地理位置	总权重
	0.470 6	0.260 0	0.054 4	0.115 4	0.099 5	
工作 1	0.098 2	0.243 1	0.282 8	0.466 7	0.797 8	0.258 1
工作 2	0.333 9	0.088 2	0.643 4	0.466 7	0.105 3	0.279 4
工作 3	0.567 9	0.668 7	0.073 8	0.066 7	0.096 9	0.462 5
CI	0.012 3	0.003 5	0.032 8	0.000 0	0.003 5	*CR*
RI	0.58	0.58	0.58	0.58	0.58	0.015 3

从表 14—10 中可以看出，对于该毕业生而言，工作 3 对应的权重最高，达到0.462 5，

所以，工作 3 应该是最佳选择.

案例 2 对学生宿舍设计方案的评价

学生宿舍事关学生在校期间的生活品质，直接或间接地影响学生的生活、学习和健康成长. 学生宿舍的使用面积、布局和设施配置等的设计既要让学生生活舒适，也要方便管理，同时要考虑成本和收费的平衡. 因此，学生宿舍的设计必须考虑经济性、舒适性和安全性等问题. 其中，经济性包括建设成本、运行成本和收费标准等因素，舒适性包括人均面积、使用方便、互不干扰、采光通风等因素，安全性包括人员疏散和防盗等因素.

现有四种比较典型的学生宿舍的设计方案（设计图纸见本书附录二）. 试用层次分析法对四种方案进行综合量化评价和比较.

解决方案：

根据问题分析，确定综合评价指标体系如下：

(1) 经济性 B_1：

建设成本 C_1：考虑毛坯房宿舍建造、楼内装修和宿舍设备配备等费用.

运行成本 C_2：考虑房屋维修、设备维修、能源消耗和管理服务等费用.

收费标准 C_3：以每间（套）宿舍住宿人数和相关配套设施为指标进行分类.

(2) 舒适性 B_2：

人均面积 C_4：考虑人均寝室面积和人均公共活动区面积.

使用方便 C_5：考虑卫生间、盥洗间和配套设施的使用情况.

互不干扰 C_6：考虑使用公共设施时的寝室干扰情况.

采光通风 C_7：考虑阳台或窗户的透光宽度、房间进深和是否有通风口.

(3) 安全性 B_3：

人员疏散 C_8：考虑人均楼梯宽度和寝室离楼梯口的最远距离.

防盗 C_9：考虑有无阳台和阳台间的间隔.

用以上各评价指标构造层次结构，形成目标层 A、准则层 B、子准则层 C 和方案层 D，如图 14—8 所示.

通过校方和学生代表对四种设计方案进行综合评价，并进行加权处理，将判断矩阵略去，得到的权重及一致性检验的结果如下：

准则层 B 对目标层 A 的权重为 $\boldsymbol{\omega}^{(2)}=(0.539\ 0\quad 0.163\ 8\quad 0.297\ 3)$，一致性比率 $CR^{(2)}=0.007\ 9<0.1$，通过一致性检验；类似地，将子准则层 C 对准则层 B 的权重 $\boldsymbol{\omega}^{(3)}$ 的计算结果汇总成表，见表 14—11. 在表 14—11 中，第二列是准则层 B 对目标层 A 的权重；如果 C_j 与 B_i 无联系，则对应的 $c_{ij}=0$；最后一列是相应的一致性比率 $CR^{(3)}$.

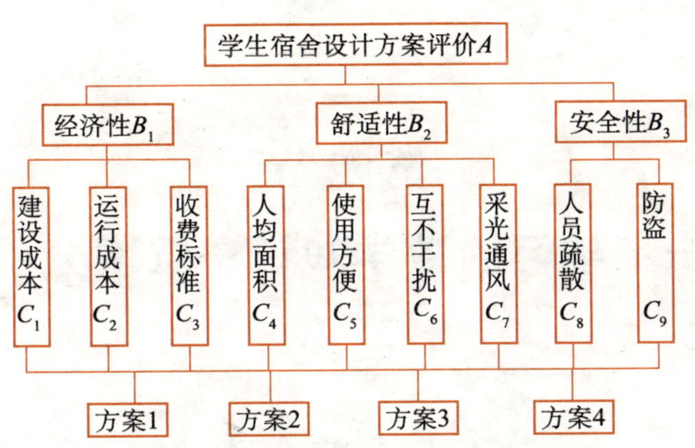

图 14—8　宿舍设计评价的层次结构

表 14—11　　各评价指标对目标层的组合权重

		C_1	C_2	C_3	C_4	C_5	C_6	C_7	C_8	C_9	CR
B_1	0.539 0	0.600 0	0.200 0	0.200 0	0	0	0	0	0	0	0.000 0
B_2	0.163 8	0	0	0	0.544 4	0.193 4	0.068 8	0.193 4	0	0	0.002 9
B_3	0.297 3	0	0	0	0	0	0	0	0.800 0	0.200 0	0.000 0
对 A 的组合权重		0.323 4	0.107 8	0.107 8	0.089 2	0.031 7	0.011 3	0.031 7	0.237 8	0.059 5	

为了计算各评价指标（子准则层 C）在综合评价（目标层 A）中的权重，只需将表 14—11 中第 3 列至第 11 列的元素与第 2 列的元素对应相乘后再求和，得到的组合权重如表 14—11 中的最后一行.

四种方案在各评价指标（子准则层 C）中的权重 $\boldsymbol{\omega}^{(4)}$ 和一致性比率 $CR^{(4)}$ 如表 14—12 所示. 在表 14—12 中，第二行是准则层 C 对目标层 A 的组合权重；最后一行是相应的一致性比率 $CR^{(4)}$.

表 14—12　　各方案对目标层的组合权重

	C_1	C_2	C_3	C_4	C_5	C_6	C_7	C_8	C_9	总权重
	0.323 4	0.107 8	0.107 8	0.089 2	0.031 7	0.011 3	0.031 7	0.237 8	0.059 5	
D_1	0.514 3	0.495 4	0.100 1	0.064 6	0.060 4	0.108 3	0.378 6	0.082 0	0.277 1	0.287 4
D_2	0.105 8	0.100 1	0.212 5	0.165 0	0.162 3	0.216 6	0.178 9	0.234 7	0.096 0	0.157 4
D_3	0.189 9	0.192 0	0.192 0	0.275 5	0.489 4	0.196 6	0.357 7	0.234 7	0.161 1	0.221 8
D_4	0.189 9	0.212 5	0.495 4	0.494 9	0.287 9	0.478 6	0.084 8	0.448 6	0.465 8	0.333 4
CR	0.007 6	0.005 7	0.005 7	0.007 6	0.007 1	0.007 6	0.002 3	0.001 5	0.001 5	

最后，将表 14—12 中第 3 行至第 6 行的元素与第 2 行的元素对应相乘后再求和，得到的组合权重如表 14—12 中的最后一列.

各层的一致性检验及组合一致性检验（此处从略）均全部通过，上面得到的组合权重可以作为四种方案综合评价的依据，即学生宿舍设计方案 4 最优，方案 1 次之，方案 2 最差.

第四节 进一步学习的数学知识：层次分析法

应用层次分析法解决问题时，首先，要把问题层次化，形成一个多层次的分析结构模型；其次，从层次结构模型的第 2 层开始，对于从属于上一层每个因素的同一层各因素，用成对比较法构造判断矩阵；再次，对于每一个判断矩阵计算最大特征值和对应的特征向量（即权重），并进行一致性检验；最后，计算组合权重和进行组合一致性检验，并按照组合权重进行决策.

本节将进一步讨论层次分析法在应用过程中的一些理论问题.

一、特征值与特征向量

定义 14.1 设有矩阵 $\boldsymbol{A}=(a_{ij})_{n\times n}$，其中 a_{ij}（i，$j=1$，2，…，n）为实数，如果存在某个数 λ 和某个 n 维非零列向量 $\boldsymbol{\omega}$ 满足

$$\boldsymbol{A\omega}=\lambda\boldsymbol{\omega}$$

则称 λ 为 $\boldsymbol{A}$ 的一个**特征值**，称 $\boldsymbol{\omega}$ 为 $\boldsymbol{A}$ 的属于这个特征值 λ 的一个**特征向量**.

例如，设 $\boldsymbol{A}=\begin{pmatrix}1 & 2\\ 2 & 4\end{pmatrix}$，则 $\lambda=5$ 为 $\boldsymbol{A}$ 的一个特征值，$\lambda=5$ 对应的一个特征向量为 $\boldsymbol{\omega}=\begin{pmatrix}1\\ 2\end{pmatrix}$，这是因为

$$\boldsymbol{A\omega}=\begin{pmatrix}1 & 2\\ 2 & 4\end{pmatrix}\cdot\begin{pmatrix}1\\ 2\end{pmatrix}=\begin{pmatrix}5\\ 10\end{pmatrix}=5\begin{pmatrix}1\\ 2\end{pmatrix}$$

注意：对于给定的矩阵 $\boldsymbol{A}=(a_{ij})_{n\times n}$，其特征值一般不是唯一的；对于确定的特征值 λ，其对应的特征向量也不是唯一的.

关于求特征值和特征向量的讨论请参考有关线性代数的书籍.

二、通过判断矩阵计算权重的基本原理

问题　在构造判断矩阵时，我们要求进行一致性检验，这是基于什么原理呢？

设想有 n 件物品 A_1，A_2，…，A_n，它们的重量分别为 ω_1，ω_2，…，ω_n，且这 n 件物品的总重量为 1. 若将它们的重量两两地进行比较，令 $a_{ij}=\omega_i/\omega_j$，则有

$$\boldsymbol{A}=(a_{ij})_{n\times n}=\begin{pmatrix}\omega_1/\omega_1 & \omega_1/\omega_2 & \cdots & \omega_1/\omega_n\\ \omega_2/\omega_1 & \omega_2/\omega_2 & \cdots & \omega_2/\omega_n\\ \vdots & \vdots & \vdots & \vdots\\ \omega_n/\omega_1 & \omega_n/\omega_2 & \cdots & \omega_n/\omega_n\end{pmatrix} \tag{14.2}$$

这些比较显然是一致的，即满足 $a_{ij}\cdot a_{jk}=a_{ik}$，此时，称矩阵 $\boldsymbol{A}$ 为**一致矩阵**. n 件物品的重量在总重量中的权重可以用向量 $\boldsymbol{\omega}=(\omega_1, \omega_2, \cdots, \omega_n)^{\mathrm{T}}$ 表示，且 $\sum\limits_{i=1}^{n}\omega_i=1$.

对于（14.2）式，若用向量 $\boldsymbol{\omega}=(\omega_1, \omega_2, \cdots, \omega_n)^{\mathrm{T}}$ 右乘矩阵 $\boldsymbol{A}$，可得到

$$\boldsymbol{A\omega}=\begin{pmatrix}\omega_1/\omega_1 & \omega_1/\omega_2 & \cdots & \omega_1/\omega_n\\ \omega_2/\omega_1 & \omega_2/\omega_2 & \cdots & \omega_2/\omega_n\\ \vdots & \vdots & \vdots & \vdots\\ \omega_n/\omega_1 & \omega_n/\omega_2 & \cdots & \omega_n/\omega_n\end{pmatrix}\cdot\begin{pmatrix}\omega_1\\ \omega_2\\ \vdots\\ \omega_n\end{pmatrix}=n\cdot\begin{pmatrix}\omega_1\\ \omega_2\\ \vdots\\ \omega_n\end{pmatrix}=n\boldsymbol{\omega}$$

即

$$\boldsymbol{A\omega}=n\boldsymbol{\omega}$$

则 n 为矩阵 $\boldsymbol{A}$ 的特征值，$\boldsymbol{\omega}$ 为对应的特征向量.

一般地，如果矩阵 $\boldsymbol{A}$ 有以下特点：

（1）$a_{ii}=1$；

（2）$a_{ij}=1/a_{ji}$（$i, j=1, 2, \cdots, n$）；

（3）$a_{ij}\cdot a_{jk}=a_{ik}$（$i, j, k=1, 2, \cdots, n$）.

则该矩阵具有唯一非零的最大特征值 $\lambda_{\max}$，且 $\lambda_{\max}=n$.

在应用层次分析法时，如果得到的判断矩阵满足以上三个特点，即矩阵具有完全一致性，那么自然应取对应于特征值 n 的、归一化（即分量之和为 1）的特征向量表示各因素对上层因素的权重. 然而，人们对于复杂事物的各因素，采用两两比较方法时，不可能做到判断的完全一致性. 此时，萨蒂（Satty）等人建议用对应于 $\boldsymbol{A}$ 的最大特征值 $\lambda_{\max}$ 的特征向量（归一化后）$\boldsymbol{\omega}$ 作为权重，即 $\boldsymbol{\omega}$ 满足

$$\boldsymbol{A\omega}=\lambda_{\max}\boldsymbol{\omega}$$

直观地看，因为矩阵 $\boldsymbol{A}$ 的特征值和特征向量连续地依赖于矩阵的元素 a_{ij}，所以，当矩阵 $\boldsymbol{A}$ 离一致性要求不远时，$\boldsymbol{A}$ 的特征值和特征向量也与一致矩阵的相差不大. 同时，为了避免判断矩阵偏离一致性要求太远，有必要对 $\boldsymbol{A}$ 进行一致性检验，使 $\boldsymbol{A}$ 的不一致性控制在容许的范围内.

三、矩阵最大特征值和特征向量的实用算法

一般情形下，用定义计算矩阵的特征值和特征向量是相当困难的，同时，在层次分析法中也并不需要太高的精度，所以完全可以用简便的近似方法计算判断矩阵的最大特征值和特征向量. 除了本章第一节介绍的和法以外，下面再介绍两种.

1. 幂法

第一步：任取 n 维归一化初始向量 $\boldsymbol{\omega}^{(0)}=(\tilde{\omega}_1^{(0)}, \tilde{\omega}_2^{(0)}, \cdots, \tilde{\omega}_n^{(0)})^{\mathrm{T}}$.

第二步：计算 $\tilde{\boldsymbol{\omega}}^{(k+1)}=\boldsymbol{A}\boldsymbol{\omega}^{(k)}$，$k=0, 1, 2, \cdots$.

第三步：将 $\tilde{\boldsymbol{\omega}}^{(k+1)}$ 归一化，即令 $\omega_i^{(k+1)}=\tilde{\omega}_i^{(k+1)}/\sum\limits_{j=1}^{n}\tilde{\omega}_j^{(k+1)}$，$i=1, 2, \cdots, n$.

第四步：对于预先给定的精度 ε，当 $|\omega_i^{(k+1)}-\omega_i^{(k)}|<\varepsilon$ $(i=1, 2, \cdots, n)$ 时，$w_i^{(k+1)}$ 即为所求的权重；否则返回到第二步.

第五步：计算最大特征值 $\lambda_{\max}=\frac{1}{n}\sum\limits_{i=1}^{n}\frac{\tilde{\omega}_i^{(k+1)}}{\omega_i^{(k)}}$.

2. 根法

第一步：计算判断矩阵 $\boldsymbol{A}$ 每行所有元素的几何平均值

$$\tilde{\omega}_i=(\sum_{j=1}^{n}a_{ij})^{\frac{1}{n}}, i=1,2,\cdots,n$$

得到 $\tilde{\boldsymbol{\omega}}=(\tilde{\omega}_1, \tilde{\omega}_2, \cdots, \tilde{\omega}_n)^{\mathrm{T}}$.

第二步：将 $\tilde{\boldsymbol{\omega}}$ 归一化，即计算 $\omega_i=\tilde{\omega}_i/\sum\limits_{j=1}^{n}\tilde{\omega}_j$，$i=1, 2, \cdots, n$，得到 $\boldsymbol{\omega}=(\omega_1, \omega_2, \cdots, \omega_n)^{\mathrm{T}}$，即为所求的最大特征向量.

第三步：计算最大特征值 $\lambda_{\max}=\frac{1}{n}\sum\limits_{i=1}^{n}\frac{(\boldsymbol{A}\boldsymbol{\omega})_i}{\omega_i}$.

习题十四

1. 学校评选优秀学生或优秀班级，试给出若干准则，构造层次结构模型. 可分为相对评价和绝对评价两种情况.

2. 你要购置一台个人电脑，需要考虑功能、价格等因素，思考如何作出决策.

3. 假如你想毕业后集资兴办一座小型农场，那么是养猪，还是养鸡、养鸭、养兔……

第十五章

决策方案的路线与选择

名言：决策是企业做任何事的第一步，同时也是最关键的一步. 决策失误是最大的失误，尤其是重大决策，一旦失误，会给企业带来不可估量的损失，甚至还可能是灭顶之灾.

——赫伯特·西蒙

故事：很久以前，一个人偷了一袋洋葱，被人捉住后送到法官面前．法官提出了三个惩罚方案让这个人自行选择：一是一次性吃掉所有的洋葱，二是鞭打一百下，三是交纳罚金．这个人选择了一次性吃掉所有的洋葱．

一开始，他信心十足，可是吃下几个洋葱之后，他的眼睛像火烧一样，嘴像火烤一般，鼻涕不停地流出来．

他说："我一口洋葱也吃不下了，你们还是鞭打我吧．"可是，在被鞭打了几十下之后，他再也受不了了，在地上翻滚着躲避皮鞭．他哭喊道："不能再打了，我愿意交罚金．"

后来，这个人成了全城人的笑柄，因为他本来只需要接受一种惩罚的，却将三种惩罚都尝遍了．这个故事说明了当对事物的发展所导致的结果捉摸不透，对情况或信息掌握不足，而摆在决策者面前又有多个方案可选择时，容易导致决策失误．

第一节
决策问题及解决方案

一、问题引入

引例　高富布鲁克公司拥有一块可能有石油的地产，一位地质学家向高富布鲁克公司的所有人马克斯报告称他认为这块土地有 1/4 的概率有石油，并且他估计那里的石油足够可以获得约 800 000 美元的净收入，但是在这块地上钻探石油需要大约 100 000 美元的投资. 一家石油公司听说了这个地质学家的报告，决定出价 90 000 美元来购买这块土地.

马克斯是选择开采石油还是出售土地使自己的公司更受益呢?

问题分析　马克斯若选择开采石油，则在这块地上钻探石油需要大约 100 000 美元的投资，如果这块地没有石油，整个投资都将会损失. 但是，如果这块地有石油，估计那里的石油足够获得约 800 000 美元的净收入，大概的利润是 800 000 美元－100 000 美元＝700 000 美元，这会给公司带来相当不错的资金流入.

这里还有一个选择，一家石油公司听说了这个地质学家的报告，决定出价 90 000 美元来购买这块土地. 这非常诱人，因为这也可以为公司带来不错的现金流入，而且无需承担钻探石油需要的 100 000 美元的投资风险.

在不同决策环境条件下，决策者如何从若干个行动方案中，科学地选择最优的方案？这些正是我们所需要学习的内容.

二、典型问题解决方案

概念 15.1　决策者（decision maker）：是对通过考虑作出一个决策（或一系列决策）负责的个人或团体.

例如，对于高富布鲁克公司的问题，决策者是马克斯.

概念 15.2　备择方案（alternatives）：是决策者将作出的决策的选项.

例如，马克斯的备择方案是开采石油或出售这块土地.

概念 15.3　自然状态（state of nature）：是决定决策执行中的各种状况，是不为决策者控制的客观状态.

例如，对于高富布鲁克公司的问题，可能的自然状态为这块地有石油或这块地没有石油.

概念 15.4　收益（payoff）：是衡量决策结果对决策者的价值的量化指标.

在大多数情况下，收益以货币价值表示，如利润. 高富布鲁克公司问题的收益如表15—1所示.

表 15—1　　**高富布鲁克公司问题的损益表**　　单位：千美元

备择方案	自然状态	
	有石油	没有石油
开采石油	700	−100
出售土地	90	90
概率	0.25	0.75

概念 15.5　决策准则（decision rule）：是决策者为了寻找最优方案而采用的准则.

决策准则是衡量选择方案的标准，一般选取的决策准则是使收益尽可能大而损失尽可能小. 例如，表 15—1 给出了高富布鲁克公司问题的损益表，在进行开采石油还是出售土地的决策时，应该采用什么决策准则呢？对于这个问题并没有唯一的正确答案适合于每一个决策者. 决策准则的选取主要取决于决策者自己对于决策的态度和决策者的性格，还有制定决策时的处境. 马克斯作为高富布鲁克公司的所有人，需要决定哪一个决策准则最适合他自己的处境.

概念 15.6　风险型决策（risk decision）：是指决策者不仅知道行动方案在不同的自然状态下所获得的损益值，而且知道各种自然状态发生的概率.

在引例中，马克斯不仅知道不同的投资方案在不同状态下所获得的损益值，还知道各种状态发生的概率，因此引例是风险型决策问题. 下面介绍解决风险型决策问题的两种不同的决策准则.

1. 最大可能性准则

最大可能性准则（maximum likelihood criterion）是指：

（1）发现先验概率最大的自然状态；

（2）选择在这种自然状态下收益最大的备择方案.

这个决策准则的基本原理是基于我们对最有可能发生的自然状态的假设. 我们给了自己一个比假设其他自然状态更好地获得有利结果的机会.

由表 15—1 可以看出，没有石油这一自然状态的概率最大，为 0.75，根据最大可能性准则，只考虑没有石油这一自然状态下的收益，显然 max｛－100，90｝＝90，所以马克斯应选择出售土地.

这个准则的主要缺点是它完全忽略了很多相关的信息. 一个缺点是在多种自然状态下，最可能发生的状态可能有一个相对比较低的概率，因此在这种情况下，基于最大可能性准则的决策就没有什么意义了；另一个更严重的缺点是它完全忽视了整个损益表中除了最有可能发生的自然状态所对应的收益外的其他所有的收益（任何一个极其巨大的收益或者致命的收益），例如，不管发现石油的收益是多么巨大，它会自动地认为高富布鲁克公司应该出售土地，而不应该去开采石油. 事实上，这个准则不允许在一个低概率的大收益上赌博，不管这个赌博的吸引力有多么大.

2. 贝叶斯决策准则

贝叶斯决策准则（bayes decision rule）是指：

（1）对于每一种备择方案，将每一个收益乘以相应自然状态的概率，再把乘积相加就得到这个备择方案的期望收益.

（2）选择具有最大期望收益的备择方案.

在引例中，由表 15—1 中的数据计算各方案的期望收益如下：

E［开采石油］＝700×0.25＋（－100）×0.75＝100（千美元）

E［出售土地］＝90×0.25＋90×0.75＝90（千美元）

根据贝叶斯决策准则，被选择的方案是开采石油.

贝叶斯决策准则的最大优势在于它结合了所有可用的信息，包括所有的收益和各个自然状态的概率.

一些观点认为，在确定概率时，概率的估计很大程度上是主观的，因此不可靠，不能被信任. 然而，在许多情况下，过去的经验和当前的证据能够对概率作出合理的估计，因此，我们这一章下面讲述的内容将只使用贝叶斯决策准则.

第二节
使用 Excel 构建决策树

在使用贝叶斯决策准则时，对于一些比较复杂的风险型决策问题，例如多级决策问题，只用表格是难以表达和分析的，为此，我们引入了决策树法. 决策树法使用贝叶斯决策准则进行决策，具有直观形象、思路清晰等特点.

一、决策树简介

决策树是一种由结点和分支构成的由左向右横向展开的树枝图形. 由表 15—1 所示的数据画出的决策树如图 15—1 所示.

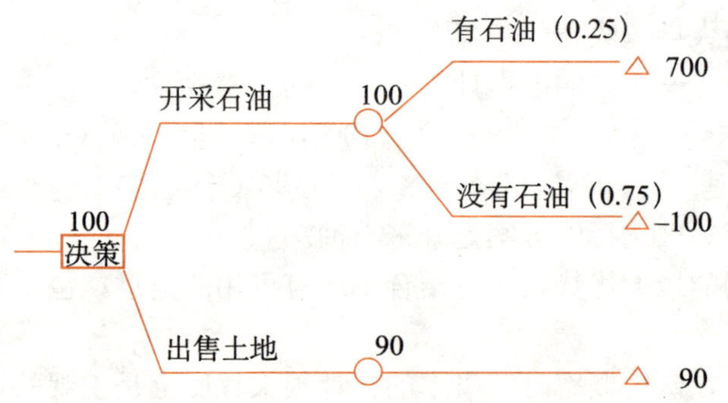

图 15—1 决策树（金额单位：千美元）

图中的符号说明如下：

□——决策点，从它引出的分支称为方案分支，每个分支代表一个方案.

○——方案节点，其上方的数字表示该方案收益的期望值（如开采石油的收益期望值为 100 千美元），从它引出的分支称为概率分支，每个分支代表一种自然状态，每个分支的上面写明了自然状态及其出现的概率.

△——结果节点，它旁边的数字是每个方案在相应状态下的收益值.

利用决策树对多阶段风险型决策问题进行分析通常也是根据贝叶斯决策准则，具体的做法是：自右向左计算出每个状态上的期望收益，然后将其中的最大值写在相应的方案节点处. 选取期望收益最大的方案作为最优方案.

二、使用 Excel 插件 TreePlan 构建决策树

在实际应用中，决策树问题可以用计算机来处理，这里介绍用于决策树法的 Excel TreePlan 决策树处理模块软件的安装与应用. TreePlan 是一种构建决策树的很轻巧的 Excel 插件，可以做出比较规范的决策树，并可以自动计算结果.

下面以 Excel 2003（Excel 2007 也可正常使用）为例介绍其使用方法.

第一步：加载 TreePlan 插件.

依次单击【工具】→【加载宏】→【浏览】→【选中 TreePlan 插件】→【确定】→【确定】，将 TreePlan 加载到 Excel 宏中，工具菜单的最后一项为“Decision Tree”.

第二步：使用.

（1）选择“工具”→“decision tree”命令（或按 Ctrl＋T 键），系统弹出对话框，如图 15—2 所示.

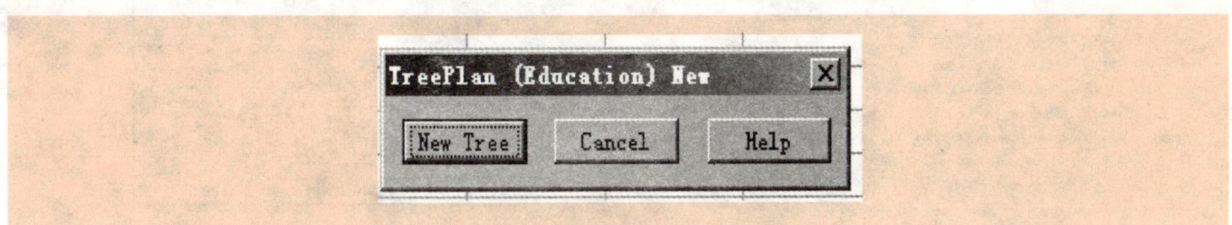

图 15—2　TreePlan 编辑对话框

（2）单击【New Tree】按钮进入 TreePlan 主界面，如图 15—3 所示.

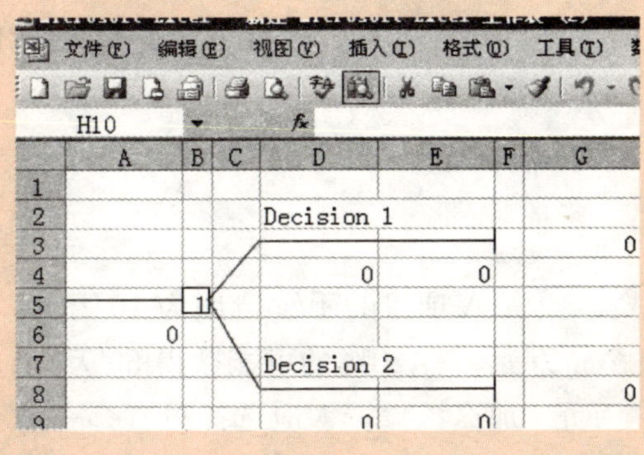

图 15—3　TreePlan 编辑的“New Tree”状态

（3）光标放在不同的地方，再按 Ctrl+T 键可以得到不同的对话框.

1）光标放在任意单元格处得到编辑选择对话框，如图 15—4 所示；

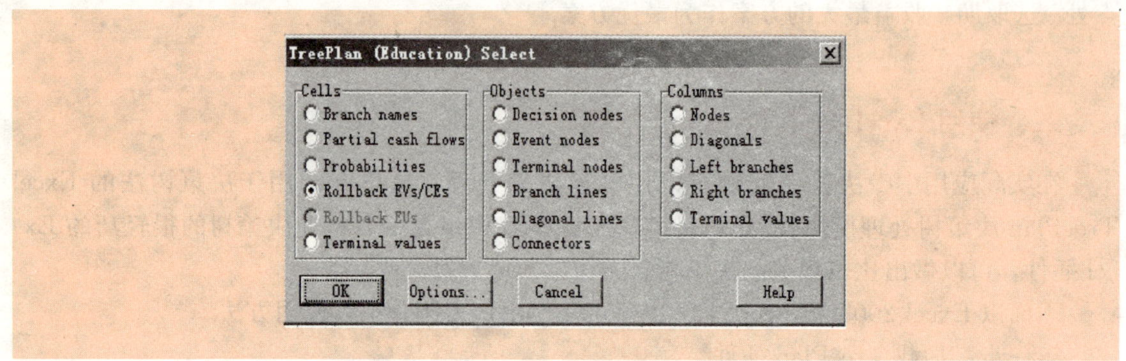

图 15—4　TreePlan 编辑选择对话框

2）光标放在决策点或方案节点处得到事件与状态编辑对话框，如图 15—5 所示；

3）光标放在结果点处得到事件与状态转换对话框，如图 15—6 所示；

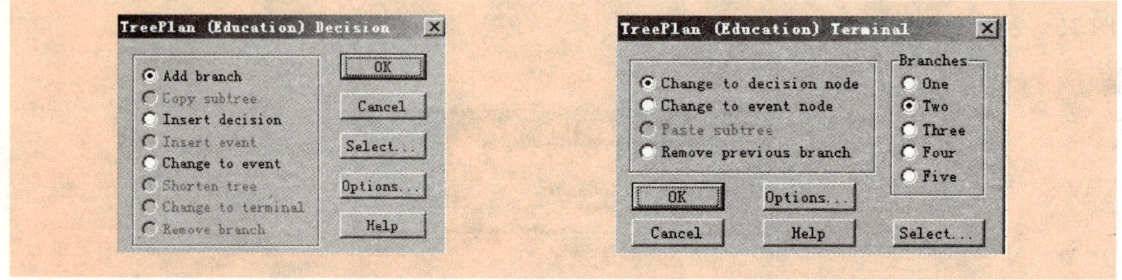

图 15—5　TreePlan 事件与状态编辑对话框　　**图 15—6　TreePlan 事件与状态转换对话框**

4）填写数据.

在已有 Decision 处改写方案标示，Event 处改写自然状态标示. 在决策树主界面图的指定位置填写概率和收益值数据，当各方案、各自然状态的概率和收益值填写完毕后，系统就将其决策结果计算出来并在各节点标出结果.

三、典型案例

案例　一个决策者投资，投资 A 项目的手续费用为 10 万元，有 60%的可能获得 100 万元，有 20%的可能获得 200 万元，有 20%的可能获得 50 万元；投资 B 项目的手续费用为 15 万元，可以稳获 100 万元. 那么该投资人应选择投资哪一个项目?

解决方案：

（1）点击工具菜单中的“Decision Tree”项（或按 Ctrl+T 键），系统弹出对话框，如图 15—2 所示.

(2) 点击【New Tree】按钮进入 TreePlan 主界面，生成一个带两个方案分支的默认决策树. 把“Decision 1”单元格的值写成“投资 A 项目”，按同样方法改写另一个方案名称为“投资 B 项目”.

(3) 在方案分支线下方左侧 0 的单元格内，添加方案的成本，即投资 A 项目为－10 万元，投资 B 项目为－15 万元. 方案分支线下方右侧 0 的单元格的值无须填写，由后续事件节点的期望值减去左侧的方案成本而得出，如图 15—7 所示.

(4) 选中在方案分支末端的单元格，按 Ctrl＋T 键，选择“change to event node”且 branches 为 3，event node 是该方案产生的具有不同概率的后果. 输入 event 名称，并在上面的 0.5 单元格，输入 0.6、0.2、0.2，标明每个事件的概率. 在事件分支线下方左侧 0 的单元格内输入净现金流，分别为 100、200 和 50. 按同样方法完成其他方案的后续事件节点的填写，如图 15—8 所示.

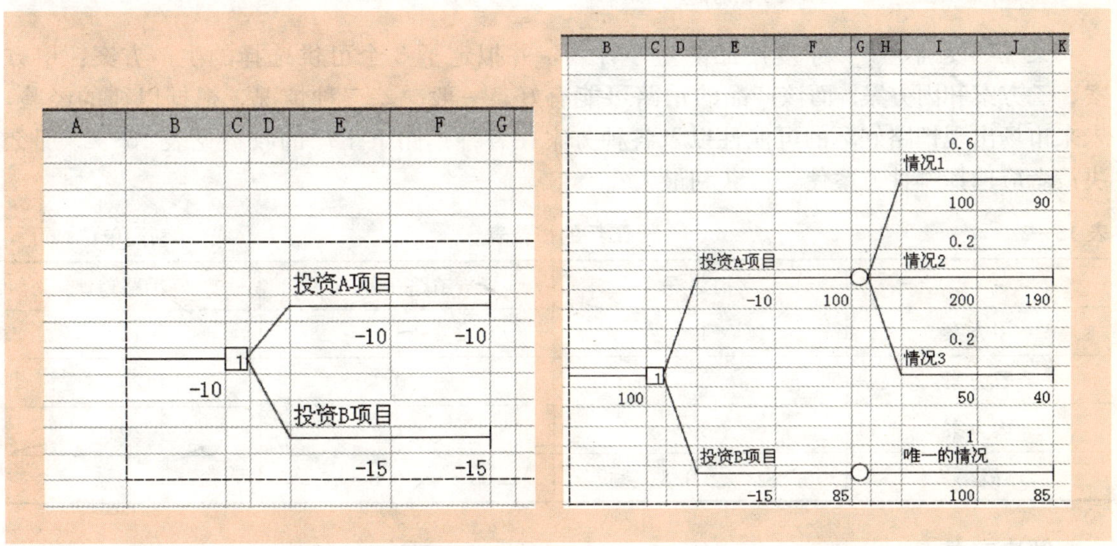

图 15—7　在决策树中填写方案和相应的收益　　**图 15—8　完整的决策树**

(5) 决策树完成，计算结果如图 15—8 所示，投资 A 项目的期望收益为 100 万元，投资 B 项目的期望收益为 85 万元，A 项目高于 B 项目，投资者应该投资 A 项目.

第三节
决策路线图典型案例

案例 1　生产计划决策问题

某工厂要确定下一年度产品的生产计划，并拟定了 3 个可供选择的生产方案：甲方案、乙方案和丙方案. 而该产品的销路可能有好、一般、差三种情况，根据以往的经验，未来市场出现销路好坏的可能性以及各种方案在各种销路下工厂的收益见表 15—2. 那么决策者应选择哪种方案使工厂获利最大？

表 15—2　　工厂的损益表　　利润单位：万元

	销路好	销路一般	销路差
甲方案	40	26	15
乙方案	35	30	20
丙方案	30	24	20
概率	0.3	0.5	0.2

解决方案：

这是一个风险型决策问题，各方案的期望收益如下：

$$E[\text{甲方案}]=40\times0.3+26\times0.5+15\times0.2=28\ (\text{万元})$$

$$E[\text{乙方案}]=35\times0.3+30\times0.5+20\times0.2=29.5\ (\text{万元})$$

$$E[\text{丙方案}]=30\times0.3+24\times0.5+20\times0.2=25\ (\text{万元})$$

根据贝叶斯决策准则，乙方案为最优方案.

案例 2　投资决策问题

马克是一个大的财产投资者，已经凭借自己的投资天赋积累了一笔财富. 他当前有 3 种主要的投资：保守投资、投机投资和反周期投资. 马克相信在投资周期中，有三种可能的情况：运行良好的经济状况、稳定的经济状况和坏的经济状况．他对经济前景是悲观的，他分别对这 3 种经济状况发生的概率估计为 0.1、0.5 和 0.4，同时他也估计 3 种经济状况下各自的收益，如表 15—3 所示．马克应该如何决策？

表 15—3　　**不同经济状况的收益**　　单位：万元

	运行良好的经济状况	稳定的经济状况	坏的经济状况
保守投资	3 000	500	−1 000
投机投资	4 000	1 000	−3 000
反周期投资	−1 000	0	1 500
概率	0.1	0.5	0.4

解决方案：

这是一个风险型决策问题，各方案的期望收益如下：

E［保守投资］＝3 000×0.1＋500×0.5＋（−1 000）×0.4
＝150（万元）

E［投机投资］＝4 000×0.1＋1 000×0.5＋（−3 000）×0.4
＝−300（万元）

E［反周期投资］＝（−1 000）×0.1＋0×0.5＋1 500×0.4
＝500（万元）

根据贝叶斯决策准则，反周期投资方案为最优方案．

案例 3　扩大生产决策问题

南方医院供应公司是一家制造医护人员工装大褂的公司．该公司正在考虑扩大生产能力，它可以有以下几个选择：（1）什么也不做；（2）建一个小厂；（3）建一个中型厂；（4）建一个大厂．新增加的设备将生产一种新型的大褂，目前该产品的潜力或市场还是未知数．如果建一个大厂且市场有利就可实现 100 万元的利润，如果市场不利则会损失 90 万元．另外，如果市场有利，建中型厂将会获得 60 万元的利润，建小厂将会获得 40 万元的利润；如果市场不利，建中型厂将会损失 10 万元，建小厂将会损失 5 万元．当然，还有一个选择就是什么也不做．最近的市场研究表明市场有利的概率是 0.4，那么该公司应该作出怎样的选择？

解决方案：

这一问题需要用决策树进行决策分析，画出决策树，如图 15—9 所示．

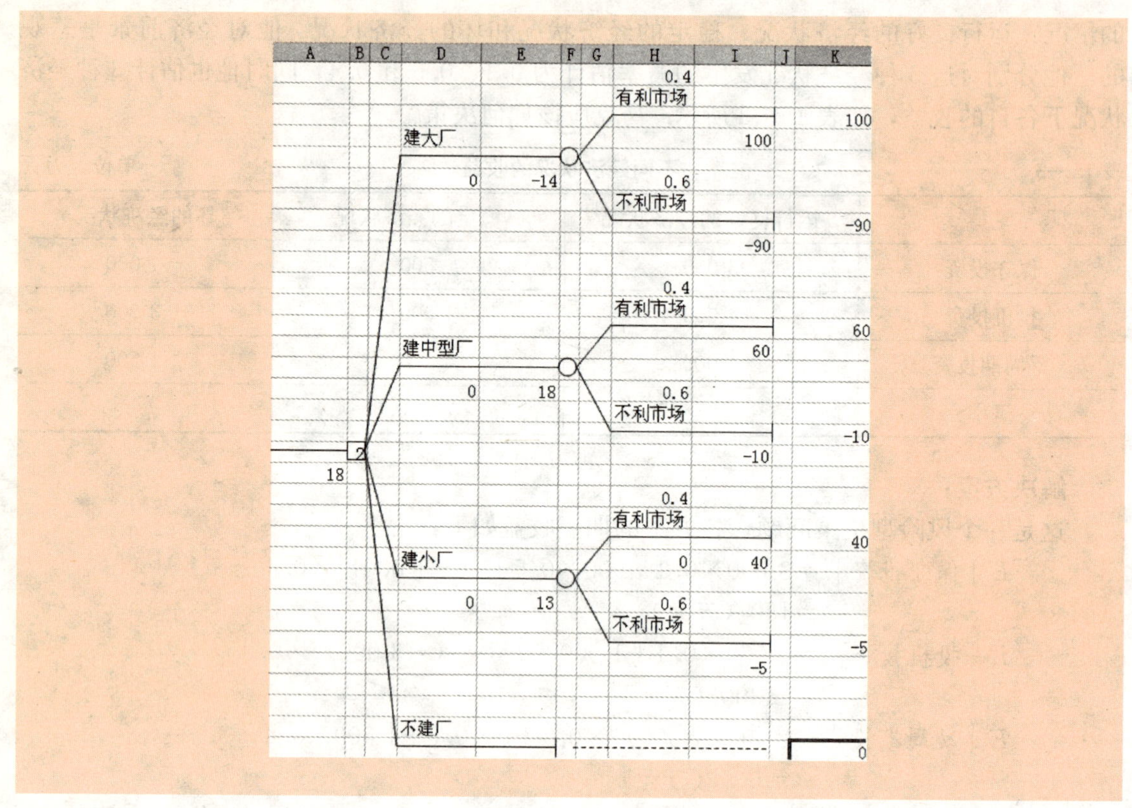

图 15—9　决策树

由图 15—9 可知，应该建一个中型厂.

第四节
进一步学习的数学知识：决策论

在前几节中，都是用金额作为决策的收益指标．在风险型决策问题中，也是把能获得最高金额收益期望的行为方案选为最优方案．然而在很多情况下，能获得最高金额收益期望的行动方案并不是对决策最有利的方案，也就是说，仅以货币的收益期望值作为决策准则并不一定合理．

一、问题的提出

引例　有一个投资为200万元的工厂，该厂发生火灾的可能性是0.1%．工厂的决策者面临的问题是：要不要买保险．若买保险，每年须支付2 500元的保险费，一旦发生火灾，保险公司可以赔偿全部资产；若不买保险，就不需要支付保险费，但一旦发生火灾，工厂的决策者将承担全部资产损失的责任．在这种情况下，工厂的决策者一般愿意买保险，并愿意每年支付保险费．

问题分析　乍一看，工厂的决策者作出买保险的决策是不理智的．如果按货币收益期望值准则进行决策，他的决策应该是不买保险，因为工厂发生火灾损失的期望值是200万元×0.001 =2 000元，小于保险费．但如果用效用理论分析，工厂的决策者买保险的策略是明智的．

这里提出了这样一个问题：同一笔货币量在不同的场合中，在人们的主观上具有不同的价值．经济学家和社会学家就提出了“效用”这个概念，用它去衡量人们对同一笔货币量在主观上的价值判断，因此就引出了货币效用值的概念．

二、效用理论

效用理论是决策者进行决策方案选择时采用的一种理论．在经济领域中，把决策者对于特定风险事件的期望利益（或期望损失）的独特看法、感觉、反应或兴趣，称为效用．

应用效用值进行决策，首先要把将要考虑的因素折合成效用值，一般情况下，用 1 表示最大的效用值，用 0 表示最小的效用值（也可用其他数字表示）；然后再用决策准则，选出效用值最大的方案为最优方案.

在前面讨论的风险型决策中，将各方案在各自然状态下的收益值用期望值准则进行决策，称这种决策方案为**收益期望值准则**.

考虑对收益期望的效用因素后，在风险型决策问题中，把效用值作为指标，再用期望值准则进行决策，称这个期望值为**效用期望值**，并把效用期望值最大的方案选为最优方案，这种决策方法就是**效用期望值准则**. 这里，效用值的大小是相对的数值关系，用效用值的大小来表示决策者对风险的态度，对某事情的倾向、偏爱等主观因素的强弱程度.

下面通过一个案例进行说明.

案例 某公司决策者面临着大、中、小批量 3 种生产方案的选择问题. 该产品投放市场可能有 3 种情况：畅销、一般、滞销. 根据以往同类产品在市场上的销售情况，3 种批量生产方案在不同市场情况下的概率和收益如表 15—4 所示，问该公司如何决策.

表 15—4 **各生产方案在不同市场情况下的概率和收益** 单位：百万元

	畅销	一般	滞销
大批量（s_1）	20	0	−10
中批量（s_2）	15	2	−5
小批量（s_3）	5	1	−1
概率	0.2	0.3	0.5

解决方案：

对这个问题如果采用收益期望值准则，得到

$$E[s_1]=0.2\times20+0.3\times0+0.5\times(-10)=-1\text{（百万元）}$$

$$E[s_2]=0.2\times15+0.3\times2+0.5\times(-5)=1.1\text{（百万元）}$$

$$E[s_3]=0.2\times5+0.3\times1+0.5\times(-1)=0.8\text{（百万元）}$$

显然，采用收益期望值准则进行决策，应进行中批量生产.

对每个决策者来说，可以用效用值这个指标来量化决策者对风险的态度. 通常假定效用值是一个相对的值，如假定决策者最偏好、最倾向、最愿意的方案的效用为 1，而最不喜欢、最不倾向、最不愿意的方案的效用为 0. 确定效用值的方法一般是采用对比提问法.

首先，把表 15—4 中的最高收益 20 百万元的效用定为 1，记为 $U(20)=1$，把表 15—4 中的最低收益 −10 百万元的效用定为 0，记为 $U(-10)=0$，然后在此基础上请决策者根据公司的情况结合收益、风险等因素，对表 15—4 中的每个收益值都定出相应的效用值.

对表 15—4 中的收益 −5 百万元，可以按以下的方法来确定其效用值. 设决策者面临两个可选择的方案：

(1) 稳获 −5 百万元；

（2）以 p 的概率获得 20 百万元，而以 $1-p$ 的概率损失 10 百万元.

显然，当 p 非常接近 1 时，决策者愿意选择（2），因为这样实际可得到 20 百万元；而当 p 非常接近 0 时，决策者愿意选择（1）. 这样在随着 p 的值从 1 不断地下降到 0 的过程中，决策者从选择（2）变为选择（1），即在 0 与 1 之间，存在一个数值 p，决策者认为（1）和（2）是等值的. 假设 $p=0.3$，就可以计算出 -5 百万元的效用值，即

$$U(-5)=p\cdot U(20)+(1-p)\cdot U(-10)=0.3\times 1+0.7\times 0=0.3$$

同样可以用 20 百万元和 -10 百万元的效用值按以上的方法来确定 -1 百万元、0 百万元、1 百万元、2 百万元、5 百万元、15 百万元的效用值，假设已求得的各方案的效用值如表 15—5 所示.

表 15—5　　**效用值表**

	畅销	一般	滞销
大批量（s_1）	1.0	0.5	0
中批量（s_2）	0.82	0.57	0.3
小批量（s_3）	0.66	0.54	0.46
概率	0.2	0.3	0.5

由表 15—5 计算各方案的效用值的期望值，得

$$E\left[U(s_1)\right]=0.2\times 1.0+0.3\times 0.5+0.5\times 0=0.35$$

$$E\left[U(s_2)\right]=0.2\times 0.82+0.3\times 0.57+0.5\times 0.3=0.485$$

$$E\left[U(s_3)\right]=0.2\times 0.66+0.3\times 0.54+0.5\times 0.46=0.524$$

可见 s_3 的效用值为最大，故采取小批量生产为公司的最优方案. 在采用效用值的期望值进行决策时，也可以使用决策树的方法，不过这时要把决策树中所有收益值用其效用值来代替.

把效用值作为决策标准的优点是它可以把决策者对风险的态度反映进去，从而使决策更符合决策者的需要；但是它的缺点是不能准确地测定，因为用标准测定方法对决策者进行心理测试时，决策者往往难以回答.

上述案例说明，效用的评价是一个很复杂的问题，它不但与决策者所处的社会、经济地位及整个社会经济情况和需要有关，而且与决策者本人的品格素质、心理状态等主观因素有关.

习题十五

1. 在一台机器上加工制造一批零件共 10 000 个，若加工完后逐个进行修整，则全部合格，但需要修整费 300 元. 若不进行修整，一旦装配中发现次品，则需要返工修理，修理费为每个零件 0.50 元. 根据以往资料统计，次品率情况见表 15—6. 用期望值准则来决定这批零件要不要修整.

表 15—6 次品率表

次品率	0.02	0.04	0.06	0.08	0.10
概率	0.20	0.40	0.25	0.10	0.05

2. 某公司预定在某日举行展销会，获利多少除了与举办规模大小有关外，还与天气好坏有关. 根据天气变化预计，该日天气可能出现 3 种情况：晴的概率为 0.1，多云的概率为 0.6，下雨的概率为 0.3，其损益情况如表 15—7 所示. 试用最大可能性准则和期望值准则进行决策.

表 15—7 损益表

	晴	多云	雨
大规模（s_1）	50	25	−2
中规模（s_2）	40	26	1
小规模（s_3）	20	16	2
概率	0.1	0.6	0.3

3. 设有一风险决策问题的损益情况如表 15—8 所示，试用决策树进行决策分析.

表 15—8 损益表

方案	状态 x_1		状态 x_2		状态 x_3	
	利润	概率	利润	概率	利润	概率
方案 s_1	5	0.4	3	0.3	−3.5	0.3
方案 s_2	3.5	0.5	2.5	0.3	1.5	0.2
方案 s_3	4.5	0.6	3.5	0.2	0.1	0.2

4. 某开发公司拟为一企业承包新产品的研制与开发任务，但为了得到合同必须投标. 已知投标的准备费用为 4 万元，能得到合同的可能性为 0.4. 如果得不到合同，准备费用得不到补偿. 如果得到合同，可采用两种方法进行研制开发：旧方法成功的可能性为 0.8，费用为 26 万元；新方法成功的可能性为 0.5，费用为 16 万元. 如果研制开发成功，则按合同约定开发公司可得到 60 万元，如果得到合同但未研制开发成功，则开发公司需赔偿 10 万元. 请对下述问题进行决策：(1) 是否参加投标？(2) 若中标了，采用哪种方法研制开发？

5. 某市属建筑公司面临 A、B 两项工程. 因受本单位资源条件限制，只能选择其中一项工程投标或者这两项工程均不参加投标. 根据过去类似工程投标的经验数据，A 工程投高标的中标概率为 0.3，投低标的中标概率为 0.8，编制该工程投标文件的费用为 4 万元. B 工程投高标的中标概率为 0.5，投低标的中标概率为 0.5，编制该工程投标文件的费用为 2.5 万元. 各方案承包的效果、概率、损益值如表 15—9 所示，试用决策树进行决策分析.

表 15—9　　各投标方案承包效果、概率、损益值表

方案	效果	概率	损益值
A 工程投高标	好	0.3	180
	中	0.5	120
	差	0.2	60
A 工程投低标	好	0.2	125
	中	0.7	75
	差	0.1	0
B 工程投高标	好	0.4	115
	中	0.5	75
	差	0.1	40
B 工程投低标	好	0.2	90
	中	0.5	40
	差	0.3	−20
不投标		1.0	0

6. A 先生失去 1 000 元时效用值为 50，得到 3 000 元时效用值为 120，并且他在以下事件上无差别：肯定得到 10 元或以 0.4 的机会失去 1 000 元和以 0.6 的机会得到3 000元.

B 先生失去 1 000 元与 3 000 元时效用值与 A 相同，并且他在以下事件上无差别：肯定得到 10 元或以 0.8 的机会失去 1 000 元和以 0.2 的机会得到 3 000 元. 问：

(1) A 先生 10 元的效用值为多少?

(2) B 先生 10 元的效用值为多少?

7. 某决策者的效用函数可由下式表示

$$U(M)=1-e^{-M},\ 0\leqslant M\leqslant 10\ 000\ \text{元}$$

如果决策者面临下列两份合同，见表 15—10.

表 15—10　　损益值表

	$P_1=0.6$	$P_2=0.4$
合同 A	6 500	0
合同 B	4 000	4 000

问：决策者倾向于签订哪份合同?

8. 某工厂正在考虑是现在还是明年扩大生产规模问题. 由于可能出现的市场需求情况不一样，因此预期利润也不同. 已知市场需求为高、中、低的概率及不同方案的预期利润

如表 15—11 所示．对该厂来说，损失 1 万元的效用值为 0，获利 10 万元的效用值为 100，并且在以下事件上无差别：（1）肯定得到 8 万元或以 0.1 的机会失去 1 万元和以 0.9 的机会得到 10 万元；（2）肯定得到 6 万元或以 0.2 的机会失去 1 万元和以 0.8 的机会得到 10 万元；（3）肯定得到 1 万元或以 0.75 的机会失去 1 万元和以 0.25 的机会得到 10 万元．

表 15—11　　损益值　　单位：万元

	高需求	中需求	低需求
现在扩大生产	10	8	−1
明年扩大生产	8	6	1
概率	0.2	0.5	0.3

要求：

（1）建立效用值表．

（2）分别根据实际盈利额和效用值按期望值准则确定最优决策．

附　录

附录一
标准正态分布表

$$\Phi(x)=\int_{-\infty}^{x}\frac{1}{\sqrt{2\pi}}\mathrm{e}^{-\frac{u^2}{2}}\,\mathrm{d}u=P(\xi\leqslant x)$$

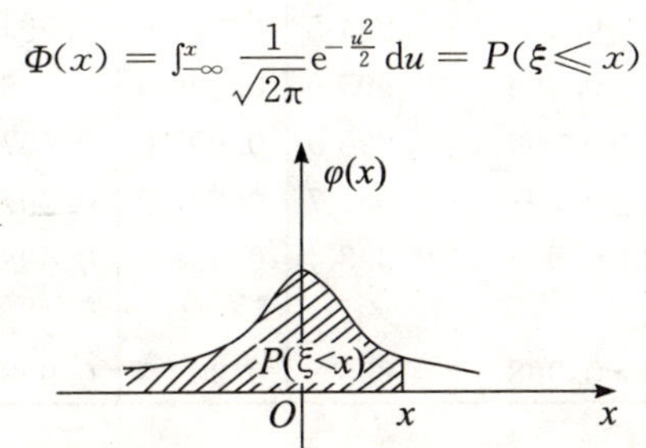

x	0	1	2	3	4	5	6	7	8	9
0.0	0.500 0	0.504 0	0.508 0	0.512 0	0.516 0	0.519 9	0.523 9	0.527 9	0.531 9	0.535 9
0.1	0.539 8	0.543 8	0.547 8	0.551 9	0.555 7	0.559 6	0.563 6	0.567 5	0.571 4	0.575 3
0.2	0.579 3	0.583 2	0.587 1	0.591 0	0.594 8	0.598 7	0.602 6	0.606 4	0.610 3	0.614 1
0.3	0.617 9	0.621 7	0.625 5	0.620 3	0.633 1	0.636 8	0.640 6	0.644 3	0.648 0	0.651 7
0.4	0.655 4	0.659 1	0.662 8	0.666 4	0.670 0	0.673 6	0.677 2	0.680 8	0.684 4	0.687 9
0.5	0.691 5	0.695 0	0.698 2	0.701 9	0.705 4	0.708 8	0.712 3	0.715 7	0.719 0	0.722 4
0.6	0.725 7	0.729 1	0.732 4	0.735 7	0.738 9	0.742 2	0.745 4	0.748 6	0.751 7	0.754 9
0.7	0.758 0	0.761 1	0.764 2	0.767 3	0.770 3	0.773 4	0.776 4	0.779 4	0.782 3	0.785 2
0.8	0.788 1	0.791 0	0.793 9	0.796 7	0.799 5	0.802 3	0.805 1	0.807 8	0.810 6	0.813 3
0.9	0.815 9	0.818 6	0.821 2	0.823 8	0.826 4	0.828 9	0.831 5	0.834 0	0.836 5	0.838 9
1.0	0.841 3	0.843 8	0.846 1	0.848 5	0.850 8	0.853 1	0.855 4	0.857 7	0.859 9	0.862 1
1.1	0.864 3	0.866 5	0.863 6	0.870 8	0.872 9	0.874 9	0.877 0	0.879 0	0.881 0	0.883 0
1.2	0.884 9	0.886 9	0.888 8	0.890 7	0.892 5	0.894 4	0.896 2	0.898 0	0.899 7	0.901 5
1.3	0.903 2	0.904 9	0.906 6	0.908 2	0.909 9	0.911 5	0.913 1	0.914 7	0.916 2	0.917 7
1.4	0.919 2	0.920 7	0.922 2	0.923 6	0.925 1	0.926 5	0.927 8	0.929 2	0.9306	0.931 9

续前表

x	0	1	2	3	4	5	6	7	8	9
1.5	0.933 2	0.934 5	0.935 7	0.937 0	0.938 2	0.939 4	0.940 6	0.941 8	0.943 0	0.944 1
1.6	0.945 2	0.946 3	0.947 4	0.948 4	0.949 5	0.950 5	0.951 5	0.952 5	0.953 5	0.954 5
1.7	0.955 4	0.956 4	0.957 3	0.958 2	0.959 1	0.959 9	0.960 8	0.961 6	0.962 5	0.963 3
1.8	0.964 1	0.964 8	0.965 6	0.966 4	0.967 1	0.967 8	0.968 6	0.969 3	0.970 0	0.970 6
1.9	0.971 3	0.971 9	0.972 6	0.973 2	0.973 8	0.974 4	0.975 0	0.985 6	0.976 2	0.976 7
2.0	0.977 2	0.977 8	0.978 3	0.978 8	0.979 3	0.979 8	0.980 3	0.980 8	0.981 2	0.981 7
2.1	0.982 1	0.982 6	0.983 0	0.983 4	0.983 8	0.984 2	0.984 6	0.985 0	0.985 4	0.985 7
2.2	0.986 1	0.986 4	0.986 8	0.987 1	0.987 4	0.987 8	0.988 1	0.988 4	0.988 7	0.989 0
2.3	0.989 3	0.989 6	0.989 8	0.990 1	0.990 4	0.990 6	0.990 9	0.991 1	0.991 3	0.991 6
2.4	0.991 8	0.992 0	0.992 2	0.992 5	0.992 7	0.992 9	0.993 1	0.993 2	0.993 4	0.993 6
2.5	0.993 8	0.994 0	0.994 1	0.994 3	0.994 5	0.994 6	0.994 8	0.994 9	0.995 1	0.995 2
2.6	0.995 3	0.995 5	0.995 6	0.995 7	0.995 9	0.996 0	0.996 1	0.996 2	0.996 3	0.996 4
2.7	0.996 5	0.996 6	0.996 7	0.996 8	0.996 9	0.997 0	0.997 1	0.997 2	0.997 3	0.997 4
2.8	0.997 4	0.997 5	0.997 6	0.997 7	0.997 7	0.997 8	0.997 8	0.997 9	0.998 0	0.998 1
2.9	0.998 1	0.998 2	0.998 2	0.998 3	0.998 4	0.998 4	0.998 5	0.998 5	0.998 6	0.998 6
3.0	0.998 7	0.998 7	0.998 7	0.998 8	0.998 8	0.998 9	0.998 9	0.998 9	0.999 0	0.999 0

附录二
设计图纸

一、方案1

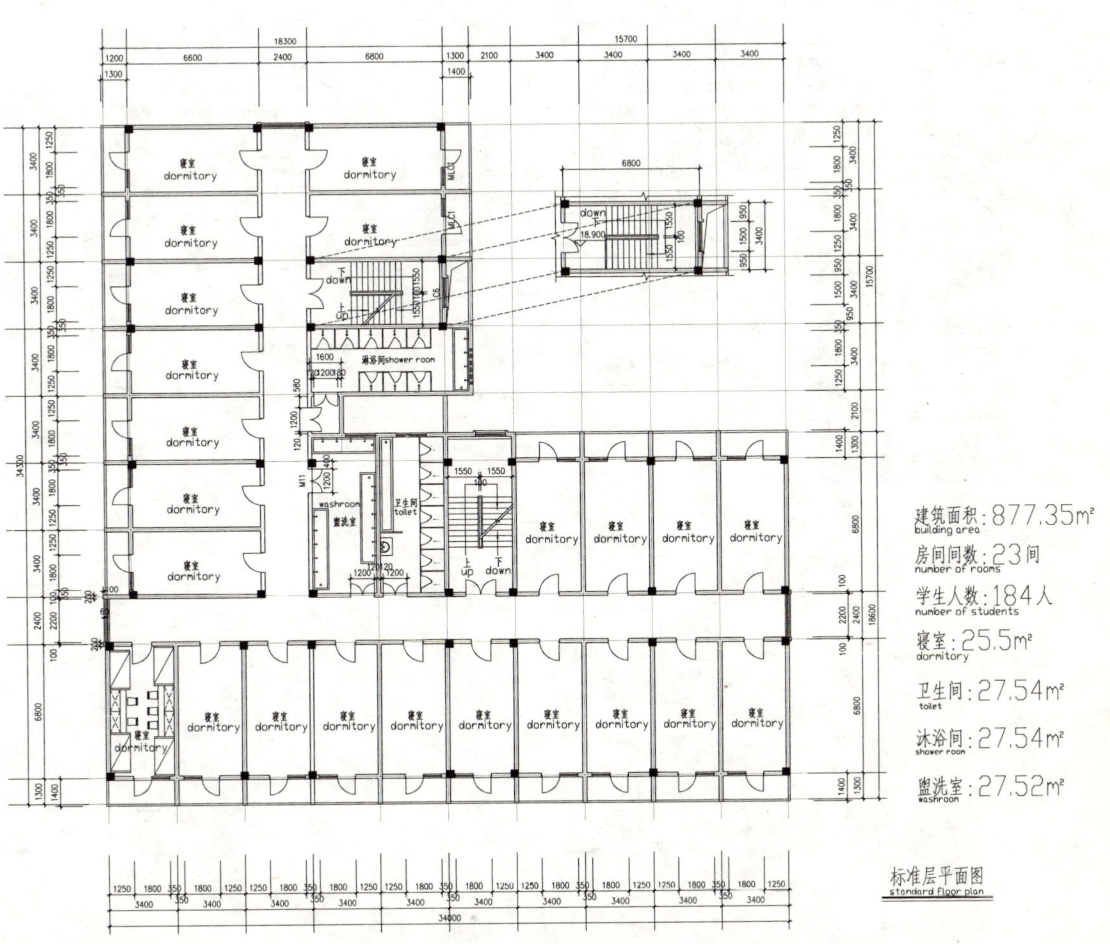

标准层平面图
standard floor plan

二、方案 2

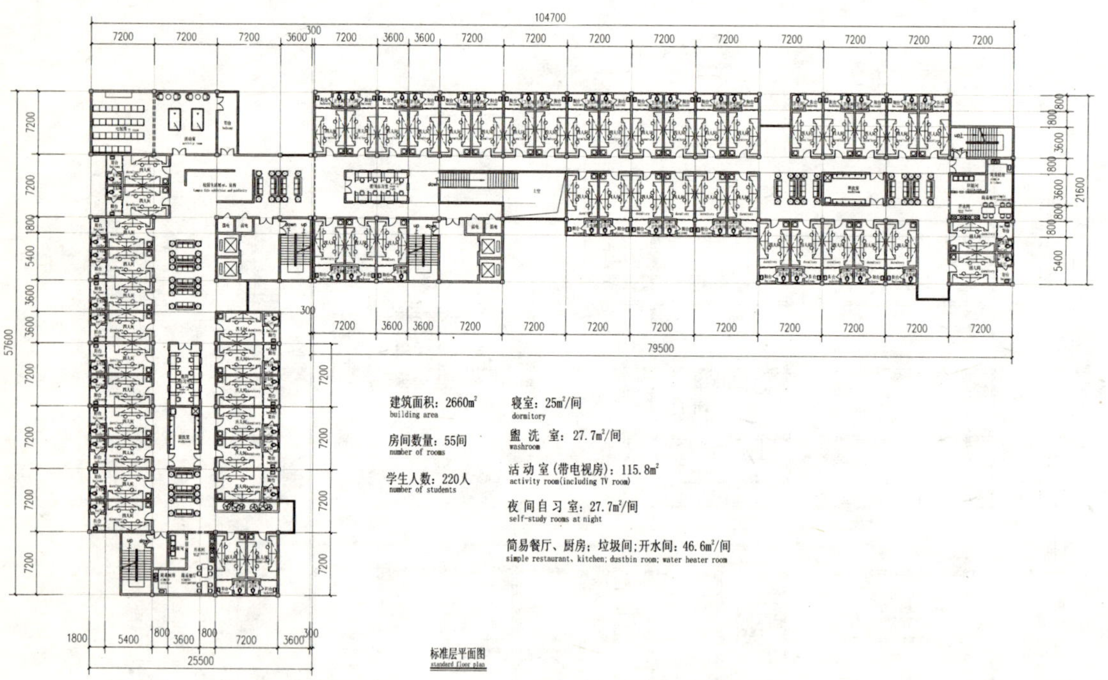

标准层平面图
standard floor plan

三、方案 3

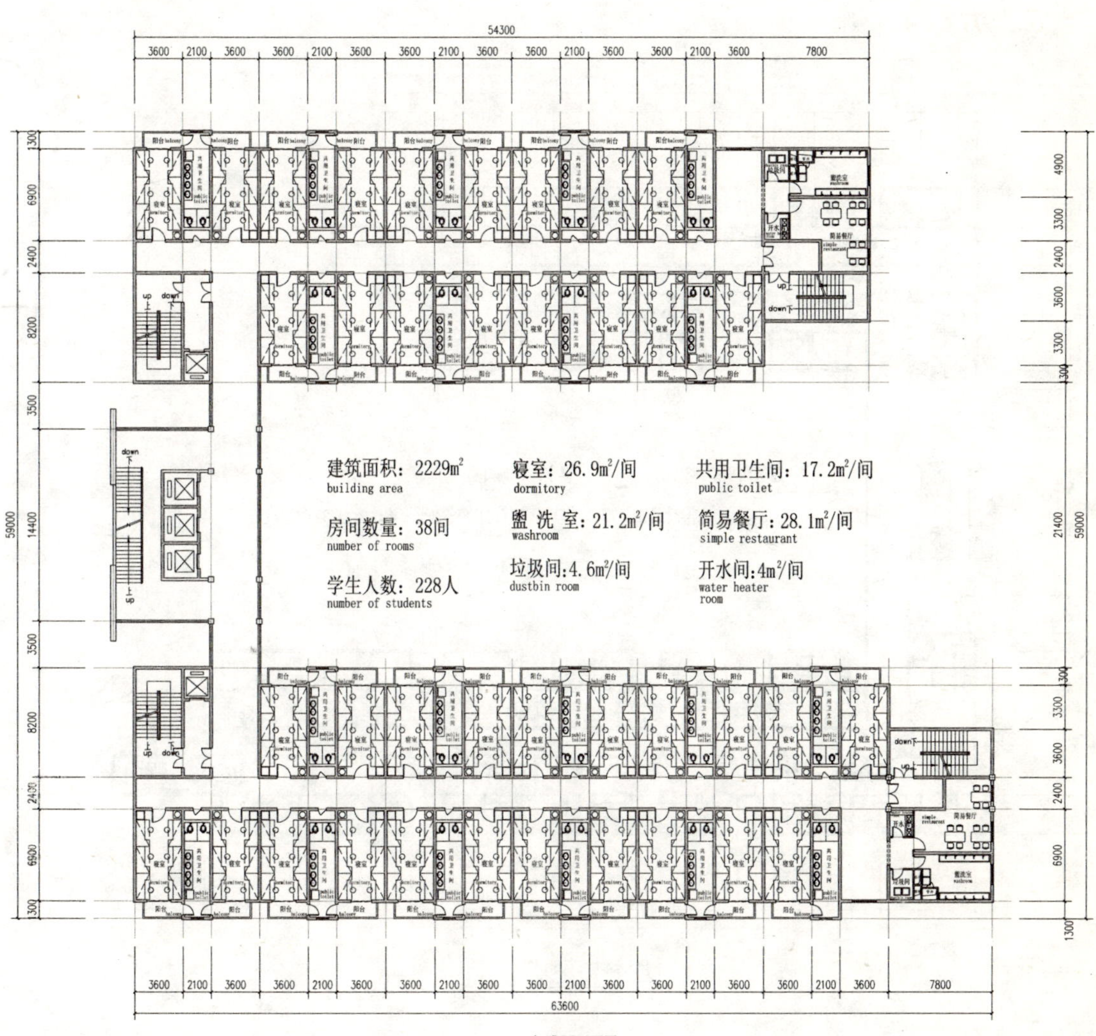

标准层平面图
standard floor plan

四、方案4

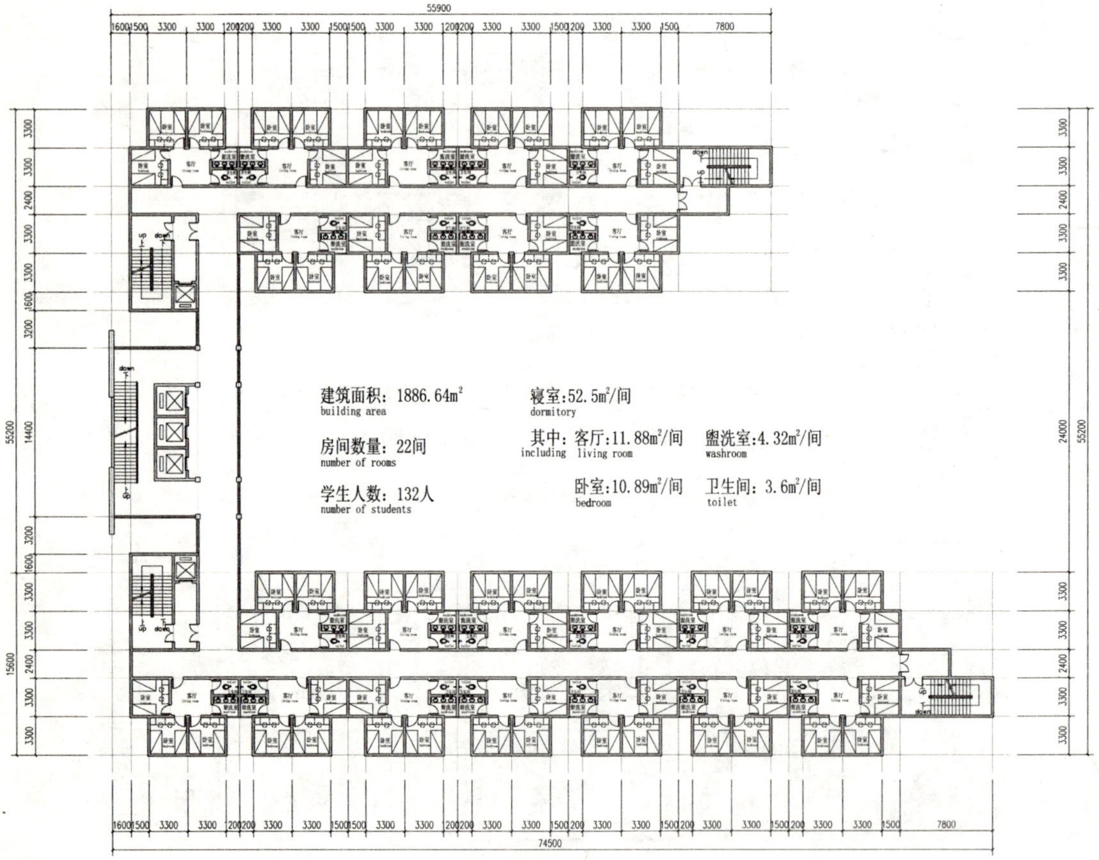

建筑面积：1886.64m²
building area

房间数量：22间
number of rooms

学生人数：132人
number of students

寝室：52.5m²/间
dormitory

其中：客厅：11.88m²/间　盥洗室：4.32m²/间
including　living room　washroom

卧室：10.89m²/间　卫生间：3.6m²/间
bedroom　toilet

标准层平面图
standard floor plan

参考答案

第一章

1. 小王应缴纳的个人所得税为 565 元.
2. 老黄的实发工资为 4 776.52 元.
3. (1) ∅,{人民日报},{中国青年报},{潇湘晨报},{人民日报,中国青年报}{人民日报,潇湘晨报},{中国青年报,潇湘晨报},{人民日报,中国青年报,潇湘晨报}.

(2) 2^n.

4. 15 个.
5. $3^2=9$ 组,$3^3=27$ 组,3^n 组.
6. 共有 6 个同学解出乙题.

第二章

1. 561.26 元.
2. 2 884 年.
3. 每月至少有 632 元的还款能力.
4. 租赁设备的方案更好.
5. 略.

第三章

1. (1) $6x-\sec^2 x$;(2) $2^x\ln 2+2x$;(3) $3x^2+\frac{7}{2}x^2\sqrt{x}$;(4) $6x^2-6x+1$;

(5) $\cot x-x\csc^2 x+\sec x\tan x$;(6) $e^x\left[\frac{1}{x}+\ln x+\ln 5\right]$;

(7) $\frac{2}{(x+1)^2}$;(8) $\frac{1}{\cos x-1}$;(9) $\frac{2\sec^2 x}{(1-\tan x)^2}$;(10) $\frac{-7x^3-4}{2x\sqrt{x}(x^3+4)^2}$.

2. (1) $14x(x^2-1)^6$；(2) $\frac{\sqrt{x}+3}{\sqrt{x}}$；(3) $-10e^{-2x}$；(4) $2\sec^2x\tan x$；

(5) $-\sin2x\cos x^2-2x\cos^2x\sin x^2$；(6) $e^{-2x}(\cos3x-5\sin3x)$；

(7) $\frac{1}{x\ln x\ln\ln x}$；(8) $\frac{1}{x}+3\cot x$；(9) $\frac{3x^2}{(2x+1)^4}$；(10) $\frac{x(x^2-1)}{(2-x^2)\sqrt{2-x^2}}$.

3. (1) $C(100)=2\ 200$ 元，$\overline{C(100)}=22$ 元；(2) $C'(100)=9.5$ 元.

4. $C(10)=125$，$C'(10)=5$.

5. $C'(Q)=\frac{Q}{\sqrt{Q}}$，$R'(Q)=\frac{5}{(Q+1)^2}$，$L'(Q)=\frac{5}{(Q+1)^2}-\frac{Q}{\sqrt{Q}}$.

第四章

1. $L(Q)=-Q^2+28Q-100$，边际利润为零时的每周产量为 14 百件.

2. $L(P)=-649\ 000+16\ 160P-80P^2$，$P=101$ 元为驻点，最大利润为 167 080 元.

3. $R(x)=x\cdot15e^{-\frac{x}{3}}=15xe^{-\frac{x}{3}}$，$x=3$ 时有最大收益，最大收益为 $R(3)=45e^{-1}$.

4. 设每年的生产准备费与库存费之和为 C，批量为 x，则 $C(x)=\frac{10^9}{x}+\frac{x}{40}$，$x=20$ 万件时，C 最小，此时 $N=\frac{100\text{万}}{20\text{万}}=5$.

5. 对每件商品征收的货物税为 25 时，在企业获得最大利润的情况下，总税额最大.

6. 产量为 100 时，每件产品的平均成本最低.

第五章

1. 453.4 千件.

2. (1) $C(Q)=C_1(Q)+C_0=0.2Q^2+2Q+20$；

(2) $L(Q)=16Q-0.2Q^2-20$；

(3) 令 $L'(Q)=0$，当 $Q=40$ 时，利润最大，最大利润为 300 元.

3. (1) 产量由 1 百台增加到 5 百台时，总成本和总收益分别增加 15 万元和 28 万元.

(2) $C(x)=1+3x+\frac{1}{8}x^2$，$R(x)=10x-\frac{1}{2}x^2$，$L(x)=-1+7x-\frac{5}{8}x^2$.

(3) 产量为 5.6 百台时总利润最大. 最大总利润为 18.6 万元，此时总成本为 21.72 万元，总收入为 40.32 万元.

4. 24.877 吨.

5. 5 855.73 .

6. (1) $C(q)=4q+\frac{1}{2}q^2+2$（万元）；(2) 14 万元.

7. 杂志发行量是 7 301 本.
8. 公司应该做此广告.

第六章

1. 生产 120 单位的产品 A 与 80 单位的产品 B 时所得利润最大.
2. 长为$\sqrt[3]{2}$米，宽为$\sqrt[3]{2}$米，高为$\sqrt[3]{2}$米.
3. $\frac{2p}{3}$，$\frac{p}{3}$.
4. 正面长为 $2\sqrt{10}$米，宽为 $3\sqrt{10}$米时，所用的材料费最少.
5. $x=15$ 万元，$y=10$ 万元.

第七章

1. 2 160 元.
2. $\frac{\mathrm{d}x(P)}{\mathrm{d}P}=-\frac{x(P)}{P}$；$\frac{Ex}{EP}=\frac{P}{x}\cdot\frac{\mathrm{d}x}{\mathrm{d}P}=-\frac{P}{x}\cdot\frac{x}{P}=-1$.
3. (1) $Q=P^{-P}$；(2) 当 $P\to+\infty$时，$Q\to0$，即需求趋于稳定.
4. $Q=\mathrm{e}^{-P^3}$.
5. (1) $P=P_{\mathrm{e}}=\left(\frac{a}{b}\right)^{\frac{1}{3}}$；(2) $P(t)=[P_{\mathrm{e}}{}^3+(1-P_{\mathrm{e}}{}^3)\mathrm{e}^{-3kbt}]^{\frac{1}{3}}$；
(3) $\lim\limits_{t\to+\infty}P(t)=P_{\mathrm{e}}$.
6. $\frac{\mathrm{d}B}{\mathrm{d}t}=0.05B-12\ 000$，$B_0=240\ 000-240\ 000\times\mathrm{e}^{-1}$.
7. $y=(x+C)\mathrm{e}^x$.
8. $x=\frac{1}{4}y^3+\frac{C}{y}$，或 $4xy=y^4+C$.

第八章

1. $3\boldsymbol{AB}-2\boldsymbol{A}=\begin{pmatrix}-2&13&22\\-2&-17&20\\4&29&-2\end{pmatrix}$；$\boldsymbol{A}^{\mathrm{T}}\boldsymbol{B}=\begin{pmatrix}0&5&8\\0&-5&6\\2&9&0\end{pmatrix}$.
2. (1) $x_1=1$，$x_2=3$，$x_3=2$；(2) $x_1=1$，$x_2=2$，$x_3=-1$.
3. 448.6 百万元，295.9 百万元.
4. 793.7 亿元，499.6 亿元，99.9 亿元.

5. (1) 24 803 亿元，34 243 亿元，22 988 亿元.

(2) 如下表所示：

	农业	工业	其他	中间产品合计
农业	4 217	6 849	1 149	12 215
工业	6 201	8 561	6 896	21 658
其他	5 953	3 767	5 057	14 777
中间消耗合计	16 371	19 177	13 102	

(3) 12 588 亿元，12 585 亿元，8 211 亿元.

第九章

1. (1) 是；(2) 否；(3) 否；(4) 是.

2. 最优解为 $x_1=\frac{10}{3}$，$x_2=\frac{10}{3}$，最大值为 $\max z=\frac{5\ 000}{3}$.

3. 最优解为 $x_1=4$，$x_2=2$，最大值为 $\max z=14$.

4. (1) 最优解为 $x_1=3$，$x_2=2$，最大值为 $\max z=13$；

(2) 最优解为 $x_1=2$，$x_2=\frac{15}{2}$，$x_3=0$，最大值为 $\max z=47$.

5. 第一、二、三、五种家具分别生产 2，39，253 和 640 单位，第四种家具不生产，可获得最大利润为 3 180.9 百元.

6. (1) 每季度从 A 处采购原油 16.22 万吨，从 B 处采购原油 44.59 万吨，总费用为 17 067.6 万元.

(2) 每季度从 A 处采购原油 0 万吨，从 B 处采购原油 75 万吨，总费用为 7 500 万元.

第十章

1. (1) $\min w=5y_1+7y_2+9y_3$

$$\text{s. t.}\begin{cases}y_1+4y_2+3y_3\geqslant 3\\ y_1+2y_2+2y_3\geqslant 2\\ 2y_1-y_2+y_3\geqslant 1\\ y_i\geqslant 0\ (i=1,\ 2,\ 3)\end{cases};$$

(2) $\max w=5y_1+7y_2+10y_3$

$$\text{s. t.}\begin{cases}3y_1+2y_2-y_3\leqslant 1\\ -y_1-4y_2+2y_3\leqslant -2\\ 2y_1-y_2+4y_3=-3\\ y_1\leqslant 0,\ y_2\geqslant 0,\ y_3\ \text{无约束}\end{cases}.$$

2. (1) 最优解为：$z^*=\frac{35}{3}$，$x=(\frac{7}{3}, 0, 0)$.

(2) 最优解为：$z^*=3.454\,5$，$x=(0.64, 1.09, 0)$.

3. (1) 资源 1 的影子价格为 1.5，资源 2 的影子价格为 0；(2) 资源 1 的影子价格为 1.14，资源 2 的影子价格为 1.52，资源 3 的影子价格为 0.14.

4. (1) 获利最大的生产计划是 A，B，C 各生产 0 件、0 件、7.5 件，最大利润为 $z=22.5$ (元).

(2) 该产品值得生产，最优生产计划为 A，B，C，D 各生产 0 件，0 件，6.82 件，1.36 件，最大利润为 $z=24.55$ (元).

5. (1) 最优解为：$z^*=\frac{2\,200}{3}$，$X^*=(\frac{100}{3}, \frac{200}{3}, 0)$.

(2) 该产品值得安排生产.

(3) $X^*=(\frac{95}{3}, \frac{175}{3}, 10)$，即此时该厂生产计划为生产甲产品$\frac{95}{3}$件，生产乙产品$\frac{175}{3}$件，生产丙产品 10 件.

第十一章

1. (1) 0.308 5；(2) 0.066 8.

2. 0.008 1.

3. (1) 0.713 5；(2) 0.082 1；(3) 0.151 2.

4. 15 件检测品中各种优质件数的概率如下表所示：

优质数	概率	优质数	概率	优质数	概率
0	1.434 89E−08	6	0.011 590 005	11	0.218 623 131
1	5.022 12E−07	7	0.034 770 014	12	0.170 040 213
2	8.202 79E−06	8	0.081 130 033	13	0.091 560 115
3	8.293 93E−05	9	0.147 235 986	14	0.030 520 038
4	0.000 580 575	10	0.206 130 381	15	0.004 747 562
5	0.002 980 287				

5. 2 732.15 元.

6. 0.231 5.

第十二章

1. 6 112.78 万元.

2. (1) 652 万元；(2) $\alpha=0.3$ 时更适合；

(3) $Y=239.732+21.929X$.

各月的营业额与估计标准误差见下表:

月份	预测 Y	残差	标准残差
1	261.660 8	33.339 18	1.085 352
2	283.589 6	−0.589 61	−0.019 19
3	305.518 4	16.481 6	0.536 556
4	327.447 2	27.552 8	0.896 977
5	349.376	−63.376	−2.063 2
6	371.304 8	7.695 218	0.250 517
7	393.233 6	−12.233 6	−0.398 26
8	415.162 4	15.837 63	0.515 592
9	437.091 2	−13.091 2	−0.426 18
10	459.02	13.980 05	0.455 118
11	480.948 7	−10.948 7	−0.356 43
12	502.877 5	−21.877 5	−0.712 22
13	524.806 3	−75.806 3	−2.467 86
14	546.735 1	−2.735 12	−0.089 04
15	568.663 9	32.336 09	1.052 696
16	590.592 7	−3.592 71	−0.116 96
17	612.521 5	31.478 5	1.024 778
18	634.450 3	25.549 71	0.831 767

3. $Y=-7\ 393.202\ 6+0.044\ 5\times$地产估价$+4.089\ 4\times$房产估价$+0.018\ 5\times$使用面积.

4. (1) $Y=88.637\ 7+1.603\ 9X_1$.

(2) $Y=83.230\ 1+2.290\ 2X_1+1.301\ 0X_2$.

(3) 系数不相同,$R_1^2=0.652\ 6$,$R_2^2=0.919\ 0$,方程(2)拟合优度高.

5. 各期的居民消费价值指数的平滑值(预测值)与预测误差如下表所示:

年份	居民消费价格指数(%)(上年=100)	3 期移动平均	预测误差	误差平方	5 期移动平均	预测误差	误差平方
1990 年	103.1						
1991 年	103.4						
1992 年	106.4	104.3	2.1	4.41			
1993 年	114.7	108.167	6.533 3	42.684 4			
1994 年	124.1	115.067	9.033 3	81.601 1	110.34	13.76	189.34
1995 年	117.1	118.633	−1.533	2.351 11	113.14	3.96	15.682
1996 年	108.3	116.5	−8.2	67.24	114.12	−5.82	33.872
1997 年	102.8	109.4	−6.6	43.56	113.4	−10.6	112.36

续前表

年份	居民消费价格指数（%）（上年=100）	3期移动平均	预测误差	误差平方	5期移动平均	预测误差	误差平方
1998年	99.2	103.433	−4.233	17.921 1	110.3	−11.1	123.21
1999年	98.6	100.2	−1.6	2.56	105.2	−6.6	43.56
2000年	100.4	99.4	1	1	101.86	−1.46	2.131 6
2001年	100.7	99.9	0.8	0.64	100.34	0.36	0.129 6
2002年	99.2	100.1	−0.9	0.81	99.62	−0.42	0.176 4
2003年	101.2	100.367	0.833 3	0.694 44	100.02	1.18	1.392 4
2004年	103.9	101.433	2.466 7	6.084 44	101.08	2.82	7.952 4
合计				271.557			529.8

6.（1）散点图略，二者之间为负的线性相关关系.

（2）估计的回归方程为：$\hat{y}=430.1892-4.7x$. 回归系数 $\hat{\beta}_1=-4.7$ 表示航班正点率每增加1%，顾客投诉次数平均下降4.7次.

（3）$\hat{y}_{80}=430.1892-4.7\times80=54.1892$（次）.

第十三章

略.

第十四章

略.

第十五章

1. 损益矩阵见下表：

次品率	0.02	0.04	0.06	0.08	0.10	期望值准则
概率	0.20	0.40	0.25	0.10	0.05	
方案：零件修整	−300	−300	−300	−300	−300	−300
方案：不修整	−100	−200	−300	−400	−500	−240

故按期望值准则决策，零件不需要修整.

2. 采用最大可能性准则和期望值准则都是选择举行中规模展销.

3. 决策树（略）. 方案 s_3 为最优方案.

4.（1）参加投标；（2）若中标了，采用旧方法研制开发.

5. 决策树（略）. 该施工企业应对 A 工程投低标.

6. (1) $U_A(10)=0.4U_A(-1\,000)+0.6U_A(3\,000)=92$;

(2) $U_B(10)=0.8U_B(-1\,000)+0.2U_B(3\,000)=64$.

7. 签订合同 B.

8. (1) 效用值如下表所示：

M	-1	1	6	8	10
$U(M)$	0	25	80	90	100

(2) 根据实际盈利额选择现在扩大生产方案，根据效用值选择明年扩大生产方案.

参考文献

REFERENCE

[1] [美] 肯尼思·L·惠普基，玛丽·H·惠普基，小乔治·W·康韦著，白祖柏译. 管理与数学. 北京：知识出版社，1987

[2] 马振华主编. 现代应用数学手册（离散数学卷）. 北京：清华大学出版社，2002

[3] 人民教育出版社中学数学室编著. 全日制普通高级中学教科书（必修）数学第一册（上）. 北京：人民教育出版社，2003

[4] 盛光进主编. 实用高等数学. 北京：高等教育出版社，2010

[5] 盛光进主编. 经济应用数学. 上海：上海交通大学出版社，2008

[6] 张保法主编. 经济数学. 郑州：郑州大学出版社，2003

[7] 吴传生主编. 经济数学—微积分. 北京：高等教育出版社，2003

[8] 白银凤，罗蕴玲主编. 微积分及其应用. 北京：高等教育出版社，2001

[9] 同济大学数学系编. 高等数学（上、下册）. 北京：高等教育出版社，2007

[10] 盛祥耀主编. 高等数学（上、下册）. 北京：高等教育出版社，2007

[11] 蒋兴国，吴延东主编. 高等数学（经济类）. 北京：机械工业出版社，2003

[12] 颜文勇，柯善军主编. 高等应用数学. 北京：高等教育出版社，2004

[13] 杨民助. 运筹学. 西安：西安交通大学出版社，2000

[14] 周誓达主编. 线性代数与线性规划（经济类与管理类）. 北京：中国人民大学出版社，1997

[15] 吴良刚. 运筹学. 长沙：湖南人民出版社，2002

[16] 刘强. 运筹学（MBA）. 北京：石油工业出版社，2001

[17] 凯勒·沃拉克著，王琪延等译. 统计学：在经济和管理中的应用（第六版）. 北京：中国人民大学出版社，2006

[18] 李朋编著. EXCEL 统计分析实例精讲. 北京：科学出版社，北京科海电子出版社，2006

[19] 盛骤，谢式千，潘承毅编. 概率论与数理统计. 北京：高等教育出版社，2008

[20] 陈仕兵，罗瑞炎等. 彩票决策的数学模型. 广西民族学院学报（自然科学版），2002，S1

[21] 贾俊平等. 统计学（第三版）. 北京：中国人民大学出版社，2006

[22] 董逢谷，朱荣明等. 统计学案例集. 上海：上海财经大学出版社，2002

[23] 谢识予. 经济博弈论（第三版）. 上海：复旦大学出版社，2007

[24] 李瀚主编. 博弈论. 北京：中央编译出版社，2011

[25] [美] 希利尔等著，任建标译. 数据、模型与决策：运用电子表格建模与案例研究. 北京：中国财政经济出版社，2010

[26] 杨启帆等. 数学建模. 北京：高等教育出版社，2005

[27] 陈士成主编. 实用管理运筹学——基于 Excel. 北京：清华大学出版社，2011

[28] 姜启源，谢金星，叶俊. 数学模型. 北京：高等教育出版社，2003

[29] 杜栋，庞庆华，吴炎. 现代综合评价方法与案例精选. 北京：清华大学出版社，2008

[30] 赵彦云. 国民经济核算. 北京：中国统计出版社，2005

[31] 曾安平. Microsoft Math 3.0 从入门到精通. 北京：清华大学出版社，2009

[32] 张从军等. 经济应用模型. 上海：复旦大学出版社，2008

图书在版编目（CIP）数据

经济数学/刘洪宇主编．—北京：中国人民大学出版社，2012.5
21世纪高职高专规划教材．财经类专业基础课系列
ISBN 978-7-300-15551-7

Ⅰ.①经… Ⅱ.①刘… Ⅲ.①经济数学-高等职业教育-教材 Ⅳ.①F224.0

中国版本图书馆CIP数据核字（2012）第062319号

21世纪高职高专规划教材·财经类专业基础课系列
经济数学
主　编　刘洪宇
副主编　阳永生　盛光进　李占光
Jingji Shuxue

出版发行	中国人民大学出版社		
社　　址	北京中关村大街31号	邮政编码	100080
电　　话	010－62511242（总编室）		010－62511398（质管部）
	010－82501766（邮购部）		010－62514148（门市部）
	010－62515195（发行公司）		010－62515275（盗版举报）
网　　址	http://www.crup.com.cn		
	http://www.ttrnet.com(人大教研网)		
经　　销	新华书店		
印　　刷	北京市易丰印刷有限责任公司		
规　　格	185 mm×260 mm　16开本	版　　次	2012年5月第1版
印　　张	21	印　　次	2012年5月第1次印刷
字　　数	401 000	定　　价	43.80元

中国人民大学出版社华东分社

信息反馈表

尊敬的老师，您好！

为了更好地为您的教学、科研服务，我们希望通过这张反馈表来获取您更多的建议和意见，以进一步完善我们的工作。

请您填好下表后以电子邮件、信件或传真的形式反馈给我们，十分感谢！

一、您使用的我社教材情况

您使用的我社教材名称			
您所讲授的课程		学生人数	
您希望获得哪些相关教学资源			
您对本书有哪些建议			

二、您目前使用的教材及计划编写的教材

您目前使用的教材	书名	作者	出版社
您计划编写的教材	书名	预计交稿时间	本校开课学生数量

三、请留下您的联系方式，以便我们为您赠送样书（限1本）

您的通讯地址			
您的姓名		联系电话	
电子邮件（必填）			

我们的联系方式：

地　址：苏州工业园区仁爱路158号中国人民大学国际学院修远楼

电　话：0512-68839319　　　传　真：0512-68839316

E-mail：huadong@crup.com.cn　　　邮　编：215123

微　博：http://weibo.com/cruphd　　　QQ（华东分社教研服务群）：34573529

信息反馈表下载地址：http://www.crup.com.cn/hdfs